书店风景

MY LOVE AFFAIR with BOOKSHOPS

DUCKWORTH

书店风景

MY LOVE AFFAIR with BOOKSHOPS

钟芳玲
Fang-Ling Jong

全国百佳出版社
中央编译出版社
CCTP
Central Compilation & Translation Press

2012简体字版序

书店风景 人人有责

继2008年出版《书店风景》增订版精装本后，中央编译出版社不仅在2009年发行了平装本，更于2012年精心出版我的另外两本著作——《书店传奇》与《书天堂》增订版，让这三本姊妹书谱成一套“书话三部曲”；为了让此系列作品有一个统合的风格，以利读者阅读与收藏，中央编译特别为此书再出一个新版本。

这些年来，书中描绘的书店风景大致依旧，读者仍可按图索骥，前往许多书店寻幽访胜，但有些变化却有必要让读者知晓。例如，全世界最早以同性恋为主题的“奥斯卡·王尔德书店”，于2009年初结束营业；同年夏天，贩卖书与音乐的国际连锁公司“维京超级店”已全面退出英美市场，仅在欧陆、澳洲等地区尚余些店；原为美国第二大的超级连锁书店“博得”，也因连续几年无法获利，在2011年走入历史尽头。就在撰写此篇序文之际，得知本书首篇介绍的法国巴黎“莎士比亚书店”的主人乔治·惠特曼刚去世，享寿九十八；可喜的是，他那位年仅三十岁的独生女丝薇雅几年前已接掌这家传奇书店，让风景在河左岸延续。另外，洛杉矶的“菩提树书屋”的创办人因年迈退休，正积极寻觅有心经营书屋的接班人。

整体书业的变迁就像人生一样起起伏伏，20世纪末英美盛行的大型连锁书店曾终结了许多中小型独立书店，但本世纪初网络购书成了热门的途径后，实体书店一律饱受冲击，企业化的大型连锁书店尤甚；中小型书店则因理想性、自主性、灵活度较高，反而有较大的存活空间，我目睹世界各个角落又纷纷开起独立书店。无论风水如何轮流转，我相信实体书店一定不会从地球上消失，因为这世上永远有人爱逛书店，也永远有人爱开书店。然而我们若企盼书店风景独特、多样又美丽，所有逛书店、开书店的人都必须共同思考、关心书店的角色、功能、意义与前景。我愿如是说：“书店风景，人人有责。”

《书店风景》自1997年问世以来，数度大幅修订，2008年的增订版已然画下句点。本书除了校对外，图文版型都保留，但另外设计了一个别致的封面，并采用厚薄适中的纸张，以期让读者对此书有种既熟悉又新鲜的感觉。这篇序文，无妨视为作者对书中人物与景物念念不忘的深情独白、对书店风景未来的衷心祝祷。

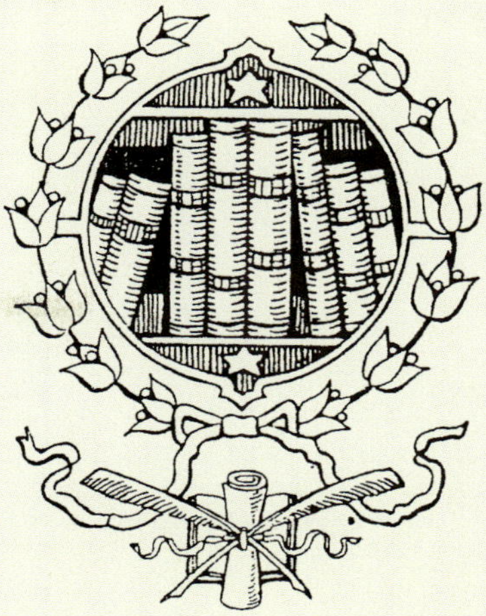

2008简体字版序

世上处处皆有好风景，然而最最吸引我的，还是书店风景。这也是为何我会写出《书店风景》并数度修订。这本书的最原始版本，是1997年的台湾繁体字版。我在初版发行五年（2002年）与十年（2007年）时，曾先后在台湾出了增订版，针对书中所描述的书店进行追踪报道，每增订一次，不仅内容变多、版式也更新，第三版的文字与图片因此比第一版多出了一倍，页数更从原本的一百多页演变为目前的三百多页。

大陆简体字版的《书店风景》最先是在1999年底问世，基本上沿用1997年台湾版的封面与格式，除了图片由部分彩色变为全彩外，两者的内文与版型几乎相同，只有增减两三篇书店介绍。相隔九年，而今出版的最新简体字版，则是以2007年台湾版的第三版为基础，版式略有不同、封面则重新亮眼设计；最重要的是加入1999年简体字版未能包含的《同性恋书店在美国》与《同性恋、书店、图书馆》两篇报道。此外，还将台湾版一些忙中出错之处校正出来，这也将是《书店风景》中文版的最后定本，为了保持本书架构的完整、文句的顺畅，书中描述的风景主要停格于2007年底。至于2008年初到此书出版之前我所得知的几个重要变化，都将以注记的方式简短告示。

时间分分秒秒在流动，十多年来，书中所描绘的书店风景也跟着改变，每增订一次，就仿佛与时间赛跑般，但无论如何，文字、影像永远只能留下过往，无法抓住现在。这本书历经数度增订，不仅展示几个阶段的书店风景，也记录了我自己的人生风景以及一路所受到的关怀，当我审视丰厚的书页，一股满足之感油然而生，而这正是画下句号的完美时刻。未来，就让我带着好奇与感恩之心，继续寻访、介绍其他有趣的书人（book people）与书地（book places）吧！

2007增订版序

Third Time's A Charm

增订这一个最新版本的《书店风景》，是一次辛苦又甜蜜的旅程。辛苦，因为工程浩大、变数不断，难度超乎想象；甜蜜，因为有太多的巧合、太多的善意、太多的援助，宛如神迹般，我能在身体状况、时间调度都最差的条件下，完成了值得欣慰的书写。

1997年《书店风景》初版在台湾问世后，大陆也在1999年底发行简体字版。之后，台湾又在2002年进行了第二版的增订，里面添加了新的篇章与后续笔记、封面与内容的版式重新设计，当时已经觉得颇艰难，但我没想到，第三版的增订才是真正的挑战。

一向全力支持我写作的母亲，刚听到我要回头二度增订自己的第一本著作时，立刻眉头深锁，不禁提高音调质问："为什么不能进行第三本书呢？"事实上，决定是否要修订这一版，的确让我挣扎了许久。2004年底，我出版了《书天堂》，离《书店风景》的初版已近八年，若以台湾目前的出版标准观之，我这些年累积的文章，其实早就够出好几本书了。然而我因长期接触西方书世界，这几年多数时间又都居住在美国，在旧金山湾区众多优秀书商与图书馆员的不吝调教下，我的视野变得更宽、眼界更高，对书写向来挑剔的我，面对当今人人都可以自称是作家的年代，更是不愿为了出书而出书。

第二版《书店风景》发行没多久，当时的出版社就发生危机，连带波及这本书的继续发行，版权自动回归于我，原本大可交给其他有兴趣的出版社接手，但市场还有书籍流通，也就不急着处理；等到几年后，台湾书店几乎已经看不到这本书，书友、书店、出版社不断地催促，我才开始考虑再版。只不过多年来，西方书业变迁甚大，有些书店已不存在、有些书店超过十年没联络，修订的意义何在？要从何角度来书写？要如何在既有的架构下，另创旨趣、带给读者新的感动？老经验的裁缝师傅都知晓，修改旧衣裳比作新衣难，这正是我的感觉。出一本全新的书，往往较讨喜、较容易。然而《书店风景》毕竟是华文世界第一本此类型的书，即便西方的书商都对我说，他们从未看过其他类似单以书店为主题的近距离图文报道。

最后做出增订第三版的决定，全是基于一股动力：我有义务把这本书与最新的信息传递给渴求的读者；其次，我也想进一步了解书店经营者在这个产业丕变的大洪流中，有什么变与不变。更重要的，我希望为历史留下一些见证，正如同一位书商对我说的："这是一件重要的工作，你一定、一定要让读者知道，这个地球曾经存在过那么多家独特的书店，但是却一家家地消失了，就像是濒临绝迹的生物般。"

就在我做出这项决定的当口，却又受到西方书商的委请，担任2007年底"香港国际古书展"（International Antiquarian Bookfair in Hong Kong, 2007）的公关顾问。这是东南亚与大中华地区前所未见、有史以来第一次如此大规模的国际古书展，世界顶尖知名书商云集，展品价值连城。整体组合，根本就是一个精致的流动书店。然而华文地区与西方古书业、爱书人多数彼此陌生，从未有正式的交流，我负担了宣扬此盛会的重任，压力可想而知。

连续几个月，原本需要大量睡眠的我，每天平均睡不到五小时，所幸有赖出版社、亲友们的通力合作与科技的发达（Email、Skype、MSN），才有办法同时进行这两项大工程。这个版本的完成，动员了诸多国际书人（包括书店从业者、书籍拍卖商、图书馆员、书业杂志编辑、藏书家等），以及各方摄影者们的协助，除了感恩还是感恩。为了让读者能跟随时间的脉动，前两版的内容基本上仍维持不变，但是全书资料与版型设计都更新，且比上一版多加了二十篇的《后续笔记》、一百五十余张彩图，有些图说等同一篇小文。书中某些简单文句直接引用英文，只因翻译会失去原味。此外，这一版还特别加上一些影音参考网站，以便让许多无缘亲临书店现场的人，能够一窥书店之美，因而心动不如采取行动。

我原抱着撰写书店挽歌的沉重心情进行第三版的修订，但在追踪书店与查证的过程中，历经诸多的悲与喜、得到不少的鼓舞与启示，因而对书店、对人生的发展也有了不同的诠释。书店是否已濒临绝迹？书店是否还有风景？答案都在本书里。最后，这本书的第三版，让我联想到英文的一句吉祥语——Third Time's A Charm.

2002增订版序
书与人的轨迹

1997年《书店风景》初版问世后，在台湾加印了数次，大陆也在1999年底发行简体字版，也许因为它是华文世界第一本以西方书店为报道主题的书籍，使得这看似冷僻的小书，竟能在众声喧哗的市场上获得不少的尊重与关注，确实有些出乎我的意料。这几年来，我不断地探寻、记录新的书店风景，为下一本书而进行另一场长途跋涉，然而《书店风景》一书中所描绘的景象并没有就此在我的记忆中定格或消逝，随着时间这条长河的流动，书店的人、事、物有着或多或少的蜕变，而我的生命也直接或间接地受它们的牵动，多半的风景不仅没有黯淡褪色，甚至更为熟悉鲜明。

这个增订版并不像一般书籍的再版复制，而应当被视为另一个新的个体。首先，这本书的封面、版式、装帧等视觉设计及文字的编排都展现出全新的面貌，内容上除了地址、电话、网址这些基本资料的更新外，并增添了约一百张的新图片。至于在“地标书店”、“主题书店”与“古书店·二手书店”前三个篇章，分别加入纽约市三代经营的著名书店“史传德”、赌城拉斯维加斯的世界第一家“赌徒书店”及在西方古书界首屈一指的洛杉矶“遗产书店”。最后一章附录部分的“网络书店”做了大篇幅的改动，除了保留几个曾经在初版介绍的网站外，还多加了三十余个著名或实用的网站。对于初版篇章的旧有文章，我尽量维持它的原貌，但是在十八篇主文之后，加上新的单元《后续笔记》，以书写新的观察与心得。如此的编辑考量，是希望同时呈现新旧轨迹，一方面反映自己与书店（及店主人）间的互动在书籍出版后并未就此中断，再方面希望读者于阅读新版书时，也能掌握历史感。

一本书的再版，并不见得只是新瓶装旧酒般的一成不变，它在内容与编排上，都可以是一次充满挑战与惊喜的再创作。

1997 初版序

20世纪初的美国藏书家爱德华·纽顿（A. Edward Newton）有回受不了某期地理杂志中埃及专题的诱惑，立刻就和妻子动身搭轮船前往埃及亚历山大港，打算来个尼罗河之旅。当轮船由意大利热那亚航向那不勒斯时，纽顿开始觉得不耐烦，“尼罗河已经流动了好几世纪，而且还会继续奔流下去，但是伦敦却有书待收藏。书，可是不等人的！”纽顿心生此念，于是厚着脸皮向太太告白。当他发现她并没有强烈反对时，立刻改变行程，在那不勒斯上岸，先到罗马玩了一阵，然后欢天喜地地前往伦敦——伦敦的书店。每回看到纽顿在《集书的乐趣》（*The Amenities of Book-Collecting and Kindred Affections*）一书中描述他是个如何差劲的旅者、又是如何喜爱伦敦的书店时，我总忍不住掩卷大笑。可怜的纽顿夫人，但愿她也是个爱书人，否则有个丈夫是藏书狂（bibliomania），真是太委屈她了！

还有一次读到一位《洛杉矶时报》的特派员大卫·蓝博（David Lamb）的逸事：他在五十四岁时，决定独自骑单车横越美国。出发前他在精简的行囊中放了一品脱的威士忌和一本小说，上路三天后，他发现自己犯了个严重的错误，酒喝完了倒是容易补给，但是书看完了却不见得有救，许多小地方连一家书店都没有。对文字饥渴的蓝博有一晚在汽车旅馆内甚至看起《圣经》来了，一直到第三个星期，路过大城市孟菲斯，蓝博的焦虑才在一家书店内解除。尔后有人向蓝博讨教骑单车旅行的要诀，他除了告知一些技术上的事项外，最后总不忘附加一句：“记得带一本书。”

正如纽顿和蓝博一般，即使去旅行，我还是得和书（店）纠缠在一起，否则整个旅程将显得漫长又索然无味。更严重的是，我的旅行最后竟演变为以读书、买书为主要的目的，美术馆、博物馆、名山胜水等观光点反而是陪衬，探访世界各地的书店已成了我的娱乐、工作和爱好。每到一个城市，我

总像猎犬般地循着各种线索搜寻有看头的书店，一开始只是单纯为了买书，后来发现书店自身具有多样的可能性，无论是书店的大小、地点、装潢、服务、活动，甚至连店名都可能是一大特色，若是碰到一些像是巴黎的“莎士比亚”、旧金山的“城市之光”或是纽约的“高谈书集”之类具有风光历史的书店，就更让人肃然起敬了！

逛书店最过瘾的事，莫过于碰到气味相投的店主或店员，和他们煮酒论剑一番，或是听他们口沫横飞地谈论自己喜欢的作品。若是在古书店就更不得了了，店主如果觉得来者是行家，有时会得意洋洋地把珍藏书搬出来炫耀，或是夸称他们曾经经手过的宝贝。书店的灵魂其实是这些活生生的人，是他们赋予一本本书生命，是他们创造出书店的风格与历史，即使爱书成痴的纽顿也不得不说：“世界上最有趣的是人，其次才是书。”当然，这样美好的经验通常在老板兼伙计的小型独立书店才容易体会得到。

大型连锁书店虽然是走比较媚俗的路线，但是也有其不能被取代的特质，在深夜的大都会纽约市，若是想找个便宜又安全的去处，百老汇大道上凌晨才打烊的“邦斯与诺博”书店绝对是个最佳选择，十来万种新书、杂志和附设的咖啡区，准能消耗过多的精力，有时说不定还会碰到诗歌朗诵、音乐演奏之类的免费余兴节目。

因特网普及后，爱书人多了一种追踪书籍的管道，通过全球资讯网查

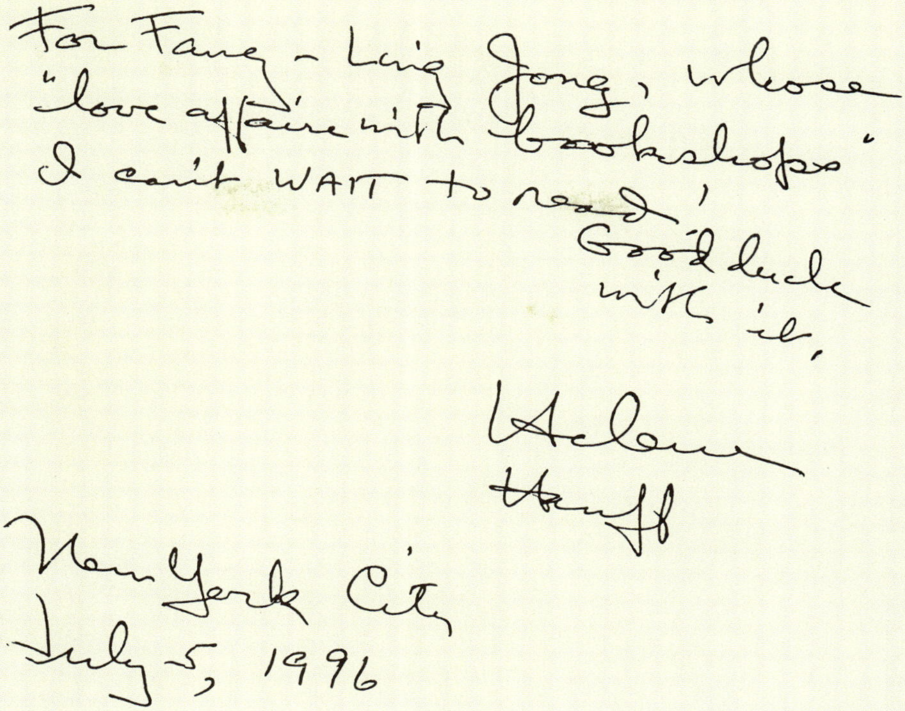
For Fang-Ling Jong, whose "love affair with bookshops" I can't WAIT to read!
Good luck with it,
Helene Hanff
New York City
July 5, 1996

书、买书，甚至浏览书都不是问题，无店铺的拟真“线上书店”（on-line bookshops）虽然不太可能完全取代传统书店，但是一些有特色的个性书店却因科技与经济结构的转变而逐渐凋零，我们若不想与它们失之交臂，应该及早行动。柏克莱大学旁最负盛名的“寇帝书店”（Cody's Bookshop）的创始人弗雷德·寇帝（Fred Cody）就曾说：“我是一家个性书店的拥有者兼经营者，只怕我们这类人是快要消逝的族群。”这句话透露出深沉的辛酸和感慨！

走过上千家书店，对我而言，每一家书店都像一幅幅风景，有的婉约秀丽，有的气势磅礴，有的细致精巧，有的古意盎然，当然也有一些就个人的标准而言，相当乏善可陈。但无论如何，我总是心存感激，任何一种类型的书店，总能吸引与它相契的顾客。品味的高低如人饮水，实在不容置喙。在书的世界里，每个人自有他的天地。

《书店风景》一书是我多年来在国外拜访书店后所记录的成果，由于书写时的心情、功力不一，某些篇章的风格自然也有所出入，但我对书店的热爱却是一贯的，英文书名 *My Love Affair with Bookshops* 一方面是向曾经拜访过的书商们致意，另一方面也为了忠实地反映我对书店无法自拔的爱恋情结。值得一提的是，英文书名受到我所敬爱的美国女作家荷琳·汉芙（Helene Hanff）的指正与祝福，在此特别感谢她以及她那些带给我无限愉悦的作品。

导读

本书共分为四个篇章，第一章“地标书店”介绍了五家极具知名度的书店，前四家为巴黎的“莎士比亚”、纽约的“高谈书集”与“史传德书店”、旧金山的“城市之光”，它们虽然都是个体户经营的独立书店，却因拥有多彩多姿的历史背景而闻名遐迩，第五家为美国大型连锁书店中颇具特色的一间分店——位于费城市中心核桃街的“博得书店”。“高谈书集”在2007年夏天歇业，“博得书店”也在几年前迁移原址。然而它们存在时，却都是当地著名的地标，而且对我个人也具有深刻的意义，因此特别保留。地标或许会自地面上消失，但却永留人心。

第二章介绍的是特色鲜明的“主题书店”，或可称为“专业书店”。此类型涵括了饮食、旅游、女性主义、同性恋、心灵、DIY、赌博、犬科、玄秘小说等，此外，尚有许多拜访过的主题书店未能一一列出，例如儿童书店、运动书店、艺术书店、歌剧书店、企管书店、科学书店、电脑书店……，凡是人们有兴趣的主题，只要书种够多，总会有些热衷此好者开起相关书店，这些未能着墨的主题书店，许多都能经由因特网查询得到，这要感谢科技的进步！

在许多地方，特别是在欧美国家，“古董书店”（antiquarian bookshops；本书一律简称“古书店”）及“二手书店”（used books或是second-hand bookshops）是读书人的最爱。这两者的划分有时不是那么严格，大体而言，二

手书店指的是一般贩卖便宜书的旧书店，古（董）书店则专卖绝版与年代久远的书籍，另外也包括设计、装订、印刷精美的书籍，书价自然偏高，因此又被称作“珍本书店”（rare books），由于这些店中的书在质与量上都属稀罕，除了参考、阅读的功能外，往往还兼具历史与审美的价值，是不少爱书人收藏的对象。虽然古书多半是二手货，甚至转过好几十手，但是，千万别在自称古书商面前说他是个二手书商，以免换来严重的指正。本书第三章介绍了几家古书店、二手书店，并包括由狂人理查·布斯所创立的威尔斯传奇书镇。

附录部分将美国大型连锁书店及小型独立书店的个别发展和相互对立作了一个简介与比较。其中所提的现象不单是美国所独有，事实上也是许多国家所面临的状况，对于华文世界的书业人员与一般读者相信也能给予一些启示。本章另一篇“西雅图书店之旅”，简略地介绍我两次去西雅图时，所逛的几家书店。这一章的最后一部分则是以实用信息为主，其中列出了几十家网址，希望读者能通过因特网有效地寻书、购书、查询书店所在，或是进行一些与书相关的活动。

《书店风景》一书自然不是（也不想是）一本百科全书式的书店指南，它毋宁是属于夹叙夹议的抒情导览，反映的是一个爱书人外在的观察与极自我的品味。除此之外，它仅仅是希望能挑引一些人对这些风景的渴望。书店之美一如山水之美，等待有心人的开发。

CONTENTS
目录

LANDMARK
地标书店

SPECIALITY

主题书店

RARE&USED
古书店·二手书店

APPENDIX 附录

GALERIE DV PALAIS

LANDMARK

地标书店

河左岸的传奇

巴黎“莎士比亚书店”

Shakespeare and Company

来自美国的丝薇雅·毕奇
生前在巴黎河左岸创立了“莎士比亚书店”，
不仅聚集当时的骚人墨客，
更鼓舞今人承袭她的店名继续传递对文学的热情。

花都巴黎对我的吸引力一直不怎么大，卢浮宫、凯旋门、蒙马特、艾菲尔铁塔虽然反反复复地在我的旅行计划本中出现，结果往往是不了了之，归究原因还是语言的障碍。旅行之于我的意义，是和当地的节奏发生互动、与人群接触交谈；走马看花似的观光不是我的作风，因此总是跟自己说，等学了基础法文后再去吧！

然而法文没学成，还是去了巴黎，诱引我成行的，是一家传奇的英文书店。

故事要从一次大战末期的巴黎谈起，主角是一位来自美国新泽西州普林斯顿的女子丝薇雅·毕奇（Sylvia Beach）。

对于巴黎的迷恋，使得曾与家人在当地度过青少年时期的丝薇雅，在三十岁（1917年）时重返巴黎，打算研究当代法国文学，却因机缘结识在河左岸奥德翁街上开法文书店的阿德里安娜·莫霓耶（Adrienne Monnier），并参与书店的活动，进而认识了一些法国知名作家，高大的莫霓耶与娇小的丝薇雅对文学怀抱着同样的热情，并景仰对方的文化，因而惺惺相惜，成为莫逆之交。1919年第一次世界大战后，丝薇雅在好友的鼓励下，于河左岸开了一家英文书店，两年后丝薇雅将书店搬到莫霓耶的对门，更方便骚人墨客在两家书店间穿梭。

↓ 不下雨时，“莎士比亚书店”外总摆着露天书摊，吸引过路人驻足，也成了一幅好风景。
↓↓“莎士比亚书店”已成为法国巴黎河左岸的一个地标。

↑↑ 全世界第一家“莎士比亚书店”由传奇的美国女子丝薇雅·毕奇所创立。
↑ 海明威与他尊称为“莎士比亚夫人”的丝薇雅·毕奇。

星光灿烂的巴黎

丝薇雅将书店命名为Shakespeare and Company，意指“莎士比亚及同伴”（“同伴”指的是她自己，也是其他文学同好；以下简称“莎士比亚书店”），专卖一些主流与非主流的英美文学书籍和杂志。书店从开张那天起，就不曾冷清过，通过在文艺圈极活跃的莫霓耶，丝薇雅结识了不少文艺界人士，加上她将书店以租书店及零售店的形式经营，使得人潮不断；然而使“莎士比亚书店”名噪一时、精英聚集的主要因素，是一次大战后，巴黎因画家毕加索、音乐家斯特拉文斯基、作家乔伊斯、舞蹈家邓肯等人的加入而星光灿烂，更吸引了许多自我放逐的美国作家，以“莎士比亚书店”为据点，在此或高谈阔论、或借阅书刊、或发表新作。美国作家海明威、菲茨杰拉德、庞德（Ezra Pound）以及喊出“失落的一代”（Lost Generation）的女作家葛楚·史坦（Gertrude Stein）和她亦步亦趋的同性伴侣爱丽丝·托克拉思（Alice Toklas）、英国作家D.H.劳伦斯、苏俄导演艾森斯坦等人都是书店的座上客。

《尤利西斯》终见天日

爱尔兰作家乔伊斯（James Joyce）与丝薇雅的渊源更是广受谈论，当他耗时多年筹写的巨著《尤利西斯》（*Ulysses*）初期在杂志上发表时，即被英美当局贴上妨碍风化、不宜出版的标签，导致出版社及印刷厂不敢碰这本著作。就在此时，崇拜乔伊斯却毫无出版经验的丝薇雅，自告奋勇地提出“莎士比亚书店”愿意出版，两人一拍即合，《尤利西斯》终于能见天日。丝薇雅在莫霓耶的指点下将首版开放预约，但限量一千本、每本流水编号。前一百本以较厚的荷兰手工纸印刷，作者签名，定价三百五十法郎。接下来一百五十本用另一种法国手工纸印刷，定价两百五十法郎。最后七百五十本以一般手工纸印刷，定价一百五十法郎。订单来自世界各地，《尤利西斯》尚未付梓就已轰动文坛，1922年厚达

《尤利西斯》的作者乔伊斯与出版者丝薇雅·毕奇女士。

这张20世纪初期的老照片，是喊出“失落的一代”的女作家、诗人葛楚·史坦（右）与终身伴侣爱丽丝·托克拉思（左）在巴黎寓所的留影，壮硕的史坦与纤弱的托克拉思分坐两端，形成强烈的对比。出身富裕之家的史坦是早期毕加索、马蒂斯、塞尚画作的收藏者之一，因此画面中四处可见艺术品。史坦著作不少，曾创作了许多令人印象深刻的诗句，例如著名的〈A rose is a rose is a rose is a rose〉，然而她广为一般西方读者熟知的书却是1933年出版的《爱丽丝·托克拉思的自传》（*The Autobiography of Alice B. Toklas*），这本书假托克拉思之名，记录了两人的生活，其实就是她个人的传记，她们的亲密关系维系了近四十年，直到史坦去世。

↑↑ 来自世界各地的文学爱好者，在书籍满布的“莎士比亚书店”流连。

↑ “莎士比亚书店”中狭小、陡峭的楼梯。

↗ 在书店中摆着一张张床位，是全世界绝无仅有的现象。据估计，这几十年来，少说有四万人在此睡过。

第一代“莎士比亚书店”的原创人丝薇雅·毕奇女士在晚年以书店之名写了一本传记，1959年由纽约市的出版社Harcourt, Brace and Company出版。这本书几十年来不断再版，我手中这册平装本是1991年由Bison Books所出版。

七百三十二页的《尤利西斯》甫问市即被抢购一空，二版、三版、四版……不断发行。

二次世界大战爆发后，纳粹进占巴黎，局势岌岌可危，然而犹太裔的丝薇雅却拒绝美国大使馆的安排潜回祖国，她执意固守书店并与巴黎的友人共患难。1941年某日，一名德国军官因丝薇雅拒绝卖他一本乔伊斯的《芬尼根守灵夜》（*Finnegans Wake*），于是扬言次日要没收所有的书，焦急的丝薇雅当下与友人将所有的书籍搬离店面，甚至将招牌的店名漆掉……德军的确没抄到一本书，但是却带走了书店主人。已经五十四岁的丝薇雅在拘留所中度过了六个月，出狱后却再也提不起劲重新开店，无论众人怎么劝说。幸运的是，她在晚年时以书店之名写了一本回忆录，鲜明地记载了昔日情景，让未能躬逢其盛的我们，能借书而稍减遗憾。1962年，丝薇雅在她的第二故乡巴黎去世，享年七十五。

“莎士比亚”后继有人

故事到此并未结束，“莎士比亚书店”在消失二十余年后又重现巴黎。事情是这样的，一位美国文艺青年乔治·惠特曼（George Whitman）在1950年代时，到巴黎念大学，然后又靠祖产买下河左岸拉丁区旁的一栋三层楼房，开起英文书店“弥斯楚”（Librairie Mistral），往来的也不乏知名人士，如作家亨利·米勒（Henry Miller）、诗人艾伦·金斯伯格（Allen Ginsberg）、劳伦斯·佛林格堤（Lawrence Ferlinghetti）、黑人小说家詹姆士·鲍德温（James Baldwin）等人。1964年莎翁诞辰四百周年时，乔治将书店“弥斯楚”易名为“莎士比亚”，沿用丝薇雅的店名，在塞纳河畔继续书店传奇。

有些人觉得乔治无疑是个投机分子，企图利用丝薇雅过去建立的知名度来壮大自己，但也有不少人认为乔治的行径是出于一种怀旧浪漫的精神。他甚至还将自己的女儿命名为丝薇雅·毕奇·惠特曼，以纪念前辈。

第一代的“莎士比亚书店”曾经为了要出版英国作家乔伊斯的《尤利西斯》（*Ulysses*）而开了出版社。首版限量一千本、编流水号，如今此一版本已成了藏书家争夺的对象。图中所现就是第一版的简朴封面，这册书在2007年10月22日的一场拍卖会上，以两万美元卖出（包含佣金则是两万四千美元）。*Courtesy of Bonhams & Butterfields*

↑ 巴黎“莎士比亚书店”的主人乔治·惠特曼与他的猫伙伴。

↘ 当年拍这张照片时，只知道右边那位是美国颇有名气的女诗人麦克艾丽斯特，对于一旁带着厚重眼镜、前额微秃的男士完全没概念，他自称是位英国作家，我并没多问他姓名。谁知后来看了一部纪录片（参考第31页），才知道他的名字是西蒙·格林（Simon Green）。之后又看了一本传记《时间在此变得温柔》（参考第30页），里面描述一位霸居“莎士比亚书店”古书区达五年之久、让乔治想赶却赶不走的一位落魄诗人兼翻译家，原来西蒙·格林就是这个人。算算时间，我碰到他时，他才刚住进古书区，还是处于受欢迎阶段。世事难料，西蒙的老母亲死后，留给了他一笔颇丰的遗产，因而结束了他的霸居生涯。

↓ 莎士比亚古书区门面

第二代的“莎士比亚书店”在很多方面都延续了丝薇雅时代的人文特质。虽然1960年代以后伟大的作家不似1920年代、1930年代那么多且耀眼，但是乔治还是发展出自己的风格。每个星期天的午茶时间和星期一晚上的户外诗歌朗诵，已经成了书店的传统，尤其是他在二、三层楼挨着书架摆置了一张张床，免费提供给旅人住宿栖息，更是绝无仅有的特色，乔治戏称他的书店是“滚草旅馆”（Tumbleweed Hotel），倒是相当传神。

书店最鲜明的一景当属乔治了！瘦骨嶙峋、留个山羊胡、一身老旧西装领带的乔治，已经是八十多岁的老人了，还是精神抖擞地在书店中走动。第一次和他见面时，他亲切地向我致意，并诉说幼年曾随家人在中国南京度过一段日子；知道我要写一篇书店报道，更是热心地拿出一堆剪报让我参考，并忙不迭地向店员介绍有位台湾来的作家。一位在店中实习的年轻法国男孩用相当流利的英语和我闲聊着，我的运气不错，乔治今天心情好，有时他挺情绪化的，众人对他的评语是“eccentric”（性情古怪），不过他是个老好人，大家早都习惯了，男孩对我这么说。话才讲完，就听到了乔治不知因何事而对楼下店员咆哮着。

书店中新旧并陈的文学书填满了所有的墙面，连走道上都是书，架上还堆积了不少灰尘，颇让人有窒息之感。只见访客们个个安之若素，百分之八十的人和我一样，都是自国

↑ 乔治一家人的合照立在书架上，使得书店更具个人风格。
↖ 书店以礼待客，墙上写着：“不要对陌生人冷淡，他们也许是乔装改扮的天使。”

外来此朝圣的观光客，只要能亲临现场就已心满意足。我在这儿买了三本有关“莎士比亚书店”的传记及一卷录像带，店员郑重其事地在书扉上盖下黑色的店章，非常能满足我们这些到此一游的观光客。离开书店时，已是打烊时分（午夜十二点），美国女诗人克莱儿·麦克艾丽斯特（Claire McAllister）和一位英国作家还在闲聊着，窗外圣母院的灯火映照在塞纳河上，我脑海里闪起的是郑愁予的诗句：

是谁传下这诗人的行业
黄昏里挂起一盏灯

丝薇雅吾道不孤

除了巴黎，柏克莱、纽约、西雅图，甚至罗马、维也纳都相继出现“莎士比亚书店”，一位曾于1989年到莫斯科讲学的美国大学教授玛丽·邓肯（Mary Duncan）有感于当地英文书籍贫瘠且缺乏

墙上挂着乔治的两位诗人好友艾伦·金斯伯格与劳伦斯·佛林格堤的照片。前者曾在“滚草旅馆”栖息；后者在旧金山经营的书店“城市之光”则与“莎士比亚”结盟为姊妹店。

美国几个城市出现了不少家“莎士比亚书店”，例如加州的柏克莱（左）、华盛顿州的西雅图（中）及大都会纽约市（右）。

文人社交的场所，而于1996年与当地友人创办最新的一家“莎士比亚书店”，并决定将提拨部分盈余支助莫斯科作家。

另外，我更惊异地从因特网中发现，美国俄勒冈州竟然有一家“丝薇雅·毕奇旅馆”，店中除了有个图书馆和舒适的摇椅外，每个房间并以知名作家命名，例如狄更斯室、爱伦·坡室等，想必店主也是一位文学爱好者兼丝薇雅迷。丝薇雅虽已作古多年，但是对文学、作家的爱却不断地影响现代人，对于创始的名号被四处使用，想必慷慨大方的她若是地下有知，应当不以为忤，反而是会很开心的。

世界各地“莎士比亚书店”

巴黎
ADDRESS
37 rue de la Bucherie,
Paris, France
TEL
1-4326-9650
WEB
www.shakespeareandco.org

柏克莱
ADDRESS
2499 Telegraph Ave. Berkeley,
CA 94704, U.S.A.
TEL
510-841-8916

纽约 1
ADDRESS
One Whitehall St., New York,
NY, U.S.A.
TEL
212-742-7025

纽约 2
ADDRESS
716 Broadway, New York, NY, U.S.A.
TEL
212-529-1330

纽约 3
ADDRESS
939 Lexington, New York, NY, U.S.A.
TEL
212-570-0201

纽约 4
ADDRESS
137 E. 23rd St., New York, NY, U.S.A.
TEL
212-505-2021

纽约 5
ADDRESS
14 Hillel Place, Brooklyn, NY 11210, U.S.A.
TEL
718-434-5326

纽约 6
ADDRESS
Brooklyn Academy of Music
30 Lafayette Ave. Brooklyn, NY 11217, U.S.A.
TEL
718-636-4136

维也纳
ADDRESS
Sterngasse 2, 1010 Vienna, Austria
TEL
431-535-5053
WEB
www.shakespeare.co.at

莫斯科
ADDRESS
5/7, 1st Novokuznetsky Pereulok,
Paveletskaya Metro Station, Moscow
TEL
951-93-60

巴黎左岸的“莎士比亚书店”
最能掳获爱书人的心。

Update for 2002

后续笔记

近几年我未访巴黎，倒是常有机会驻足于纽约与柏克莱的“莎士比亚书店”，在那里买买书，但是我最怀念的，还是巴黎左岸那家店，有些书店就是能占据你的心，即使你只去过几回。偶尔心血来潮，我会拿出记录这书店的录像带来观赏，听乔治·惠特曼谈丝薇雅·毕奇、听艾伦·金斯伯格谈乔治·惠特曼，这些书店的逸事，我总是百听不厌。有一回碰巧进入一个网站（thinkparis.com/guides/shakespeare.cfm），在这个结合影像、文字与语音的网页中，我跟着电脑屏幕上的图片及店主人乔治·惠特曼的口述导览下，又将巴黎这家四个楼层的“莎士比亚书店”上上下下地走了一回。我爱逛实体书店，但是当情况不允许时，能如此虚拟神游一番，也算是望梅止渴吧！另外，乔治·惠特曼在巴黎开店半世纪后，也有了专属的网站，里面有他感性的告白文字，已是九十岁的人了，到底还能撑多久呢？书店的未来又将会是如何？我其实已经在心中默默向老人告别。一位朋友在2001年春天前往巴黎，我请她非得替我去书店走一回，朋友来信说书店比数年前更加宣告自己的存在，观光客似乎愈来愈多，不知道是好还是坏，我宁可浪漫地想着这是书店不死的表征。

无论巴黎这家老牌的“莎士比亚书店”是否能存活，令人欣慰的是，1997年秋天，美国旧金山“凯若书店”（Carroll's Books）的店主俊·凯若（Jim Carroll）在不远处也开了另一家英文二手书店，取名为“旧金山书店”（San Francisco Book Company），据一些拜访过的书友描述，那是家小而美的精致书店。2001年夏天，我和凯若在他旧金山的书店会晤，他提到自己每到巴黎时也经常造访邻近的“莎士比亚书店”。他并私下透露自己有个心愿，那就是希望未来能有机会买下这家老店，让河左岸这则传奇能继续流传下去。听凯若如此说，我在感动之余，不禁向他深深一鞠躬，央求他务必朝着这个方向努力，他的心愿也是我的心愿、也是其他爱书人的心愿。

Update for 2007

后续笔记

毋庸置疑，当今世界上最著名的独立书店当首推乔治·惠特曼的“莎士比亚书店”。2006年法国文化部长颁发给乔治“艺术及文学勋章”，以表彰他半世纪以来对文学与艺术的贡献。继丝薇雅·毕奇之后，乔治以他特有的作风，让自己，也让书店成了不朽的传奇，而这传奇的色彩更因为媒体的传播更形浓厚。

2004年一部美国发行的电影《爱在日落巴黎时》（*Before Sunset*；是另一部影片 *Before Sunrise* 的续集）一开场的镜头就是巴黎这间“莎士比亚书店”。影片从两位阔别九年的男女主角，在此重逢而起始。他们的话题也先绕着书店打转，剧中男主角是一位美国作家，女主角则是巴黎人。我想不出有其他场景比“莎士比亚书店”更恰当、更浪漫的了。

加拿大作家杰瑞米·莫瑟曾经在巴黎的“莎士比亚书店”住过好几个月，他把这段期间的奇特经验，细腻地写进了《时间在此变得温柔》（*Time Was Soft There*）一书中。图片里这个封面是美国出版的平装本。

接着2005年又有一本书《时间在此变得温柔——逗留巴黎“莎士比亚书店”》（*Time Was Soft There: A Paris Sojourn at Shakespeare & Co.*），这本书先在美国出版，之后又在英国出版，书名则改为《书、法国面包、臭虫》（*Books, Baguettes and Bedbugs*）。作者杰瑞米·莫瑟（Jeremy Mercer）曾任加拿大渥太华一个报社的记者，主跑社会新闻，总是报道凶杀案之类的事件。有一次因为在文中泄漏了一个线民的名字，以为自己会被对方追杀，而仓皇逃到巴黎。莫瑟在盘缠用尽、一筹莫展之际，意外发现了河左岸免费提供睡床的“莎士比亚书店”，于是在2000年初兴奋地搬了进去，他在这里寄住的几个月期间，与乔治发生了相当微妙的互动。

他以记者之眼，生动地描述了书店内一些形形色色的寄宿过客、这些人如何为了赢得乔治的信任而争宠，以及书店的浪漫与不浪漫（卫生条件奇差，蟑螂、老鼠、小偷横行）之处；更有意思的，莫瑟不仅写出乔治阴晴不定的性情、荒诞的行径，还展现乔治可爱、可笑、可怜、可怕又可敬的多样面貌。在他的笔下，我们看到了一个既实际又不实际的老古董，如何以一己之力，让“莎士比亚书店”成了庇护诸多失落灵魂的避风港，乔治仿佛是现代版的堂吉诃德。

→ 巴黎河左岸的“莎士比亚书店”经常出现在影片中，由美国男演员伊森·霍克（Ethan Hawke）与法国女演员茱莉·蝶儿（Julie Delpy）领衔主演的电影《爱在日落巴黎时》（*Before Sunset*），就是以此书店作为影片开始的场景。

↘ 约翰·巴克斯特所写的《一磅纸：一个嗜书者的告白》，道出他与“莎士北亚书店”原创人的特殊牵连，他也巧妙地运用书店名作为这本书最后一章的标题。我手中的是美国的精装版，封面中规中矩，就是三排书架，完全无法表达巴克斯特撩人的文风。我在网络上发现英国版的封面不仅异于美国版，而且画面浪漫得太多太多，让我冲动到立即要用此画面，但是又没有实体书可拍，截稿时间已近，来不及购买，至于网络上的书封档案不仅小，我又担心有版权问题，真是急死人了。大概是神助吧！本人竟然在二十四小时内，联络到人在巴黎的巴克斯特，他说听别人提过我写的书，但从没看过，只要我愿意互换签名书，他就会亲自扫描高分辨率的书封给我。接下来就是两位东、西方书人的一连串信件往返。至于巴克斯特怎么看待、对待这两个封面，答案很复杂，等我有机会再告诉你们吧！喔，有一点还是得提，巴克斯特这本书是献给他的书友英国人马汀·史东（Martin Stone），此人是古书业知名的书探，我和他几次不期而遇，还把他写进另一书《书天堂》。更巧的是，马汀居然曾经在“莎士比亚书店”帮乔治工作过，书业还真是个小世界。

这些传奇历年来也成了一些纪录片的主题，2003年发行的 *George & Co.-- Portrait of a Bookstore as an Old Man* 算是最佳的代表作之一。五十二分钟的纪录片在Google网站中完整播出[1]，让人对乔治及“莎士比亚书店”的印象深刻。片中采访了不少人，包括一些前后期在书店寄宿者、书店隔邻的咖啡店老板、教授学者、旧金山知名书店“城市之光”的主人劳伦斯·佛林格堤、澳洲的传记作家兼藏书家约翰·巴克斯特（John Baxter）等，前述的作家莫瑟也出现在片段中。

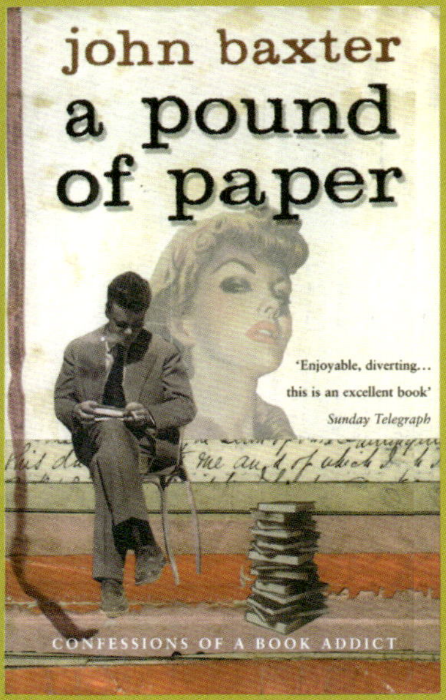

美国作家Christopher Cook Gilmore在纪录片开场时，描述他1968年与乔治初识的过程，非常具有戏剧性。值得一提的是，片中的受访者巴克斯特，以写影视名人的报道与传记而著称，当过BBC评论员。但我是因为他几年前写的《一磅纸：一个嗜书者的告白》（*A Pound of Paper: Confessions of a Book Addict*）而知道此人，这本书是关于他个人的藏书经历，里面还出现了一些我打过交道的书商、书探，因此看了特别亲切。书中最后一章标题为“Shakespeare and Company, and Company”就是对巴黎的“莎士比亚书店”与其他书店的描述。此君现居巴黎，他的公寓正好就在“莎士比亚书店”首创者丝薇雅·毕奇早年所住的同一栋建筑。对于一个爱书人，这真是个太完美的巧合了！

上述纪录片的一小段还出现在YouTube

因为增订这本书，结交了不少喜爱“莎士比亚书店”的同好，例如麦克·黑沃（Michael Hayward）。麦克是加拿大温哥华人，曾经在1980年到欧陆，以自行车旅行，行程结束后，他在巴黎乔治的“滚草旅馆”住了六个星期。自此以后，他爱上巴黎、爱上“莎士比亚书店”，以后每有机会总不忘记返回巴黎。感谢他当年拍了一些精彩照片，为历史留下见证。其中一张我最爱的就是乔治与稚龄的女儿丝薇雅在书店内的合照。另外一张是几位男女围绕着乔治在书店前摆龙门阵的场景，很有波希米亚的味道。麦克还给了我一张乔治与他的合照，画面里身着蓝衬衫的年轻男士，就是他二十多年前的样貌。麦克在网站上特别辟了一个精彩的网页[4]，列了许多与“莎士比亚书店”相关的信息与照片，有兴趣者，绝对不能错过。*Photos by Michael Hayward*

网站中[2]，在这个不到三分钟的短片里，你看到乔治在两个年轻女孩面前耍宝，他一手拿着点燃的蜡烛去烧自己的头发，然后再一手灭火，一旁的女孩吓坏了，他却轻松地说：“理发师得花上二十分的事，我二十秒就能搞定。”接着他喃喃念起自己作的诗句，温柔的语调又让小女生们陶醉不已。没有什么能比这个片段更能显示乔治的特质了。

YouTube网站里还有另一则拍得不错的短片，是由一个名为Pixaway的公司所制作，这个画质颇佳的短片[3]，是以一位年轻貌美、带有英国腔调的女孩当串场主讲人，介绍书店的过去、现在与未来。这个女孩就是丝薇雅·毕奇·惠特曼，也就是乔治以“莎士比亚书店”原创人命名的独生女。

我以前隐约知道乔治与英国妻子离了婚，丝薇雅与母亲搬回英国，父女两人相差了六、七十岁，似乎并不亲。从莫瑟的书中我才得知，丝薇雅几年前从伦敦的大学毕业后，接掌了“莎士比亚书店”。看来凯若想要买下这书店的梦想无法实现了，但我相信他和所有期待“莎士比亚”传奇继续流传的人一样高兴，能由乔治的后代、一个名唤“丝薇雅”的女儿接掌这家店，是再合适也不过的了。只不过我想到要让一个花样年华的年轻女孩去扛这么个担子，似乎沉重了些。

为了表达我对丝薇雅的敬意，我特别和她联络。在访谈中，我可以感受到这个开朗、充满生命力的女孩，对于她的选择有着相当的坚持。主修历史的她，对

年纪轻轻的美丽女孩丝薇雅·毕奇·惠特曼，已经从九十多岁的老父亲乔治·惠特曼手中，接管下全世界最知名的文化观光景点之一，她将让“莎士比亚书店”的传奇继续在巴黎河左岸流传下去。*Photo by Tobias Stäbler*

戏剧感兴趣，曾经在书店前的广场策划了一场莎士比亚的戏剧《仲夏夜之梦》（*A Midsummer Night's Dream*），并且在2003年与2006年分别举行了长达一个星期的文学节，她并打算从2008年起，每两年常态举办。此外，电影《爱在日落巴黎时》也是经由丝薇雅的安排而在书店内进行拍摄。在访谈最后，她认真又不失俏皮地对我表示，“莎士比亚书店”是一个“神圣的公共机构”（holly institution），这是个充满责任与骄傲的结语，多数人应该都会同意她这个说法。

乔治还是在书店走动，只不过这一两年去过书店的朋友，都说他已不复往昔的风采，显得颇为颓唐，毕竟他已经是九十三岁的老人了，谁又能指望他青春永驻呢？我们得感谢丝薇雅能承袭父亲的职志，让这则传奇继续下去。

附带补充的是，一位我认识多年的书商朋友Jon Wobber，在2004年时，从他的藏书启蒙师手中买下了美国加州柏克莱的“莎士比亚书店”，成了此店的第三任主人。这又是一段充满故事的历史，只好留待下一本书再谈了。

---

①video.google.com/videosearch?q=shakespeare+%26+company

② www.youtube.com/watch? v=2hLk11K9OPI

③ www.youtube.com/watch? v=JUpSR9fhQDM

④ www.harbour.sfu.ca/~hayward/paris/shakespeare.html

从前卫到怀旧

旧金山“城市之光书店”

City Lights Books

“城市之光”——自由与前卫的代名词，
一直是1953年以来，文学朝圣者的麦加。

一般游客到美国加州旧金山，大抵不会错过坐电缆车、逛渔人码头、观金山大桥等活动，但是有一撮人却会将“城市之光”（City Lights Books）这家书店列为拜访重点。

坐落在中国城和意大利区之间的“城市之光”，周遭景观已富异国情调，店内出没的顾客更是各色人等兼具，其中以来自美国其他地区的居多，此外还夹杂着不少远道从英国、法国、德国、印度、东欧等地来的访客。与其说这些书店的顾客是去买书，不如说他们是带着怀旧的心情，去追忆围绕着“城市之光”的许多故事。

美国的出版史和旧金山的现代史，自从诗人劳伦斯·佛林格堤（Lawrence Ferlinghetti）在1953年以卓别林的电影《城市之光》为名，创立这间书店后，持续热闹了好些年。①

敲打运动发祥地

生于美国、长于法国的佛林格堤，是少数几位名列大英百科全书的书店主人，拥有哥伦比亚大学硕士、巴黎大学博士学历，是美国著名的政治诗人兼画家，特别喜爱在书店、艺廊、咖啡店内对群众大声朗诵诗篇，以讽喻时政。由于佛氏思想新潮又酷爱文学，因此吸引了一批气味相投的文艺青年，例如杰克·凯鲁亚克（Jack Kerouac）、艾伦·金斯伯格（Allen Ginsberg）、肯尼思·雷克斯罗思（Kenneth Rexroth）、盖瑞·史耐德（Gary Snyder）等人，“城市之光”成了众人聚集之处，并且引发日后的一段社会和文学“敲打运动”（Beat Movement）②，并于1960年代转型为“嬉皮运动”（Hippie Movement）。

充满反传统精神的诗人、画家、出版家和书店主人——佛林格堤。*Courtesy of City Lights Books*

↑在斜坡上屹立了近五十年的“城市之光”，是前卫与自由的代名词。

↓这是1957年第一版《在路上》（*On the Road*）一书的封面。作者杰克·凯鲁亚克因此书而声名大噪，俊俏的他并成为当时美国年轻人的偶像。导演科波拉（Francis Ford Coppola）在1968年就买下改编电影剧本的版权，他原想自己当导演，但放弃这个念头，只选择当制片人。几十年来，导演、演员人选不断改，最后据闻科波拉看了巴西导演沃尔特·塞勒斯（Walter Salles）所拍的《摩托车日记》（*The Motorcycle Diaries*；台湾译为《革命前夕的摩托车之旅》）后，决定请塞勒斯当导演，影片预计在2009年上映。*Courtesy of PBA Galleries*

“敲打族”（beatnik）极端厌烦现世的僵化形式、教规，认为人类已沦为物质文明和既定意识形态的牺牲者，解决之道在于通过酒精、药物、爵士、性、东方神秘主义等来解放心灵、追求自我。凯鲁亚克的成名小说《在路上》（*On the Road*）正是敲打族的最佳生活写照，书中描述两位盲动的主角，以前述方式在美国东、西两岸间，流荡来、流荡去的故事。

首家平装书专卖店

在文学表现上，“敲打作家”唾弃学院派的矫揉造作，改采随兴方式记录思想情感，可以事前不打草稿，事后不修改（《在路上》三星期即完稿），更不刻意将诗、散文划定界限。此类作品常随爵士乐在普罗大众前被朗诵，“城市之光”无疑成了发表场所之一。直到现在，书店中还有敲打专区（Beat Section），陈列此派作家的作品，店主佛林格堤自是功不可没。

佛林格堤经营事业也充满反传统精神。当时美国一般人皆认为好书必然是精装本，佛氏却反其道而行，让“城市之光”成为全美首家平装书专卖店，两年后，佛氏更进一步介入书籍出版，举凡本土、国际的当代文学，或是冷僻、绝版的经典，都列为出版对象。

↖↖艾伦·金斯伯格赤身裸体的照片是这家前卫书店最佳的装饰。

↖1956年出（初）版的《嚎》（*Howl*），当时售价仅有美金七十五分钱，2007年9月27日的一场拍卖会上，以四千零二十五美元卖出。*Courtesy of PBA Galleries*

↑↑让我们在拱门内外穿梭，进入敲打族的书区，借由文字遥想他们狂飙的年代。

↑“解放出版”、“要书，不要炸弹”的英文标语像大字报般贴在墙上。

嚎出了自由与艺术

真正使“城市之光”声名大噪的，是金斯伯格的一首激进叙事诗《嚎》（*Howl*）。“嚎”象征对社会成规的怒嚎，内容包括同性恋、毒瘾、佛教以及二次大战后人类的唯物倾向与麻木不仁的叙述，金斯伯格赤身裸体在“六艺廊”（Six Gallery）首次向大众发表此诗。

发表会之后，佛林格堤送了个短笺给金斯伯格，内容仿照诗人爱默生在惠特曼朗诵完《草叶集》时所献的贺词——“在这个伟大生涯的开端，我向你致意。”但是，佛林格堤还附加一句：“我什么时候可以拿到你的稿子？”“城市之光”于1956年出版了《嚎及其他诗》（*Howl and Other Poems*；通称《嚎》），负责人佛林格堤旋即被捕，罪名是出版、贩卖猥亵书籍。经过冗长的审判后，法官最终还是在群众的抗争下无罪开释佛氏。

↑“城市之光”不仅吸引一些老嬉皮，即使是年轻的红男绿女也一样陶醉在这里。
↓“城市之光”出版社的第一本创业作*Pictures of Gone World*，也是佛林格堤的处女作，第一版仅印五百本。左图的是第二版第一刷，限量两千本，书封有著作者的亲笔签名。佛林格堤最畅销的著作，当属1958年出版的*A Coney Island of the Mind*，迄今已经销售超过一百万册，诗集居然可以卖到这个数量，实在很惊人！右图为初版第一刷。
Courtesy of PBA Galleries

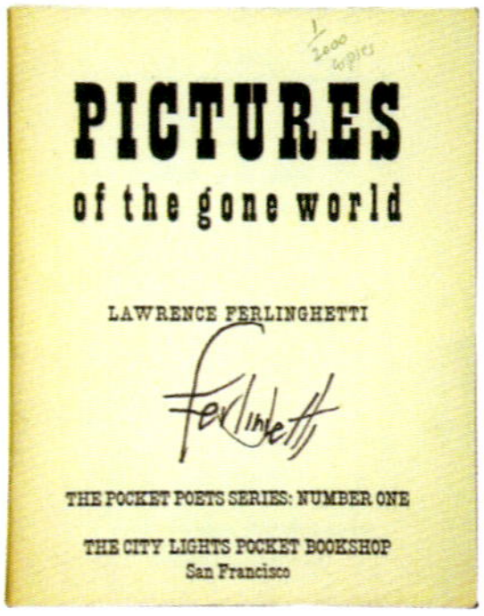

《嚎》事件的胜利为美国出版史创下先例，使得其他出版社能引用此例而出版像《查泰莱夫人的情人》之类的书。

自此以后，“城市之光”成了艺术自由的代名词，其影响力也随着历史的演进而递增。1988年，旧金山市政府通过了“城市之光”的提案，以曾经在旧金山居留的杰出作家和艺术家之名（包括杰克·伦敦、马克·吐温、杰克·凯鲁亚克等十二人），为市区内十二条街道重新命名，揭幕典礼并选在书店的三十五周年纪念日（10月2日），市长同时宣布这一天为“城市之光日”。数年后又有一条街道以佛林格堤之名重新命名。

在这十三条街道中，以“杰克·凯鲁亚克街”（Jack Kerouac Street）最为著名，理由在于地利之便。这条街（其实是一条窄窄的小巷弄）刚刚好紧挨着“城市之光”，这样的安排可以说是相当恰当的，因为凯鲁亚克当年就经常席地坐在这条巷道边上。现在总是可以看到旅人站在牌前，与凯鲁亚克的画像拍照留念。此外，一些电影也喜欢以这条街为场景，例如影片*So I Married an Ax Murderer*（片名可直译为《我娶了一个斧头杀手》）中的开场，可以清楚地看到“杰克·凯鲁亚克街”的路招，而片中酒吧的氛围及男主角神经质似的朗诵，也颇有模仿敲打族的意味。

没有诗歌的城市是单调无味的，以诗发迹的“城市之光”在二楼特辟诗集区。

“城市之光”的店招与“杰克·凯鲁亚克街”的路牌反射在“维苏威酒吧”的玻璃上，形成了一幅独特的画面，也巧合地象征了三者间强烈不可分的紧密关系。

“维苏威酒吧”的内部根本就是一个拼贴艺术的展示间。

隔着“杰克·凯鲁亚克街”与“城市之光”比邻而居的是旧金山很有名的“维苏威酒吧”（Vesuvio Cafe），由一位欧洲人在1943年时所创立，比“城市之光”的历史还悠久。这家店的内部简直就是一个拼贴艺术，彩绘装饰性的大镜子、仿维多利亚时代的图案、乔伊思的照片、佛林格堤画作的海报、某人的诗篇、漫画卡片及敲打族的报道、照片等相干与不相干的东西，全都混在一块儿，有点怪、又不怪，这儿曾是敲打族另一个经常厮混的地方。要谈“城市之光”的种种，几乎一定会提到它与“维苏威”的互动。

1960年某天，凯鲁亚克本应前往稍南的Big Sur一访作家亨利·米勒，因为米氏曾写信给凯氏，表达对他作品的激赏并邀请凯氏一访，谁知当夜凯鲁亚克却在“维苏威”喝得醉醺醺，偏偏他还记得每隔一小时就打电话给米勒，说他等一下就会过去，这两位作家终究不曾相遇。

他乡遇“故知”

度过1950年代到1970年代的狂飙期，“城市之光”不再有太多惊世骇俗之举，店外也不再有观光客探头探脑偷窥思想不羁、服装怪异的敲打族、嬉皮族，但是它就如佛林格堤当初所预期的，一直是“1953年以来的文学聚集所”（A Literary Meetingplace Since 1953），许多前卫或第三世界的文学作品在此保有一席之地，而来自各地的“朝圣者”依旧在店中川流不息；有时还可能他乡遇“故知”，例如翻到一本封面中英对照写着“*Under the Phoenix Tree*（凤凰树下）；by Catherine Dai（戴雅雯著）”的英文诗集，竟是台湾书林出版社的杰作，那种经验真是令人难忘。另外，我还在“城市之光”看到自己迷恋的普利策奖得奖剧作家、演员兼导演山姆·谢普［Sam Shepard;

↑ “维苏威酒吧”的外观和内部一样精彩，总是透进大片阳光的二楼，最适合三五好友相聚在此高谈阔论。

为电影《巴黎、德州》（*Paris, Texas*）的编剧，在《婴儿炸弹》（*Baby Boom*）、《钢木兰》（*Steel Magnolias*）、《玻璃玫瑰》（*Voyager*）等片中演出］的所有剧作，齐齐整整地排在书架上，这也是我在其他书店中不曾见过的。

“如果你到旧金山，记得在发上插朵花……”1960年代的歌手这么哼唱着。

“如果你到旧金山，记得去‘城市之光’。”我会如是说。

---

① 除了佛林格堤外，彼得·马汀（Peter Martin）也是书店“城市之光”的另一位创办人。马汀后来离开旧金山，并在1955年初把股权卖给佛林格堤。

② Beat一词始定于《在路上》（*On the Road*），原意为weary, exhausted，表示“无聊的、疲倦的、颓丧的”，而后又被解释为beatific（幸福的、极乐的）。Beat Movement（敲打运动）的中译名不一而足，其中还包括：倦世运动、厌世运动、垮掉运动、披头运动等。《在路上》一书现有多种中译本，台湾版将书名译为温温吞吞的《旅途上》，不若《在路上》贴近原意，而且也少了书中透露出的那股毛躁、生猛的气息，实在很可惜！

对于敲打运动、敲打族及其相关人、事、物有兴趣者，可以通过纽约市的一位网络专家兼敲打迷Levi Asher所建立的网页（www.litkicks.com/LitKicksSept95.html），得到丰富且有趣的介绍。

另外，读者还可以通过“维苏威酒吧”建立的网站（www.vesuvio.com），查询或连接到许多与敲打运动或前卫艺术相关的信息。

城市之光书店

ADDRESS
261 Columbus Ave. San Francisco, CA 94133, U.S.A.
TEL
415-362-8193
WEB
www.citylights.com

Update for 2002

后续笔记

我几乎每半年就会重返“城市之光”，几年来书店多多少少有些变化，比方说他们开始有自己的独立网站、原本在一楼角落的敲打文学与诗集专区移到二楼、空间变大、书种更多、地下室多了电脑展示平台、外墙的壁画改了图案；然而每到夜间，店内川流不息的人潮依旧，店外仍不时可见大队人马以书店为背景在拍摄影片。有一个下午我从店中买了本书，到“维苏威酒吧”二楼享受阳光、咖啡与阅读，从窗外望出，正好看到女星德瑞·汉娜［Daryl Hannah；电影《美人鱼》（*Splash*）、《华尔街》（*Wall Street*）的女主角］在书店旁的杰克·凯鲁亚克街上拍嬉皮时代的影片*Wildflowers*。这个书店永远是热热闹闹的，像是有一股不可遏止的强大生命力。

女星德瑞·汉娜在书店旁的杰克·凯鲁亚克街上拍嬉皮时代的影片。

2001年10月28日那天，数百位群众齐聚“城市之光”前，庆祝书店被市政府列为文化与建筑的地标，外墙上写着“DISSENT IS NOT UN-AMERICAN”（反对并非非美国）的五幅白布条，将书店衬托得像一个大型剧场。*Photo by © Larry Keenan 2001.*

生于1919年的店主人佛林格堤还是活跃于文艺界，他在《旧金山纪事报》的每月专栏“Poetry as News”是众人争相抢读的文章，由于他近半世纪以来对文化的坚持，因此赢得了许多终身成就奖，1998年旧金山市更封他为第一届的桂冠诗人。最让人兴奋的消息莫过于佛林格堤与合伙人为了保障书店的未来，于1999年向银行贷款，买下了书店所在的建筑物。我以前总担心这家书店会因旧金山市房租飞涨、连锁书店进驻而被迫迁移或关闭，而今大家总算可以松一口气了！

2001年市政府更因书店的特殊历史

诗人店主佛林格堤在仪式中戴着自由女神像的面具，当众朗诵一首金斯伯格的诗篇《*Hum Bom!*》，内容以疲劳轰炸似的重复句型表达不满人类你炸我、我炸你、自己人炸自己人的荒谬行为。即使已经走过最为狂飙的年代，近半百的“城市之光”依然是自由精神的表征。*Photo by © Larry Keenan 2001.*

背景，而将“城市之光”列为旧金山第二百二十八个文化与建筑的地标。10月28日那天，数百名群众齐聚书店前庆祝正式的颁布仪式。那时是九一一恐怖事件发生后一个半月，美国政府以报复制裁为由，而在阿富汗进行轰炸行动，虽然有不少人赞同此项行为，并认为是一件爱国的表现，但是也有许多人强烈抨击，认为不该以暴制暴，发动战争本身就是一件恶行，如此的反对者却被冠上“不爱国”（unpatriotic）、“非美国”（un-American）之类的标签。向来倡导言论自由的“城市之光”于是在书店外墙挂了五幅巨型的白布条，上方写着“DISSENT IS NOT UN-AMERICAN”（反对并非非美国），下方的图像则是五个男女的脸面，每个人的嘴巴上覆盖着美国国旗。有鉴于当时的危机，诗人店主佛林格堤并在仪式中戴着自由女神面具朗诵一首金斯伯格的诗篇《*Hum Bom!*》，内容以疲劳轰炸似的重复句型表达不满人类你炸我、我炸你、自己人炸自己人的荒谬行为。佛林格堤感慨地表示，他没想到已于1997年去世的老友金斯伯格竟有如此的先知之明。即使已经走过最为狂飙的年代，近半百的“城市之光”在面临与社会、文化相关的重要议题时，一定还是会发出自由的嚎声。

Update for 2007

后续笔记

这些年，我的生活重心已经移到了旧金山，这个海湾环绕、小丘林立、种族混杂、性别难分的奇特地方，已经被我视为另一个家。对于这个我认养（或认养我）的城市，我满心骄傲。的确，这里没有纽约的大都会博物馆，没有埃及的金字塔，没有中国的万里长城，也没有台湾的小吃夜市，但是却有包容各种声音的开放氛围，以及高密度的书店，特别是“城市之光书店”。

从我居住的地方，搭十五分钟公车，一路攀爬上纳卜丘（Nob Hill），眺望海湾的恶魔岛（Alcatraz Island）与电报丘（Telegraph Hill）上的寇伊塔（Coit Tower），最后再下降到中国城与意大利区北滩（North Beach）的交界，步

←← 凯鲁亚克街（巷）的临时小舞台上，有着乐团即席演奏，为“旧金山国际诗人节”的开幕，掀起了一个欢乐的开场。
← “旧金山国际诗人节”的开幕典礼在凯鲁亚克街（巷）上举行，大家长佛林格堤自然是典礼上的主人。他右肩后方只露出头部的那位男士是“旧金山公共图书馆”（San Francisco Public Library）的馆长Luis Herrera；画面最左方的金发女士Donna Bero则是“旧金山图书馆之友”（Friends of the San Francisco Library）基金会的执行总裁。由于这些人与组织的通力合作，才会有这次的国际诗人节庆。

行两个街区，就到了“城市之光”，这是一段令人心旷神怡的路线，而书店也几乎成了我的后花园。书店创始者诗人劳伦斯·佛林格堤还是常常在店中出现。有一回我去书店，由于是非假日的下午，通常也是店里比较清闲的时刻，我一个人坐在二楼的书区，独享偌大的空间。过了一会儿，一位身着牛仔裤的老先生从旁边的办公室走出来，很有耐心地把先前顾客随意乱放的书，一本本归回原有的架位。我抬头看了一下，发现他就是佛林格堤。两人眼光正好接触，双方微微点头致意。就这么一个简单的场景，让我感触良多。

虽然佛林格堤和“城市之光”名气如此之大，但是还保有着不摆架子、不矫揉造作的率真。很多书店出了名后，店主人往往变得跩兮兮、高不可攀，哪有可能亲自整理书？书店里的规矩也开始多了起来，不准拍照、不准嬉笑、不准这、不准那，让人觉得颇不自在。以地利之便，再加上我在旧金山的一些朋友直接、间接认识佛林格堤，按说我要专访这位世界知名的书店主人并不难，但是我反而不想。正如那一回我在店中与他刚巧独处一室，我完全不愿像一个追星族般趋前与他搭讪或要他签名、合照什么的，他一天到晚大概都有来自四面八方的采访，就别打扰这位老先生吧！

也许是到书店太多次了，在不少场合见

“城市之光”书店面对哥伦布大道上的一整面外墙与橱窗，是一个地地道道的大肥皂箱，经常变动的墙面长布条或窗上大字报，总是与时事紧扣，反应书店主人佛林格堤的理念与观感。大字报上的手写标语，每个字都是出自佛林格堤之手。

到他，我并不把他当成特别采访的对象，只觉得他的存在就是那么自然，我喜欢静静地欣赏他，八十好几的老人，还是非常挺拔，一双湛蓝的眼睛炯炯有神，他让我联想到一句英文“Growing old gracefully”，有些人就是老得很好看、很有韵味，佛林格堤就是属于这类人种。

2003年“城市之光”书店欢庆创立五十周年，《旧金山纪事报》连续四天以好几页大篇幅的文字与图像回顾书店的精彩过往历史，“城市之光”确实是旧金山这个城市之光。2005年附属书店的出版社也迈入半百，同年年底，美国国家书卷奖（National Book Awards）为了赞扬佛林格堤长期对文学界的卓著贡献，因而将“文人奖”（The Literarian Award）颁发给他，这也是书卷奖基金会五十六来首次设立这个项目。书卷奖算是美国主流文学界最高的荣耀，许多作家终其一生就想得到这个奖的肯定，据闻楚门·卡波提（Truman Capote；大陆一般译作杜鲁门·卡波特）因为老得不到这个奖，而总是怀恨在心。然而佛林格堤在接受记者访问时，却说他其实有种相当复杂的情绪，虽然他不否认这是种光荣，但他一直自认是个唱反调者（dissident）。

反观当年（1998年）旧金山市长封他

为第一任桂冠诗人，他却是欣然接受的。毕竟，在旧金山这个开放的城市，他可以大唱反调、大行叛逆，正如他所说，他把旧金山桂冠诗人这个位子，当成一个宣传不同理念的肥皂箱。事实上，他的书店“城市之光”长久以来就是一个大肥皂箱，书店的外墙与窗户总是挂着布条或大字报，写着一些关心社会、政治议题的标语。像是2001年“反对并非非美国”（DISSENT IS NOT UN-AMERICAN）、2002年底“阻止战争与战争制造者”（STOP WAR AND WAR MAKERS）的长布条；2007年夏天，窗户上出现的则是一连串的控诉：“布什与切尼对生态无知、布什与切尼撒谎、布什与切尼犯了违反人道的大罪、布什与切尼违背美国制宪与人权法案、弹劾！弹劾！愤怒在何处？”（BUSH+CHENY'S ECOLOGICAL IGNORANCE、BUSH+CHENY'S LIES、BUSH+CHENY'S HIGH CRIMES AGAINST HUMANITY、BUSH+CHENY'S VIOLATION OF U.S. CONSTITUION+BILL OF RIGHTS、IMPEACH! IMPEACH! WHERE'S THE RAGE?）。可以看出，九一一事件后，美国以反恐为借口，持续对外出兵的举动，让反战、崇尚和平的佛林格堤忍无可忍，于是亲手写下这些大字报。

我最近一次遇见佛林格堤，是在今年7月底的“旧金山国际诗人节”（San Francisco International Poetry Festival），第一天的开幕典礼在傍晚举行，地点就在“城市之光”与“维苏威酒吧”之间的杰克·凯鲁亚克街上[1]。说这是一条街，其实是个又短又窄的巷弄，不过就六十呎，小小一方地挤满了数百人，临时小舞台上，有着乐团即席演奏，佛林格堤自然是典礼的主人，我看他气定神闲地夹在观众群中，很像一个大家长般地环视自己的子民。接下来几天，他与十多位来自各国的诗人，分别在市区的几个厅堂与北滩的咖啡馆以自己的母语朗诵诗歌，免费邀约所有市民聆听。我心中只有一个感觉：旧金山的居民何其幸福，而这一切，都和“城市之光”有关。

笛卡尔的名言是“我思故我在”，城市之光的名言则是“我读故我在”。这个椭圆形的艺术品的创作者就是书店主人佛林格堤，多才多艺的他，除了以写诗著称，其实还是个颇有名气的画家。

无缘亲访旧金山的朋友，至少可以在YouTube网站的影音片段中，看到“城市之光”的样貌与感受到佛林格堤的风采。我特别推荐的一个片段，是他今年9月初在独立媒体“Democracy Now!”节目中接受女主持人兼资深记者Amy Goodman的采访录像[2]，其中可以清楚听到他对于时政的批评，他最后铿锵有力地朗读了一首诗《悲怜这国家》（*Pity the Nation*），呼应了书店大字报的精神。另外一个片段，则是他在加州大学柏克莱分校莫里森图书馆（Morrison Library）所办的每月“午餐诗歌”（Lunch Poems）的全程录像[3]。他一开始搭配海鸟哀鸣与海浪声的乐音，先朗诵《濒死动物的哀嚎》（*Cries of Animals Dying*），最后则在美国国歌的伴随下，念了一首诗《飞机史》（*History of the Airplane*），从莱特兄弟发明飞机的和平初衷，止于九一一的飞机暴行，其中并谴责美国对第三世界发动第三次世界大战。就连我这个对英诗不在行的人，都可以体会到这首诗有着令人激赏的语音、结构与象征。

① www.youtube.com/watch? v=J1rRTNTcbY0
② www.youtube.com/watch? v=RZiz44O8BrE
③ www.youtube.com/watch? v=CrHv6IASWQ4

仅有六十呎的杰克・凯鲁亚克街夹在都板街（Grant Street）与哥伦布大道（Columbus Avenue）之间，一边是中国城，另一边是北滩的小意大利区。这条中西文化的走廊原本颇为脏乱，在市政府与中国城社区发展中心的合作下，2007年春天终于改头换面。不仅成为行人专用道，而且立了三盏街灯、重新铺上大片石砖块，更在一些砖块上以金属镌刻上中、西成语与诗句，例如中国城都板街这方，出现的是"酒逢知己千杯少"、"饮水思源"、"四海之内皆兄弟也"；靠哥伦布北滩这方则是引约翰・斯坦贝克（John Steinbeck）、玛雅・安洁洛（Maya Angelou）、佛林格堤、凯鲁亚克的文句。只不过看到地砖上出现了中英文并排的"Jack Kerouac 亚打罅巷"，有点会意不过来，后来抬头一看路标，才知道这条小巷在改名为"凯鲁亚克街"前的原名为Adler Alley，"亚打罅"乃Adler的广东话发音。这砖块上的中英文突兀对照，显示中西交流还真不容易！

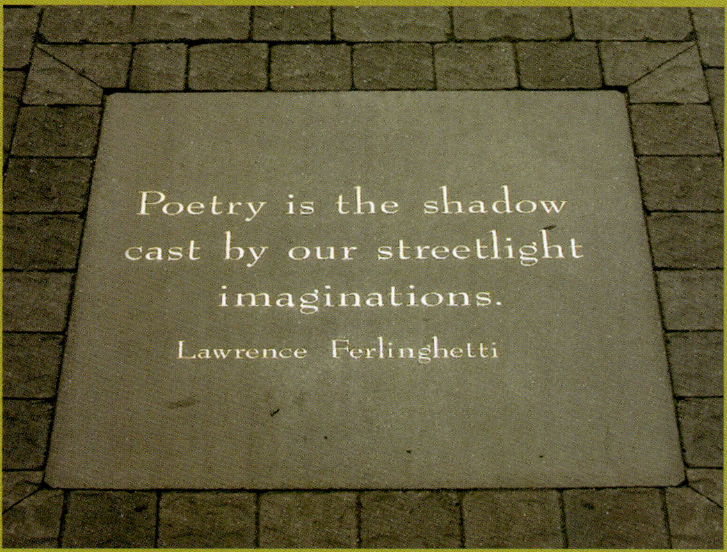

CITY LIGHTS
CITY LIGHTS BOOKS

FRONT LINES

↑↗“城市之光”橱窗上的弧形英文店名，让一个简单的橱窗变得优雅极了。特别是左上角映照出对街“托斯卡”（TOSCA）咖啡厅的招牌，更是有趣。“托斯卡”、“城市之光”与右图左边的“维苏威”可以说是哥伦布道上的铁三角，他们都是文人雅士喜爱聚集之处。

↖2007年10月24日那晚，佛林格堤在书店朗诵新书，也与读者会谈。我只想拿着《书店风景》第二版给佛林格堤，感谢当初书店经理Nancy Peters（现已退休）给了我使用书店相关图片的权利，并希望他允许我在第三版继续使用。谁知七点抵达现场，书店外大排长龙，因为书店内已经人潮爆满，根本挤不进去，大家只能隔着玻璃窗观望。我于是拍下这张照片留念，画面中“城市之光”所发出的热力与光芒，使得背景那座旧金山的著名地标“泛美金字塔”（Transamerica Pyramid）黯淡失色。“城市之光”的确是这个城市之光。

←拍完书店外的夜景后，正打算离开现场。一位和善的陌生女士问我想不想拍佛林格堤在书店内的景况，怎么拍呢？视线全被橱窗内的的书给挡住。这名自称Diana Cohn的女士说，“你可以爬到窗外及腰的细铁条上，我可以在下面用手支撑着你。”看她很认真这么说，我自然不能退却，于是登上铁条，一手紧握铁栏以防摔倒、一手持数字相机，但镜头怎样都找不到佛林格堤，因为还是太多书挡住，试了几回，我和Diana都累了，只好放弃。后来Diana高壮的伴侣Craig Merrilees出现了，她坚持要Craig再扶我上铁条，并建议我调整角度，把相机举高后再向下拍，Bingo！我终于从窗外拍到这张照片。为了不用闪光灯，只好把感光度调到八百，粒子很粗，但却是我最爱的一张照片。接着，我和初识的Diana，Craig与他们来自纽约的朋友Colin Greer到北滩的一家意大利餐厅晚餐。就在餐点结束前，面窗的我与Diana看见佛林格堤在一位女士的搀扶下正好路过。Diana立刻催我拿着书去送给诗人，这岂不是天意？！我于是奔了出去。诗人已颇为疲倦，却仍慈祥地与我攀谈，听我解释以前越洋与Nancy Peters联络，取得照片使用权，一旁的女士即刻插话：“I AM Nancy Peters.”我后来看照片，发现Nancy正好出现在这张图的上方，世界上竟有这么多巧合的事！

智者在此垂钓

纽约“高谈书集”

Gotham Book Mart

众多的智者在钻石道上的“高谈”垂钓，
交织成一部20世纪的文化百科全书。

介于纽约曼哈顿第五与第六大道间的四十七街，素有“钻石道”（Diamond Row）之称，短短几百公尺内，聚集了数十家钻石珠宝店，美国百分之八十的钻石交易都在此进行。

这条钻石道上，数十年来曾印着作家亨利·米勒、塞林格、索尔·贝娄、剧作家尤金·奥尼尔、阿瑟·米勒、舞蹈家玛莎·葛雷厄姆、音乐家斯特拉文斯基、画家达利、乔琪亚·欧基芙、导演卓别林、伍迪·艾伦，以及杰奎琳·肯尼迪·奥纳西斯等人的足迹，然而吸引这些闻人雅士的，并非闪闪发光的钻石，而是一间其貌不扬的书店——“高谈书集”（Gotham Book Mart）。

一〇一项理由，纽约客最爱

几乎淹没在众多珠宝店中的“高谈书集”，的确不怎么惹眼，然而，它却是纽约客眼中的一颗明珠。《纽约时报杂志》曾经在罗列一百零一项理由，夸赞纽约的迷人处时，将“高谈书集”和林肯艺术中心、卡内基音乐厅、大都会博物馆、华尔街等举世知名的人文景观并列，其地位之高可想而知。

土生土长的老纽约客伍迪·艾伦就曾赞叹“高谈”是每个人梦寐以求的书店，美国著名的专栏女作家莉莎·史密斯（Liz Smith）也表示，她心目中最完美的纽约一日游，就是到“高谈”四处浏览，临走时再带几本廉价好书，著名文艺节目主持人狄

高悬的店招“智者在此垂钓”，牵动了爱书人的心灵。

克·凯维特（Dick Cavett）则严肃地疾呼“高谈”应该被封为文化国宝。

到底“高谈”有什么魅力，能让如此多人倾倒？“山不在高，有仙则名”应该是最直接的回答。确切地说，创始人法兰西丝·史黛罗芙（Frances Steloff；人们昵称Fanny——芬妮）是“高谈”的灵魂，也是诸多传奇的开端。

由于家境贫困，喜爱念书的芬妮自小就辍学，在家乡撒拉托加泉镇（Saratoga Springs）卖花，以贴补家用，而后被一对波士顿的夫妇领养，却因不堪凌虐，在二十岁时逃至纽约市，先到一家百货公司的女性束衣部门当店员，之后转到图书部门，只受过五年正规教育的芬妮，至此天天与书为伍，并找到安身立命的方向。

接下来的十二年生涯，芬妮在许多家书店服务，累积了实务经验，终于在三十二岁（1920年）那年，把所有的积蓄化为一百七十五本书，再租下一间小店面，成立了“高谈书集”。

20世纪的文化百科全书

“高谈”（Gotham）一词为纽约市的别称，另有疯子、傻瓜之意。偏偏书店外又高悬了一块铁铸招牌，上书“智者在此垂钓（搜寻）”（Wise Men Fish Here），颇具有一语双关的幽默气味。之所以用“书集”（Book Mart），最主要是芬妮希

书店的墙上挂着不少珍贵档案照片，其一是1952年英国威尔士诗人狄伦·托马斯（Dylan Thomas）造访“高谈”，照片中后立者为芬妮。托马斯的诗作被喻为有济慈之风，他也是一个天才早夭型的文人，享年仅三十九。同是威尔士人的演员安东尼·霍普金斯在十七岁时初听他的诗，顿时为之着迷，并且在1990年首度执导演筒时，为电视台拍的第一部处女作 *Dylan Thomas: Return Journey* 就是以托马斯为主人翁。

望淡化这家店的商业色彩，同时能成为文人雅士会集的中心。

由于芬妮的个人偏好，再加上“高谈”邻近百老汇和《纽约客》杂志社，所以店中以文学、艺术、电影、戏剧、哲学等人文类的新、旧书籍为主，另有数千种同构型的小型刊物和绝版书，因而吸引了许多国内外的前卫艺术家、作家、演员和舞者，这些人名，一如纽约某杂志所恭维的，足以交织成一部“20世纪的文化百科全书”。

在保守、禁忌的1920年代、1930年代，芬妮还大胆地出售当时禁书，例如亨利·米勒的《北回归线》、乔伊思的《尤利西斯》、D.H.劳伦斯的《查泰莱夫人的情人》以及《金瓶梅》等书，芬妮因此吃上官司，成了美国书籍查禁制度史上著名的抗争者。

赞助葛雷厄姆首次舞展

除此之外，芬妮更经常借钱给作家们出版作品，出书后又大量收购并举办派对庆祝，即使是乏人问津的诗集、剧本，在店里都有一席之地。玛莎·葛雷厄姆的首次舞展，也是因芬妮出资一千美元赞助而成。有一次女诗人玛莉安·摩尔（Marianne Moore）家的水龙头坏了，芬妮还专程派人去修理。

芬妮对于文人们的宽容与慷慨，真是毋庸置疑，但是她却绝对严于律己、公私分明。她会将废弃信封、包装纸裁切成便条纸使用，对员工的要求也极高，例如作家田纳西·威廉斯（Tennessee Williams）在成名前，曾在“高谈”当店员，但是待不了一天就被芬妮炒鱿鱼，理由是他上班迟到又笨手笨脚，连书都不会包。

每天工作超过十二小时的芬妮，把一生都献给了“高谈”，连午饭几乎都不外食，她生怕出去后，正好有熟客来访，不能亲自

←“高谈书集”的二楼是古书区兼艺廊，墙上挂着古老明信片。
↙“高谈书集”充满怀旧气氛。

招待。少数的一次例外，发生在1963年某日，她约一位年轻人安卓斯·布朗（Andreas Brown）共进午餐，并恳请他为“高谈”的继任者。对于这个突如其来的提议，安卓斯简直受宠若惊，另一方面却又惶恐不已，反复思考几年后，才答应担下重任。

安卓斯原为加州圣地亚哥人士，大学毕业后从事书籍鉴定的行业，每年总会因公到纽约市几回，并顺道拜访“高谈”，对于自己当时何以能独受芬妮的青睐，安卓斯到现在还是不解。

Gotham Book Mart reception (9 Nov. 1948) for Dame Edith & Sir Osbert Sitwell (seated, center); (clockwise from W.H. Auden seated on ladder): Elizabeth Bishop, Marianne Moore, Delmore Schwartz, Randall Jarrell, Charles Henri Ford, William Rose Benet, Stephen Spender, Marya Zaturenska, Horace Gregory, Tennessee Williams, Richard Eberhart, Gore Vidal, José Garcia Villa.

1948年11月9日的聚会，请来了玛莉安·摩尔、田纳西· 威廉斯等众多文坛明星。*Courtesy of Gotham Book Mart*

这张1963年档案照的主角应该无须多介绍。是的，就是画坛怪杰达利！*Photograph by G. D. Hackett; with permission by Andreas Brown*

书店生涯使人忘掉岁月

芬妮在八十岁（1967年）时，正式把“高谈”让渡给年仅三十二岁的安卓斯，她依然住在三楼，并挂名顾问，每天午后还是下楼在店中忙来忙去，直到一百零二岁去世前。

少了芬妮的“高谈”，固然失色几许，但是店中二十五万册的精彩藏书，依旧是爱书人搜寻的天堂，曾经有位法国旅客以二十美金“捞”到一本1923年由法国伽里玛出版社发行、编号二百三十三的《向普鲁斯特致意》（*Hommage á Proust*）一书，这本书早已绝版，一共只印了三百本。

现任主人安卓斯也继续支持文艺活动，维系书店既有精神。此外，他还是全美知名的明信片收藏家，每逢夏季，他会从十万张中挑出两千张精品在二楼展示，成为“高谈”另一项引人处。

↑“高谈书集”现任主人安卓斯·布朗先生。这一张照片的取得真是历经千辛万苦。①
Photograph by Bill Yoscary; with permission by Andreas Brown
↓从“高谈”的窗户向外看，触目所及都是珠宝店。对于内部的零乱，老主顾似乎毫不在意，反而认为那是一大特色。

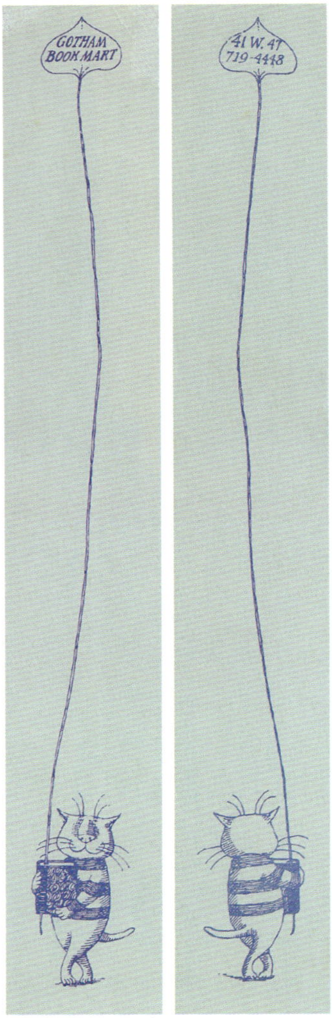

↗“高谈书集”的巨型橱窗总是摆满了诱人的书籍。

↑书店的猫咪书签由著名插画家Edward Gorey 特别设计。*Bookmark by Edward Gorey; with permission by Andreas Brown*

怀旧顾客在此垂钓

由于书店老旧，安卓斯本想重新装潢并全面将零乱的书籍仔细归类，谁知却受到多数顾客的强烈反对，他们一方面是基于怀旧心态，再者是觉得一切若太工整、有秩序，那种垂钓、寻宝的意外惊喜感将难以再现，安卓斯也只好从“旧”如流。他目前面临最大的问题是，书店因位于最精华地段，房屋地价税不断飞涨，再加上四周的珠宝商一直施压要“高谈”迁出这条钻石街（“高谈”及斜对面的熟食店是该街上仅存的非珠宝商），不少因九七大限而外移的香港珠宝商更是频频表示要承租或买下该处，使得安卓斯一直天人交战到底要不要迁移此地，找个较便宜的地段，他虽然还是希望原地不动，但若逼不得已，也只好另作打算了。对于那些陶醉在怀旧气氛下的“高谈”常客，这样的结果当然最好永远不要发生。

---

① 为了取得安卓斯的这张照片，我大概花了三百美金，其取得过程颇为曲折。首先，安卓斯已久不接受外界拍照，因此，我虽然和他本人会面交谈，偏偏就是不被允许拍照，“我会找一张照片给你。”他这么说，还答应顺便给一些其他珍贵档案，谁知信件、电话催讨好几次（此店当时并没传真机，更别提什么电子邮件信箱了），结果都是要我等一等，这一等前后就耗了两个月，只好央求纽约市的友人就近联系，又是折腾了好几回，最后终于等到这“半”张，这还是友人当场拿到照相馆翻拍的结果，至于为什么是半张？因为这原本是张合照，安卓斯向右望的可是一位大人物，谁呢？杰奎琳·肯尼迪·奥纳西斯是也。想着安卓斯一刀剪下右边的杰姬，我只觉得一片晕眩，好好一张照片！另外，请不要期望安卓斯和照片影像一样，这可是许久前拍的。

芬妮已离开人世，虽然她没有子嗣，却留下三只以作家命名的猫咪，成为“高谈书集”的守护神。

“高谈书集”小档案

“高谈书集”自1920年代起就冠盖云集，是骚人墨客高谈阔论的据点，这里流传着许多的故事，以下是为人津津乐道的几则：

◆ “高谈”经常是许多情侣幽会的地方。例如《纽约客》杂志的编辑艾德蒙·威尔森（Edmond Wilson）某日与同事兼情妇玛莉·麦卡锡（Mary McCarthy）约会时，威尔森太太凑巧走进店中，当场碰个正着。另外，名影星范伦铁诺和他的情人娜塔莎·伦波娃（Natasha Rambova）也常在此私会。

◆ 1920年代末期某晚，作家西奥多·德莱塞（Theodore Dreiser）与门肯（H. L. Mencken）喝得烂醉来到“高谈”，两人开始在书上胡乱签名（有些是他们自己的，多半是别人的），其中包括在一本圣经签上“作者致赠”，芬妮日后以漂亮的价钱卖出。

◆ “高谈”令人印象深刻的一景是在书架间跳跃自如的三只猫儿，它们叫松顿·王尔德（Thornton Wilder）、米契尔·肯那利（Mitchell Kennerley）、克利斯多福·墨利（Christopher Morley），是芬妮生前为了纪念三位作家兼好友而命名。

◆ 芬妮百岁生日时，爱尔兰都柏林市的市长拍了份电报致意，感谢她对爱尔兰文学的关注。芬妮在1947年成立“詹姆斯·乔伊思社团”（James Joyce Society），每年定期在“高谈”聚会，虽然她本人从未见过这位爱尔兰作家。

◆ 知道芬妮如何私运禁书吗？她请国外友人把书分割成几部分寄出，然后再把它们一一拼凑回原貌。

Update for 2002

后续笔记

2001年8月中旬时，我拜访了阔别三年的纽约市，在那儿逗留了一个星期，见到了不少书店业的旧雨新知，算得上是趟丰富之旅，虽然很幸运地避开了稍后发生的九一一世贸大厦被炸的恐怖事件，却碰上了一件令我颇为感伤的事。

“BUILDING FOR SALE”（建筑物出售）的字样出现在书店橱窗中，令书虫们觉得惶惶不安。

在这趟旅程中，我当然将“高谈书集”列为我驻足的一站，除了到店中寻书，同时也打算把我在大陆出版的《书店风景》简体字版送给店主安卓斯·布朗先生，感谢他允许我在简体字版依然能使用一些与书店相关的照片。我在钻石道上远远地就看到“智者在此垂钓”的店招，但是当我走近店面时，却发现橱窗内与二楼外墙挂了斗大的牌子，写着：BUILDING FOR SALE（建筑物出售），一旁以小字列出房地产公司的名号与电话，我心头一惊，立即冲入店内打算查探究竟。

由于店员告知安卓斯正巧在办公室内用简餐，半小时后可以与我晤面，我也就不浪费时间，直接先上二楼的古书区开始东翻翻、西瞧瞧，一些我几年前看到的书还在柜中，不过我倒是在短短几十分钟内搜到一本关于版画历史与技巧的书 *101 Prints: The History and Techniques of Printmaking*，这本两百多页的书，内页竟然用了三种纸张及数种印刷技巧（凸印、凹印、浮印等），且装订精美，另附盒套，价钱是在我能负担范围内，立刻不假思索就取下，另外又挑了本小册子，是库波–修威特博物馆（Cooper–Hewitt Museum）1985年出版的古书珍藏目录。

带着两本书下楼，进了安卓斯的办公室，两人寒暄了一阵，他很快就谈到正题：“让我们面对现实吧！当今在这条天价的钻石道上经营这么一家书店是不智的，店内的库存已无处可摆，想多进一些好书根本不可能，若把这栋老房子卖了，我可以拿钱买下附近大上几倍的建筑，这也是不得已的决定。”安卓斯大概已不知多少次这么向外人解说，大家的心里清楚得很，若书店搬了家，那气味是永远也不一样了！但我们又能如何呢？毕竟我们不是老板，既不必付房屋税、地价税，更无须考虑盈亏，除了欷歔一番，似乎也没更适切的表达。

收下我致赠的简体字版《书店风景》，安卓斯立即要回赠我一些纪念品，他先是要给我一本“高谈书集”的传记，我回说早就读了，接着他提议给我一卷难得一见的书店录像带，内容是专访创办人芬妮的纪录片，我再次摇手，表示家中已有一卷，他有点懊恼地说：“You are not easy to please!”（你这人还真不易取悦！）他最后想了片刻，终于拿出一本1975年4月天普大学出版的《现代文学期刊》（*Journal of Modern Literature*），这期保存甚佳的特刊全本以“高谈书集”为主题，由芬妮的回忆录所构成，其中有许多珍贵的第一手资料与照片，封面的黑白照极为著名，画面是书店早期的橱窗，里面有一位无头的女模特儿身着围裙、手捧书册，右大腿伸出一个水龙头，由前卫装置艺术家杜尚（Marcel Duchamp）所布置，我曾经在一些古书店中看过此刊，若非书况不佳，就是价格不对，最后总没买成，见我顿时张大眼睛，“你总没这本吧？”得意的安卓斯边说边将期刊送给我，临走时还替我买的两本书打了同业折扣，告别书店前，我不舍地向这栋建筑行注目礼。

同年年底，我自台湾打电话查看书店旧所是否已出售，安卓斯在电话中表示，他只管卖书，卖房地产是中介公司的事，只知目前已有六十多位买家向中介公司出价，但是尚未与任何一家达成协议，过程可能颇为复杂。他要我放心，就算迁居也是在附近街区，书店会在、他也会在。“高谈书集”开店以来曾经三度迁移，无论如何搬迁，它的光环都未减弱，而且是愈搬愈旺，主要还是在于其特殊又深厚的历史背景，再加上经营者的特质，使它无论在哪里都成为文化地标，想到此处，一些习惯拜访钻石道上这家店的书迷们，应当不必太难过了。

↑安卓斯送了我这本1975年4月由美国天普大学出版的《现代文学期刊》，这本特刊以“高谈书集”为主题，封面是早年书店的橱窗。画面中那个无头女模特儿是杜尚的装置艺术，至于橱窗内那位望着女模特儿的男士，则是超现实主义派的法国诗人、作家安德烈·布勒东（André Breton）。

←传奇的“高谈书集”无论如何搬迁，它的光环都很难减弱，主要还是因为历史背景太深厚。

Update for 2007

后续笔记

我一直拖到最后才写这篇后续笔记，只因为希望有奇迹！

当我2001年8月拜访纽约四十七街钻石道上的“高谈书集”时，那正是他们刚刚宣告建筑物出售信息的一个月。历经两年，终于在2003年夏天正式宣告以七百二十万美金卖出，买主为隔壁的珠宝商。据报道，第一任的店主芬妮1946年当初买此建筑的价格是六万五千美元。

店主安卓斯·布朗上回与我见面时，要我别担心，“高谈书集”一定会继续存在，他也会想法子把书店迁居到原址附近。但我心想，要在寸土寸金、房价惊人的曼哈顿城中买或租一个能容纳众多书店库存的建筑，谈何容易？2004年终于传出好消息，“高谈书集”找到新家了，而且就隔一条街，在四十六街东十六号，位于第五大道右方。这个五层楼的建筑不仅比起前一个店面宽敞、气派，而且曾经是一家赫赫有名的书店“H. P. 克劳斯古书店”（H. P. Kraus Rare Books）的所在。

犹太裔的克劳斯于1932年在维也纳成立了古书店，为了逃离纳粹，在1939年迁移到纽约市，继续经营古书，长久以来是西洋古书业的顶尖书商，经手的多是相当稀罕、数百年历史的古书与手稿。记得我手中那册1978年出版的精装本《古书事迹——克劳斯自传》（*A Rare Book Saga--The Autobiography of H. P. Kraus*），书一打开就看到跨页满版的书店广角内景照片，虽然是老照片，但相当的气派、且有历史感，一本巨型的中世纪手抄本就放在架上，让我印象极为深刻，也怨叹自己几次纽约行总错过此店。克劳斯1988年逝世，由他的妻子Hanni继续经营，直到2003年初她去世。克劳斯的几位子女无意像父母般大规模经营，因而决定把建筑给卖了，书店珍贵的库存和庞大书目则交由纽约苏富比公司分几批拍卖，但是书店的名号仍由其中一个女儿与女婿保有，他们目前仍是“国际古书商联合会”的会员，只接受预约服务。有关克劳斯的精彩生平，就请有兴趣者去读他的自传了。

上述两家书店虽然专业不同（“高谈书集”以近代文学、艺术类别为主），但在业界同样知名，不仅同时期创立、店面曾经又如此接近，如今先后盘踞同一个地址，实在是一件美事。“高谈书集”之前的建筑虽然也是五个楼层（包含地下室），但是仅有八千两百三十平方呎，几十万本书挤得密密麻麻，据说地下室有一堆书连露脸机会都没有。但新的建筑（也是五个楼层）却有一万三千两百五十平方呎，比原本足足多出百分之五十的面积，本来就已经有许多书架，安卓斯不需花太多钱装潢，也让他的压箱库存总算有机会

四十六街时期的“高谈书集”，在建筑物的三楼设有一个像私人俱乐部的艺廊。*Photo © Kevin McDermott*

能好好展示。我后来在网站上看到书店内景的图片，觉得与旧店简直是天壤之别。新店有着宽敞、挑高的空间不说，还整齐得可以，三楼甚至有一个类似高级俱乐部交谊厅的艺廊，典雅吊灯、外缘大理石装饰的壁炉、拱形梁柱、黑皮沙发、白色书架和一些艺术品，Gee !这是“高谈书集”吗?

根据当时（2004年8月）《纽约时报》的一则报道，七十一岁的安卓斯对记者表示，他是通过房屋中介公司承租下此栋建筑，有长期租约，而且业主答应他未来有优先购买此建筑的权利，听起来一切颇为美好。我一直想找机会去瞧瞧，但是总没成行。2006年初，我为了写一篇关于美国作家楚门・卡波提的文章，因而和安卓斯通了电话，因为他曾经和卡波特打过交道。访谈结束时，我顺便恭喜他搬了新家，而且还是有历史的店址，他非常开心地对我说：“你应该要来参观参观，我们现在的书店棒极了！”

谁知在同年9月，《纽约时报》却刊出了一则法庭要查封“高谈书集”的信息，我只能用四个字形容我的反应——“风云变色”。报道上说，当初其实是两位金主为了让“高谈书集”先有个落脚处，匿名以五百万美金买下这栋克劳斯建筑，每个月收五万一千美元的租金，希望安卓斯最终能从他们手中买下这建筑。两位金主之所以有此善意，主要是其中一位与安卓斯有同好，两人都爱收集古老明信片，因而关系密切，到底这位安卓斯的好友是哪方神圣？为何神秘兮兮要匿名？媒体最后查证，原来此君是全球首富李欧纳德・兰黛（Leonard Lauder），也就是化妆品集团雅诗兰黛（Estée Lauder）

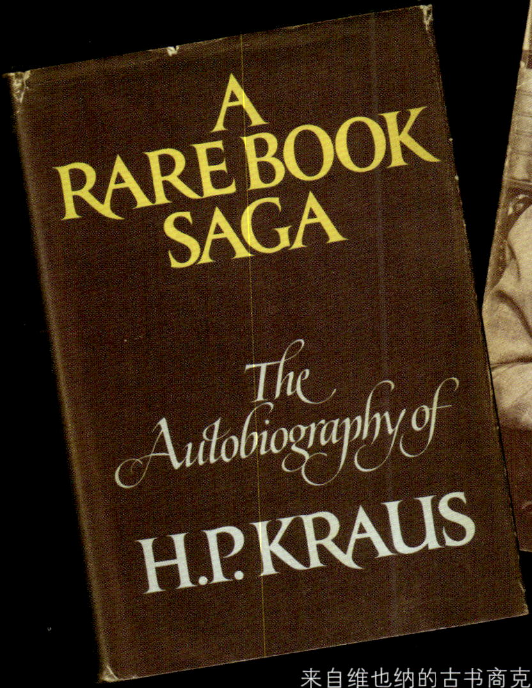

来自维也纳的古书商克劳斯，于1939年迁移到纽约市，经手的多是相当稀罕、数百年历史的印刷古书或手抄本，他在异乡成为大西洋两岸古书业的顶尖书商。有关他的传奇，都记载在他个人的自传中。这本传记（*A Rare Book Saga--The Autobiography of H. P. Kraus*）是许多爱书人必读之书。

打开克劳斯的自传，就看到这张跨页满版的书店广角内景照片，前景的一本巨型手抄本，让书店益发显得壮观。此图为早期“H. P. 克劳斯古书店”。

纽约市的“高谈书集”从四十七街迁移到四十六街的克劳斯建筑，由原本狭小、拥挤、凌乱的空间，变成图中所见的宽敞、清爽、整齐的书店。把这张图片和克劳斯传记内那张图对照，看得出壁上的书架与梁柱的装饰都没有任何改变。*Photo © Kevin McDermott*

的第二代接班人，李欧纳德不仅是成功的企业家，也是个艺术收藏家，同时担任著名的“惠特尼美术馆”（Whitney Museum of American Art）董事会主席。据记者所写，安卓斯答应李欧纳德不对外透露他的身份，也难怪他在前两年的报道中，只字未提这位富商。

由于安卓斯积欠了约五十万美元的租金，原本伸援手的房东只好向法庭诉请驱逐令，自2006年8月29日生效。“高谈书集”因此拉下铁门，外面放了个告示牌，写着看似幽默的语句“Wise Men and Women Gone Fishin’”（男女智者去钓鱼），一方面呼应原店招“智者在此垂钓”，一方面淡化处理被查封的事实，让人以为只是店主、店员暂时去休假。

一直拖了超过半年，法院于是在今年5月22日对书店内的所有物进行拍卖。为了遏阻来看热闹的人潮，于是规定所有要进场者，都得先付一千美元的现金或现金支票当押金。虽然如此，拍卖当天还是有不少人（多半是书商、藏书家）排队等着入场，我后来在网上张贴的图片中，就看到了一位以前在旧金山开书店、后来搬到纽约州的书商夹在人群中；下一章我要介绍的“史传德书店”的主人弗雷德·巴斯（Fred Bass）亲口对我说，他自己也在拍卖会现场，只不过他与所有参与者的经验都非常糟。据报道，店内情况一团乱，五个楼层的众多书籍（包括家具）分成一百三十项，一个项目可能涵盖好几个书架的书，有些还甚至放在箱子内，偏偏进场不到一小时，拍卖就进行，连仔细检视的机会都没有，一般人哪敢喊高价，最后出乎众人预料，一位代表房东的律师，以四十万总价标下所有的书籍与物品，结束了一场宛如闹剧的拍卖。

这个结局对于“高谈书集”和众多慕名的读者而言，都显得极为狼狈，可以想见安卓斯如何难堪。我在网上除了查到他去年书店正式查封后，接受一个媒体简短的采访，再也没对外发言。对于整个事件，不少人存有许多问号，网络与书业谣传纷纷，对于安卓斯、李欧纳德、拍卖过程各有正反面的臆测与评断，有人甚至谣传房东可能会把标到的书又还给安卓斯。我并不想在此描述这些流言，因为“真相”总是很难得知。我所怅然的，就是一个有着八十七年历史的书店、一个曾经引领风骚的文学聚点就此消失，而且是以一个不太漂亮的方式收场。

安卓斯·布朗最大的嗜好之一是搜集珍贵的古老明信片。

写稿过程中，很费力地联络了几个“高谈书集”的前任店员或朋友，大家都不愿说什么，后来问到一位纽约市的书商彼得·索特（Peter Sorter），彼得曾在1999年到2004年间在“高谈”当店员，他说这就像家中亲人过世，与“高谈”亲近者当然避谈。只不过他安慰我，没什么好太难过的，毕竟“高谈”曾有美好的过去，对店员与店主都是一个“noble experience”（尊贵的经验）。

之后有位善心人，大概感觉我不像是小报记者，居然分别给了我在“高谈”工作了三十多年的老臣Flip与安卓斯的电话号码。我怀着忐忑的心打了个电话给安卓斯。大概他还记得我，也知道我是经由可靠的人给了他的电话，因此并没有拒绝与我交谈。他只淡淡地说，媒体的一些报道并不正确，他也无心去更正。他依然保有“高谈书集”的名号，正在和一些人商讨重新开店的可能，目前情况不明，无法给我任何具体的回答，但感谢我的关心。至于Flip则表示，时代不同了，这是个网络的世界，虽然安卓斯还是有开店念头，但也只可能走精品小型路线，以

2007年5月22日那天，我必须由旧金山飞往台湾，当天也是“高谈书集”的库存被法院拍卖的日子。一堆人等着书店的大门重新打开，打算抢标下一些有价值的书。如果有可能，我希望飞机能向东往纽约行，见证这个历史的过程。*Photo by Meghan Deans*

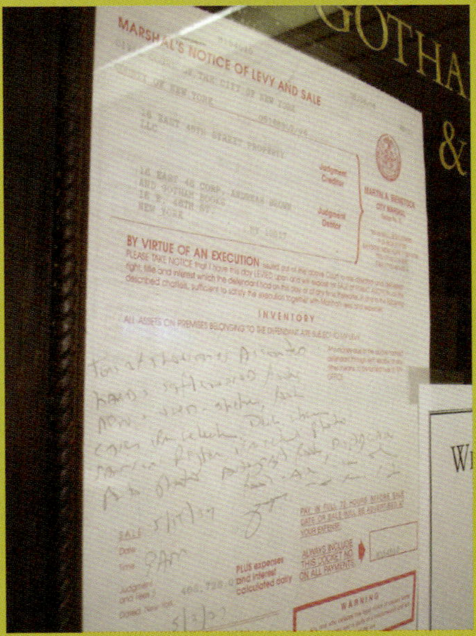

法院查封的告示，贴在“高谈书集”橱窗外，仿如一个大型的讣闻。*Photo by Meghan Deans*

往“高谈”的大规模景况，是不可能再现了。很多人认为，安卓斯已经七十四岁了，经营“高谈”四十年，应该很难有精力再开始，早该退休了。

只不过我想到，“高谈书集”的第一任主人芬妮，不也是到了八十岁才找到安卓斯当接班人，而她自己挂了顾问头衔，还是继续住在书店并工作，直到一百〇二岁去世为止。巴黎“莎士比亚”的乔治、旧金山“城市之光”的佛林格堤都比安卓斯老上十几二十岁，他们依然在书店进出，相较之下，安卓斯其实还很年轻。或许、或许、或许有那么一天，他会东山再起，“智者在此垂钓”的招牌会高挂在纽约市某个角落，我这么企盼着。

书籍丛林

纽约“史传德书店”

Strand Book Store

三代经营的“史传德”，占地一千余坪，
每日的书籍吞吐量可高达五千至一万本，被喻为世界最大折扣书店。

书区的分类标签虽然是用纸板做的，却风格独具、别有一番创意。

在纽约市随便问一个知识分子，没有人会不知道位于百老汇大道与第十二街交口的“史传德书店”（Strand Book Store）。这家被封为世界最大的二手书店，总藏书量高达两百五十万册，光是店员就有两百位上下。它不仅是纽约市的地标之一，其知名度更是远近驰名，连以《玫瑰的名字》、《傅科摆》、《昨日之岛》等书蜚声国际的意大利符号学大师兼畅销书作家翁贝托·艾柯（Umberto Eco）都曾表示，“史传德书店”是他在纽约市最爱逛的地方，他每次到这里总有新发现。艾柯本人是个知名的藏书家，不提他在博洛尼亚、巴黎等处的公寓，单是他在米兰的家就拥书三万册，其中不乏15世纪的稀世珍本书，他对书与书店的品味自是没话说了。

看书、买书、卖书的天堂

现今美国流行的超级连锁书店，像是“邦斯与诺博”及“博得”都备有舒适的座椅、高雅的地毯、新颖的装潢、柔和的灯光、温度适中的空调、香气四溢的咖啡座以及常态性的作家朗诵与签名，一般人到这些书店仿佛是到一个高级的社交场所般；非常抱歉，前述这些元素在“史传德”一个也看不到，这里虽然占地极广（四万平方呎，约一千一百二十坪），但是却挤满了书架，使得走道极为狭窄，顾客得摩肩接踵而过，供人休息的椅子绝没有存在的

↓ “八哩长的书”曾经是“史传德”最著名的标语。
↓↓ 一本德国杂志曾经以“书籍丛林”来描述“史传德书店”，凡是拜访过这家书店的人，大概都会觉得这个形容极为传神。

美国纽约市的“史传德书店”，
号称是世界第一大的二手书店。

余地，四周墙壁斑驳，照明设备是单调的老式日光灯管，书区的分类则是用纸版标示着手绘或是电脑打印出的字样，连书架居然都是角钢制的，总之是一切从简，屋顶虽分布着些巨型电扇，但是夏天如果在这里待上几小时，包管你热得满头大汗，当然空气也好不到哪里去，这样的环境听起来的确不怎么吸引人，但是每天却有众多顾客气定神闲地到此看书、买书与卖书。

书量多、书价低

精瘦、架着一付眼镜、颇有几分学究味的店主弗雷德·巴斯（Fred Bass）表示，“史传德”每天平均卖出五千到一万本书，但是买进的书也差不多是这个数量，书籍的数量多、种类齐全并不是

朴实的“史传德书店”，以多样的书种及低廉的书价吸引全球爱书人。

“史传德”仅有的诱人特点，重要的是，所有的书价都很让人满意，原则上，所有的平装书至少打七五折，精装书则降百分之三十以上，虽然说卖的是二手书，但绝不是一般人想象中那种书皮磨损、内页泛黄还起毛边的破旧书籍，“史传德”对二手书的书况要求颇高，许多书甚至还是新书，它们是印刷过量而一时销不掉的存货，出版社因而以低廉价格大量批给书商。此外，由于美国出版社在新书正式问世前，为了宣传并得到回馈起见，经常赠送作家、书评家所谓的评论样书，数量在几百到千本左右，“史传德”以定价的四分之一收购这些样书，然后再以半价卖给顾客，出版社虽然恨得牙痒痒的，但却也束手无策，另外，室外的活动书架上则摆满了打折又打折的特廉书，一本书一美元，在这里当然得碰运气，若是刚巧找到自己喜爱的书，那种感觉就如中了彩票一样。

← 一九三八年左右的“史传德书店”，当时的规模还很小。*Courtesy of Strand Book Store; photo by Alexander Alland, Sr.*

↙“史传德书店”的创办人本杰明·巴斯；左图为年轻时的照片，右图为晚期所摄。*Courtesy of Strand Book Store*

我一直希望拍一张店主弗雷德与女儿南希的合照，偏偏每回到“史传德”都只碰到其中一位，南希知道我的意图后，慷慨地提供了这张父女情深的合照。两人在照片中的衣着颇为正式，弗雷德还特别打上了古书图案的领带，的确是有大书店老板的派头，只不过两人平日在书店时非常休闲，就和一般店员一样工作，穿着可没那么讲究。*Courtesy of Strand Book Store*

三代经营的书店

我最喜欢的是三楼的古书区，由于入口处与地下室及一楼的主要店面不相连，所以一般读者并不会留意到，只有熟客或有兴趣者才会光顾。我对绝版书、上了年纪的老书籍与制作精美的珍本书有特殊的好感，因此每回在这里都逗留最久，我的藏书中有好几本都是来自于这个书区。

正如罗马不是一天造成的，年营业额超过两千万美金的“史传德书店”之所以有今天的局面，也是经由时间所累积出来的。1927年弗雷德的父亲本杰明·巴斯（Benjamin Bass）在曾有“书街”之称的地方（Book Row泛指介于第八街与十四街的第四大道，在20世纪的三四十年代全盛时期，有近五十家二手书店聚集，现已不复存在），创立这家二手书店，早先规模并不大，弗雷德从小就在书店中帮忙，他自布鲁克林学院毕业后，虽然也曾涉足其他行业，但还是在1956年接管书店并扩大经营，同时将店迁移至现今所在地，本杰明在1978年去世。弗雷德因为经营得当，在几年前买下这栋十一个楼层的建筑，先前他每个月付房东的租金高达五万五千美元，若非经营得当，这个店想必早已关门大吉了！

已经年过七十岁的弗雷德，依然神采奕奕地掌控书店的经营，他每星期至少到店里五天，这位大老板并没有一间传统认知的气派

年过七十的第二代主人弗雷德·巴斯依然热情地掌控书店的经营。

办公室，一楼马蹄型的柜台就是他工作的地方，经常能看到他一会儿接电话、一会儿与带了大批书上门兜售的顾客议价，当他和我闲聊时，还忙不停地为新到的书标价，他高昂地说："你永远不知道每天卖出、买进的会是什么书。"一派乐在工作的模样，弗雷德虽然还未有退休之意，但是他的女儿南希·巴斯（Nancy Bass）已成为第三代的经营者，这个家族企业显然会在纽约市继续发光发亮，爱书人不用担心它会因老成凋谢而就此消失。

这么有名的书店当然也吸引了许多名人，例如作家索尔·贝娄、电视新闻主播汤姆·布罗卡、服装设计师卡文·克莱、演员理查德·基尔、汤姆·克鲁斯、茱莉亚·罗伯茨等都是这里的顾客，有一晚"史传德"应天王歌星麦克尔·杰克逊的要求，特别延长营业时间，专门为他一人服务，童心未泯的杰克逊买了一大堆有关马戏团方面的书籍及绝版的儿童书，宾主皆大欢喜。有些名人则委托南希购书，例如大导演史蒂文·斯皮尔伯格就给她三万美金的预算，请她精选了四千本与艺术、历史、影剧与文学方面相关的书籍。除了一般消费者外，连一些同行也常到这里光顾，买进一些价廉物美的书籍，然后再拿回自己书店转售给顾客，除非是对书不感

↑ "史传德"的古书区里，可以发现各类的绝版书，例如画面中这套《中国近代书画》。
↓ 三楼的古书区极为隐秘，多半只有行家或熟客才会造访此处。
↘ 年轻又有活力的第三代接班人南希·巴斯经常一身短装、足登跑鞋在书店中工作。

↑ 每年4月到12月，天气好的时候，中央公园会出现史传德所摆设的书摊，它们也成了书店最佳的活广告。*Courtesy of Strand Book Store*

↖ “史传德书店”地下室入口

兴趣者，否则很少人到此会空手而归。

八哩长的书

“史传德书店”外墙在多年前就写着醒目的红底白字标语“八哩长的书”，表示书店中的书若一字排开，将长达八哩（约十三公里长），弗雷德表示，现今的书其实早该超过十二哩长，但是他并不想更改这个纽约市民早已熟悉的标语。为了消化不断上涨的书量，弗雷德在数年前于世贸中心附近开了家分店，还计划将本店扩充至二楼并加上电扶梯，走道也会放宽些，很有那么点现代化的味道，然他却发誓绝对不在书店中卖饮料、点心，搞些与书不相干的时髦把戏，不过他倒是考虑免费提供咖啡给客人，这点小钱他自认负担得起，随着历史的演进，七十多年的老店虽然有所改变，有一件事却是永远不变的，那就是这儿的主角除了书之外，还是书。至于环绕四周的一些专卖新书的超级连锁书店，逼得许多小型书店喘不过气来，甚至还纷纷结束营业，弗雷德并不把它们当成竞争对手，贩卖二手书的他，有句至理名言：“总得有人先开始卖新书嘛！”

史传德书店

“史传德”总店

ADDRESS
828 Broadway, New York, NY 10003

TEL
212-473-1452

WEB
www.strandbooks.com

“史传德”书摊

ADDRESS
Central Park 5th Ave. & E 60th St., New York, NY 10022

“史传德”外一章

除了百老汇上的总店外，弗雷德·巴斯也曾分别在纽约市不同地方设置了几处书摊，并且在1985年左右于曼哈顿南方的约翰街（John Street）上开了一家分店。这家小巧的店仅有一千二百平方呎（约三十三坪），面积和书量与总店比起来固然是小巫见大巫，但是却别具一番特色，店中有不少极佳的生活风格类别的书，尤其是它位于环境优美的南街海港（South Street Seaport），走出店外就能享受拂面的海风、看到停泊在港口的大小船只与壮观的布鲁克林大桥，在店中买完一本好书后，再到户外欣赏美景，会使人不想过去与未来，只会尽情地享受当下，全身觉得飘飘然，一股幸福的感觉油然而生，“刹那即永恒”似乎是对这种情境最佳的注脚。我在1993年夏天拜访这家分店后，对于整个买书的经验留下深刻的印象，并且对这家分店念念不忘，然而这家分店后来却关闭，让我颇为失望。

艺术书是分店中很受欢迎的书区。此外，这个读者坐在椅子上看书的景象是总店看不到的。

还好弗雷德于1997年初又在世贸中心旁的福腾街（Fulton Street）找了一处店面作为分店的据点，虽然不是紧挨着港口，景观没那么好，但是离海港还是很近，而且地方可大得多，有原来的分店十倍大。这家店和总店在风格上也大异其趣。习惯于总店那种拥挤、昏暗、宛如迷宫般摆设的顾客，若是到此，肯定会大吃一惊。这里的走道宽敞得很，不必担心与人擦肩而过，墙壁粉白如新，十九个巨型的弧状玻璃使得室内光线极为充足，不仅如此，这里还有一区专卖录像

南街海港旁的这家分店虽已关闭，它独特的气息却永远留在许多爱书人的记忆中。

带、爵士、古典乐的录音带及CD，这些全是总店所没有的。

无可否认，“史传德”分店的书种与数量自然还是比不上总店，不过这里数十万本书也够让人看得眼花缭乱。艺术、文学、生活风格类别的书尤其是这里的重点，书的价格同样是很公道。一本原价六十五美元的《哈瓦那雪茄》，在此只卖四十美元；另一本建筑大师路易士·康（Louis Kahn）的绘画与素描精装画册，则由原价八十五美元降到三十美元；至于附有精美插图的歌德名著《浮士德》，双色印刷、边缘洒金，还以真皮装订，也只索价十五美元，至于一本几美元的特价书，这里也同样多得数不清。

很多顾客固然是总店的忠实拥护者，喜欢带有古意的气味，但是也有不少人对这家分店的新气象表示欢迎，毕竟少有人会反对有一个舒适的阅读空间。反而是弗雷德自己觉得不太能适应，一方面是习惯了总店的风格，另一方面他老觉得每当书店过度整齐时，生意反倒变得不太好。不过他这个忧虑对这家分店显然是多余的，因为开张以来，客人一直很捧场，营业额远超出他的期望值。地点好是其中一个因素，既离观光客多的南街海港近，又位于中产阶级出入的华尔街商区内，但是最主要的还是“史传德”多年累积的口碑使得人们知道，登门买书绝对是一件明智又划算的事。最后值得一提的是，这家距离世贸中心仅一个街区的分店，在九一一恐怖事件中竟然神奇地毫发无伤，只不过位于中心一楼的超级连锁书店“博得”（Borders），可就没那么幸运了！

Note 2008

福腾街的“史传德”分店，虽然营业状况一直很不错，但却在今年8月底结束营业，主要是租约到期，房东把租金提高三倍，这让弗雷德与南希只好忍痛收店，纽约市又少了一家迷人的书店。

Update for 2007

后续笔记

NEW YORK CITY
STRAND
18 MILES OF BOOKS

这些年来，我寄居旧金山，很少看电视的我，偶尔几次打开电视，遥控器按着、按着，南希·巴斯竟然就在画面中，她出现的频道是C-Span2。此频道以制作一系列与书相关的节目著称，固定在周末四十八小时全天候播出，统称Book TV（www.booktv.org），节目内容是制作单位特别到全美一些书店、书展等地所录制。电视中所播出的片段，正是南希担任一些新书发布会的主持人，介绍作者与书籍给在座的读者，现场则是“史传德书店”的二楼。

新书发布会？！二楼？！这些都是我前所未见、前所未闻者。原来，“史传德书店”从2003年起开始进行了一连串大规模的整修，包括全面粉刷、换地板、安装空调（除了地下室外）、甚至把原本出租的二楼收回，书店因此又扩展一个楼层，使得地下室一路向上延伸到三楼的古书部门，其间也安装了相通的电梯、楼梯。新增的二楼不仅是书区，而且被规划成办活动的场所。想当然尔，这些静态与动态的改变，不会是老派的弗雷德主动发起的，南希才是真正的推手。

历经多年，活跃、亮丽的南希不仅成了“史传德书店”的代言人，她的实质影响力也逐渐大过父亲弗雷德。父女两人在工作上，并非上司对下属，而是平行对等的关系，弗雷德对我提到南希，就是用“合伙人”（partner）这个称呼。我问他，与这位合伙人共事这些年，有何感想？弗雷德第一个评论是：“She spends money freely.”（她花钱像流水。）接着又笑说：“She makes me do all the dirty jobs.”（她老是让我做一些烂差事。）

“史传德”建筑外的招牌标语，这几年从“八哩长的书”改为“十六哩长的书”到现在的“十八哩长的书”。*Courtesy of Strand Book Store*

话虽如此，可以听得出弗雷

南希·巴斯·怀登经常在书店主持一些活动，并有机会接待许多名人。此画面是她与盖伊·塔利斯（Gay Talese）2006年在书店中的合影。塔利斯是畅销作家、前任纽约时报记者与"新新闻主义"（New Journalism）的开创者，当时他到史传德书店促销刚出版的作品《一个作家的生涯》（*A Writer's Life*）。*Courtesy of Strand Book Store*

德对这个女儿既佩服又喜爱，他说南希的积极投入，让他能有更多的时间专注在古旧书的买卖上，他已经七十九岁了，但还是从星期一到星期四，每天上午十点到下午五点在书店柜台后工作；书店再怎么现代化，他还是没有一间办公室。很多时候，他得外出到图书馆或藏书家的书房收购大量的古旧书，甚至连假日都不例外。我就在一份新闻报道上读到，"高谈书集"被市政府清仓拍卖那天，他老先生还挤在一堆人的行列中，抢着进场去竞标。

我很好奇，"史传德"的书已经够多了，他还得这么四处大肆收购吗？弗雷德表示，总店四个楼层的空间加上福腾街的分店与中央公园的书摊，整个书店仿如一只巨兽，另外，他们近年来也跟着在网站上卖书，所得居然高达总营业额的四分之一，因此得不断地找书填补，更何况他要确保书店永远有新鲜货色，才能吸引顾客经常上门。

多到不行的书，确实是"史传德"最大的特色，他们原有的招牌标语，这几年也从早先"八哩长的书"一路改为"十六哩长的书"、"十八哩长的书"。只不过每改一次，所有的信纸、信封、提袋、T恤、店招全得换，工程太浩大，看来目前的标语"十八哩长的书"将会持续好些年。

2007年是"史传德"创立八十周年，书店一连串举办不少活动庆祝，也让人回顾起这家书店历经三代的变化。其中一个大改变是南希自己，她现在的名字是南希·巴斯·怀登（Nancy Bass Wyden）。2005年时，南希与父亲走访俄勒冈州波特兰市的"包尔书店"（Powell's Books），她在那儿与参议员朗·怀登（Senator Ron Wyden）相识、进而相恋，并在次年结婚了。盘踞几个街口、数栋建筑的"包尔书店"，常常被拿来与东岸的"史传德书店"相提并论，书友们经常为了到底哪家书店最大、最好而相持不下，如今书友们又多了一个津津乐道的话题。

南希在8月份给我的信中，提到一个最新信息：她怀孕了，而且还是双胞胎呢！她在10月份顺利地产下一男一女。当然，我们不必担心这位参议员夫人会因为小孩而放弃事业，"史传德"已经是她生命的一部分了。我不禁想着，"史传德"是否将出现第四代的经营者？这可得由时间来证明了。

古城的新地标

费城“博得书店”

Borders Book Shop in Philadelphia

“博得”以高素质的服务、长时间的营业，
开启了书店的新风貌，成为费城居民心目中的新地标。

美国费城中心的核桃街（Walnut Street）犹如纽约市第五大道的缩影——第凡内珠宝（Tiffany's）、路易威登皮件、Burberrys风衣，栉比鳞次地沿街向人展示着绰约的丰姿。

但是，自从1991年，“博得书店”（Borders Books）现身在这些精品店之间后，各店中缤纷华贵的服饰，顿然相形失色。

“博得书店”一出现，便吸引了费城市民的目光。开幕那天，笑容可掬的店员，除了一一致赠登门顾客花束之外，还道声“欢迎光临”，令人受宠若惊。但是，当时没人料到，“博得”日后会直接、间接地影响许多费城居民的生活形态，甚至在都会景观上，形成潜移默化的作用。

大概没有其他书店会比“博得”更勤劳、好客的了。每天早上七点，“博得”就打开大门，让浓浓的书香与咖啡，招引众多爱书人。许多上班族因此将早餐从自家的厨房，移到二楼靠窗的咖啡座，用简单的早点以及店里提供的英、美书评，开启一天的生活，或者什么也不做，只是静静地澄清思虑，观照人世。

正午时分，是“博得”最忙碌的时候，不少上班族在工作战场上奋斗一早后，常常转到“博得”，由轻柔悠缓的音乐和喜爱的书籍、杂志，松懈一下紧张的情绪，以便能投入下一场战斗。

入夜后的美国市中心，通常随着退去的下班人潮，陷入一片死寂中，商家在六、七点后，大都已经打烊，而“博得书店”却以通明的店面，继续服务顾客，直到十点止。许多爱书人或是无处可去的寂寥者，于是有了一个去处，可以流连到最后一刻。

儿童书区的涂鸦墙充满稚气的欢愉。

费城的“博得书店”与市民的步调紧密结合。*Courtesy of Borders Book Shop*

居民夜晚的新据点

“博得”这颗核桃街上夜晚独亮的明星，不仅驱除了费城居民对黑夜的惧怕，其晚间的营业状况也凸显出费城居民原本被压抑的需求，并提示其他店家，夜晚市区的消费潜力其实相当可观。另一家连锁书店“邦斯与诺博”（Barnes & Noble），不久后，也延长营业时间，由早上八点至晚间八点。

“博得”之所以成为费城居民的新据点，不仅在于其独亮的灯火，更在于店中自然浮荡着一股安详可人的气氛，紧紧抓住了顾客的脚步。在宽敞的空间（约四百坪），干净利落的陈设中，四处散

↑ ↑ 古朴的书桌在书店一角静待作者来签名。*Courtesy of Borders Book Shop*
↑ 费城的居民在逛街时，总喜欢拐到“博得”看看，因为在这里永远会有惊喜。
↗ 二楼紧挨书堆的咖啡区是书虫歇脚的好地方。*Courtesy of Borders Book Shop*

置着舒适的桌椅，任人入座，安逸而不受拘束地阅读。爱书也懂书的店员，亲切而热心地服务顾客，提供各项咨询及帮助，省却顾客找书、订书的麻烦。

没有华丽精致的门面，没有高不可攀、令人望而生畏的姿态，“博得”全然以一派书卷气，传达书籍卷册中本该有的书香。

除此之外，“博得”更以不同的活动，积极配合费城居民的生活步调，邀众人的心灵共舞。在周末时，亲子同聚的家庭温馨是“博得”安排活动的主题，店中四处可见父母携儿带女观赏短剧、童话、歌谣。在Blue Monday（忧郁的星期一）到临时，“博得”于晚间七点半，安排诗歌朗诵，帮助人们度过周末后的低调时光。每个月底的读书讨论会，则让人重温校园生活，读者可以自己选书、当主席，与其他参与者进行一场脑力激荡。

市民眼中的新地标

曾经拥有政治家富兰克林、文学家爱伦·坡（Edgar Allan Poe）、插画家诺曼·洛克威尔（Norman Rockwell）和建筑大师路易士·康（Louis Kahn）等文人雅士为居民的古费城，现在依然是美国人文荟萃、卧虎藏龙之地，作家群分布极广，由宾州大学教授到警察局长到黑手党后裔，形形色色，几乎每天都可以在“博得”的一隅，发现一、两位作家，或为读者在书扉上签名，或和读者谈谈自己创作历程的心得。此外，音乐家也是店中的常客，小型的音乐会常使书店缭绕着一股节庆的欢愉气氛。

难怪许多费城的居民在逛街时总喜欢拐到“博得”看看，因为在这里，永远会有“意料中的惊喜”。除了贩卖商品（书籍）外，“博得”还意味着许多可能性。

在费城居民脑海中浮现的市区地标，除了独立纪念楼、自由钟等历史古迹外，应该还会包括这家稚龄的“博得书店”。

Update for 2007

后续笔记

曾经存在于费城核桃街上的这家博得书店，是我生命中一个重要的地标。

最早在编辑这本书时，要把“博得书店”列入“地标书店”这一章节中时，我其实相当犹豫。如果要以严苛、高标准的尺度来看待，地标书店应该属于前述“莎士比亚”、“高谈书集”、“城市之光”或“史传德”之类有深厚历史渊源的老牌独立书店，选了家连锁书店的分店列在其中，独特性似乎不太够，也显得有点不搭调。果然，有好一些“高眉”（highbrow）的严肃人士后来看了我的书后，也曾经这么质问我。然而我当时还是决定把这篇放进此章节，主要还是个人的情感因素。

我曾经在费城待过近一年，那是我生命中极为困顿的时刻，疼我的父亲去世没多久、刚结束一段不合宜的恋情、辞掉了一份收入稳定的工作、正挣扎着是否要回纽约州完成我不感兴趣的博士论文，生命宛如一条长长无尽的漆黑隧道，我看不到尽头有任何些微的光芒。我对当地著名的历史景点、大型百货公司或博物馆一点也提不起劲，空洞的灵魂在费城市中心漂泊不定，萧瑟的秋冬更是让我忧郁到极点，直到发现了核桃街上的“博得书店”，我才开感开始感到一些温暖与归属感。

这家现今已不再存在的书店，曾经帮助一个来自异国的落寞女子（正是在下本人），逐渐走出阴霾与伤痛。许多人已把这家店忘了，但是它在我心目中永远有着鲜明的印象。*Courtesy of Borders Book Shop*

费城并不是没有其他书店，但就属这家书店最突出、氛围最佳、人气最旺，店里的店员格外文雅、友善；他们选放在平台的书似乎也特别具有吸引力，也是早期附有咖啡座的书店，还提供免费报纸；而且营业时间又比其他店家长，因此，这里成了当地人士从早到晚流连的好场所。在这里，我可以与一群不相识的人共处，一方面不孤单，另一方面又不受干扰。最重要的，还是我因此能静下心阅读，从不同的书、不同的作者中，读到一些趣味与希望，微弱的生命力也慢慢地复苏。记得在那段日子里，我一早离开住所，就直接去“博得”，只要远远看到这家书店，就觉得心安。我日后会想要写《书店风景》，也源起于这个时期。

也许租金谈不拢、也许空间不够大，“博得”总公司若干年后关闭了这家核桃街上的分店，很快又在邻近设了几家分店。当时那个地标已然消失，但是，我如何也不能抹灭它曾经存在的价值。按照辞典定义，英文“landmark”（地标）可以是显著的建筑、历史久远的据点，也可以指重要的转捩点或里程碑。对于我，这当然是一个不折不扣的“地标”。

SPECIALITY

主题书店

厨房？原来是书房！

法兰克福“玛哈斯饮食书店”

Matthaes Fachbuchhandlung für Essen & Trinken

在鹅黄的灯光下，书店与厨房巧妙地融合，
优雅地展示出诱人的饮食文化。

1994年10月，我照例前往德国的法兰克福，参加一年一度的国际书展。书展结束后，我像只猎犬般，在城市中搜索一些有特色的书店。

火车站前凯撒街上，一家以“吃与喝”为主题的“玛哈斯饮食书店”（Matthaes Fachbuchhandlung für Essen & Trinken）最先引起我的注意。“玛哈斯”的橱窗展示着与食物相关的书籍、海报，踏入室内则仿佛置身在一个书房与厨房混合的开放式空间，四处书架环绕，正中央摆着木质长型餐桌，一旁有个大烤炉，后头则有个状似吧台的区域，然而却不见锅碗瓢盆，放眼所及全是一本本图文并茂的食谱，书店在原木地板和鹅黄灯光的衬托下，真的是优雅极了！

书店经理通晓酒馔

凭着有限的德文字汇和看图说故事的本领，大致能了解书店中的分类状况，但是要进一步认识这书店，还真是有些困难。心里正想着这回只能入宝山而空回时，一位本来忙进忙出的中年男士停下来，以英文自我介绍是书店经理汉姆特·韦伯（Helmut Weber），并询问我是否需要协助时，正好解决了我的困境。

知道我把逛书店当作一种嗜好，顺便还写些报道时，汉姆特热

“玛哈斯”的优雅内景宛如厨房与书房的混合体。

位于德国法兰克福的“玛哈斯饮食书店”。

心地向我介绍起这家书店的“镇山之宝”——一套三千马克（约台币四万八千元）的七册精装法文版葡萄酒百科全书，另外还有价值一千六百马克的稀世私房食谱，虽然“玛哈斯”的四千种书中，不乏收藏家才下得了手的昂贵书籍，但是价格低廉到五马克的普及版食谱也不少。

五十出头的汉姆特从事书店业已有二十余年的历史，他在大学修习社会学时，就曾因校园附近找不到像样的书店，而在学校餐厅中摆起书摊，在所有待过的书店中，“玛哈斯”是他最喜爱的一间，因为烹调对于他自有一番特殊的意义。

烹调是独立的象征

汉姆特展示店中的镇山之宝——一套三千马克的葡萄酒百科全书。

原来汉姆特是个遗腹子，他的父亲在第二次世界大战中战死沙场，此后他成了寡母生命中唯一关注的男人，日常生活中的起居饮食等琐事，无一不是母亲悉心照料，完全不让他有插手的余地，直到上大学离家后，他才真正享有自主权，而为自己烹调不仅是一件愉快的事，更成为个人独立的重大象征，一直到现在，他都还是很喜欢下厨。汉姆特对于酒的热爱不下于烹调，每当空暇时，他常到法兰克福附近一个产酒的小镇美因兹（Mainz），与酒农们一块品酒，闲话

↑ 离开饮食书店却惊见电影《饮食男女》的海报。

← 老式烤箱成了书店最具创意的展台。

家常之际，每个人都真情流露，汉姆特相当珍惜如此和谐美好的经验，他认为这一切都是酒的功劳。

“吃”是人类共通的主题

获悉我下一个行程要到英国时，汉姆特立刻建议我拜访位于伦敦波多贝娄市场旁的一间“厨师书屋”（Books for Cooks），他与书屋主人海蒂·雷斯勒女士（Hedi Lascelles）素未谋面，但是因彼此互通资讯而不时有联系。据悉“厨师书屋”的书种丰富，店中还附设示范厨房，访客可以当场亲尝名厨的佳肴，我若有机会见到雷斯勒女士，请代为致意；汉姆特殷切地恳求着。

告别“玛哈斯书店”后，路经一间戏院，赫然发现上演的影片竟是李安导演的《饮食男女》，门口的海报上印着几个斗大的英文字EAT, DRINK, MAN, WOMAN。一个星期后，我在伦敦见到了雷斯勒女士，又是一位对食物有研究的狂热分子。“吃与喝”无疑是人类永不厌倦的主题。

Update for 2007

后续笔记

我在网络上搜索，一开始怎样也找不到德国法兰克福“玛哈斯饮食书店”的信息，最后情急之下，键入书店所在的地址，居然出现了一家卖冰品与简餐的商家，由网络上的照片显示，那家店的建筑确实就是我十多年前所拜访过的“玛哈斯饮食书店”所在地。显然书店已不存在，实在很可惜，那么特别的一家店！我更怀念的，是那位热爱饮食与书的经理汉姆特·韦伯。记得与他初次见面时，由于又拍照、又访谈，时间拖得太久，而他下班后得赶搭火车回家，我还一路陪他走到火车站，边走边聊，因此才会谈到一些有关他个人成长时的经历。真不知道他后来何去何从？

网络又再度发挥它的功用，只不过，当我键入汉姆特的德文全名时，竟显示出八万六千个网页，可见这是个普遍使用的名字。经由一番筛选与揣测，我终于找到一个订购饮食相关书籍的网站，上面列出来的信息似乎较吻合汉姆特。网站上有一张邮票大小的男子照片，历经十多年，我也不敢百分之百地确定那人就是我正在寻觅的人。于是我传了一封电子邮件过去，心里不敢存有奢望，同时也担心自己找错人了；即便就是此人，他也可能直接把不明来路的电邮删除；更何况已时日久远，他大概也早把我这个十多年前的短暂访客给遗忘了。

邮件发出后，一直没有回音，没想到

汉姆特居住在小镇Idstein一栋建于1605年的历史建筑内。另外，他还曾在此开过烹饪书店。*Photo by Gabriele Weber*

德国书商汉姆特在法兰克福所开设的书店，被评选为全欧洲最好的十家烹饪饮食书店之一。*Photo by Gabriele Weber*

两个星期后，我居然在邮箱里收到了汉姆特的回信，没错、没错、没错！！！这个人就是当年我所晤谈的书店经理。他对我们能再度联络上而感到惊喜不已，他表示一直到今天，还常把我早年对他与“玛哈斯饮食书店”的报道和照片展示给朋友看。

在接下来的一连串通信中，我得知“玛哈斯饮食书店”约1998年就已经关闭。汉姆特于是与太太在居住的小镇Idstein（距离法兰克福约五十公里处）开了一家书店kochbuch（德文koch意指“烹饪”，buch则是“书”的意思），还是以烹饪、饮食为主题，新旧书兼卖，他们并且设了网站卖书，特别是一些绝版老书；此外，他们也不时到一些美食与美酒的商展上摆摊。

从2005年4月起，汉姆特又回到了大城市法兰克福工作，因为他找到了一个非常理想的合作对象。Cri-Cri是个以销售优质的家居用品与礼品为主的公司，产品线也包含了厨具、餐具、美食，这家有着俏皮名称的公司在法兰克福市中心有个三层楼的卖场，吸引了许多当地人与观光客，汉姆特在Cri-Cri一楼的厨房主题专区内设立起他的烹饪饮食书店，店名就叫kochbuch im Cri-Cri Cityhaus。由于他的丰富经验与知识，再加上Cri-Cri的品味，汉姆特的书店因此在今年被德国最著名的美食杂志 *Der Feinschmecker* 评选为全欧洲最好的十家饮食书店之一，其中还包含了汉姆特早年引介我认识的伦敦“厨师书屋”，那也正是我下一个篇章所要介绍的另一家知名又有趣的书店。

kochbuch im Cri-Cri Cityhaus

ADDRESS
Roßmarkt 13, 60311 Frankfurt, Germany
TEL
069-2108-9968
WEB
www.kochbuch-versand.de

厨师、老饕和她的书店

伦敦“厨师书屋”
Books for Cooks

厨房、餐厅、食谱、厨师、老饕、
美食作家，全都聚集在伦敦的“厨师书屋”。

在走访过的上千家书店，若以创意而论，英国的“厨师书屋”（Books for Cooks）当首屈一指。

单看书屋的地理位置，就很令人折服。“厨师书屋”位于伦敦市区的波多贝娄市场（Potorbello Market）旁，市场上的生鲜鱼肉和蔬果，正好与书店的主题相互辉映。

书屋主人海蒂·雷斯勒（Hedi Lascelles）女士当初就是特意挑选这个地点，至于为什么会想到开这么家店，雷斯勒女士表示，她原本只是个热爱烹调的家庭主妇，但是却总有好食谱难寻之苦；因此，在1981年，毫无书店经营背景的雷斯勒女士，凭着一股热情大胆地开了这间书屋，向世界各地收购形形色色的食谱和与酒相关的书籍。

向世界各类食谱放电

从最通俗的《烹饪的乐趣》（*The Joy of Cooking*）到冷门的《异国风味的毛里求斯饮食》（*The Exotic Foods of Mauritius*），甚至离奇的《何不啖昆虫？》（*Why not Eat Insects ?*）都在“厨师书屋”中陈列，雷斯勒女士认为，每一种食物都自有其独特之处，她希望能一视同仁，绝不因个人的偏好而对不熟悉的食谱嗤之以鼻，否则将是另一种霸权的表现。

如此兼容并蓄的结果，使得仅仅十来年历史的

↑ “厨师书屋” 旁边就是一个传统市场。
← 一楼的实验厨房每天推出诱人的佳肴。

"厨师书屋"的内景与外观明信片。*Courtesy of Books for Cooks*

书屋，成为拥有十二国语言、八千五百种烹饪书的道地专卖店，几乎可以算是全世界最具规模的同类型书店，各方的需求也随之而来。

例如，一位泰国的火鸡农就曾特别邮购制作火鸡腊肠的配方。书屋也曾寄一本苏格兰风味的地方食谱到吉隆坡。另外，一位意大利厨师某次对一本食谱内的调配量质疑，立刻向“厨师书屋”求助。许多美国读者更委托雷斯勒女士将一些当地已绝版的食谱回寄美国。

“厨师书屋”的创办人雷斯勒女士。

质疑老饕品味的专卖店

有一回，“厨师书屋”内的几位职员替一位英国老太太构思感恩节大餐的菜单，以款待她的美国女婿；由于感恩节是美国特有的节日，因此众人七嘴八舌地找资料并讨论近一个钟头才定案。“厨师书屋”内另置有舒适的长条沙发，顾客不仅可以坐着休

食谱作家在书屋里和读者分享经验。

息、看书，如果对其中一则食谱感兴趣，还可以大大方方地抄在笔记本上，不必担心遭受白眼对待，更不会有人上前干涉。

最值得称道的是，书屋里头配备了一套现代厨具，每日总有一、两位烹饪长才（往往是具有烹饪文凭者），在此炊煮佳肴、烘焙糕饼以飨顾客，大约花五百元台币，就可以享用一顿四色菜的丰盛午餐。每一餐的菜色取决于当日市场有什么材料而定，至于烹调过程，则是按书架上抽取的食谱一步步操作。

如此一来，不仅挑引了顾客的食欲，往往也激发他们购书的欲望。另外，书屋中的食谱也因此受到考验，好坏立刻见真章，因此，这个角落名之为“实验厨房”（test kitchen）。

实验厨房激发购书欲望

凡是精彩的食谱，“厨师书屋”的工作人员一定大力推崇，至于一些虚有其名的食谱，他们也绝对不假辞色。许多食谱出版商往往通过店员了解销售状况，以作为未来出版计划的参考。

除了下午茶以及小点心外，英国的餐饮在国际间向来是出了名的无味，对于这项“指控”，祖籍原是德国的雷斯勒女士，一反平时的亲和，严肃地表示，她同意一般的英国家庭主妇或许手艺普遍不佳，但是不可否认的，英国还是出了许多著名的厨师与美食评论家，例如伊莉莎白·大卫（Elizabeth David）及珍·格莉森（Jane

二楼的示范厨房，每到周末就有大厨来献艺。

“厨师书屋”总是热热络络地挤满人群。

Grigson）等人。

为了推广吃的文化，雷斯勒女士经常邀请食谱作者到“厨师书屋”现身说法，并举办签名会。此外，她还专门在二楼另辟了一间宽敞的“示范厨房”（demonstration kitchen），于每星期六下午邀请一位著名的厨师来上课，边做边解说自己的拿手好菜，有兴趣者只要花台币一千元左右，就有机会向大厨师学艺，课后还能亲尝成品，饱餐一顿。由于每次只限十五人参加，因此经常向隅，许多志在必“吃”的老饕总是事先预约。

美食家亦埋首书堆

由于地利之便、书种齐全和亲切的服务，“厨师书屋”成了厨师、老饕、餐饮评论家经常出没的地方，在这里不仅可以互换心

“厨师书屋”紧邻着号称世界最大的波多贝娄古董市集，每到假日总是挤满寻宝的人，因而也为书屋带来人潮。

得，还能从书中撷取灵感。

世界知名的美国资深美食家茱莉雅·查德（Julia Child）在八十岁生日时抵达英格兰，她一下飞机就直奔“厨师书屋”，在此处快乐地浏览，而当时，却有一大群人正在某处焦急地等着替她举办生日派对。

即使是对烹饪没有研究的人，也同样会被书屋中轻松气氛和满室弥漫的食物香所吸引，久久不舍离去。特别是每逢星期六，活动频繁，再加上邻近波多贝娄古董市集（号称世界最大规模）和跳蚤市场齐开时，“厨师书屋”跟着引来大批访客，雷斯勒女士也因此结识了许多朋友。

如果说“食物”代表了物质面，“书籍”是精神的象征，那么“厨师书屋”无疑地将两者做了巧妙的结合。雷斯勒女士是标准的伊壁鸠鲁（Epicurus）信徒，她深信当一个人吃得好时，他会觉得更快乐。

厨师书屋

ADDRESS
4 Blenheim Crescent, London
W11 1NN, UK
TEL
020-7221-1992
WEB
www.booksforcooks.com

Update for 2002

后续笔记

电影*Notting Hill*（《诺丁山》，台湾译为《新娘百分百》）中的书店场景，就是以“厨师书屋”的对门邻居“旅游书店”当蓝图，在片厂中搭建出来的。

1999年上演的一部西方电影 *Notting Hill*（《诺丁山》，台湾译为《新娘百分百》）就是以“厨师书屋”旁的波多贝娄市集作为电影的开场背景，Notting Hill 是那区的地名，影片描述男主角在那儿开了家旅游书店，与一位来访的美国女明星谱出一段恋曲，片子的剧情和男女主角的演技都挺乏味的，反倒是配角比主角要出色，我看的时候哈欠连连，只不过几场书店中顾客询问一些风马牛不相干问题的戏还算好笑。有趣的是，在现实生活中，“厨师书屋”的斜对面就正好有一家“旅游书店”（The Travel Bookshop），而且更妙的是，电影中的旅游书店和这家店狭长的格局与摆设竟然极为相似，这让我不由得推想电影的编剧是不是以此书店作为蓝图，结果经过一番小小调查，发现编剧 Richard Curtis 就居住于 Notting Hill 区，是“旅游书店”的常客，他在写剧本时，更特别到书店作研究，摄影棚的场景则是以此真实书店为蓝本，下次有机会到“厨师书屋”，千万不要忘了顺道到“旅游书店”浏览。

此外，“厨师书屋”还在他们的网站中列举出同一条街（Blenheim Crescent）上，其他几个值得拜访的地方，例如囊括一千八百种香料的“香料店”（The Spice Shop）、充满印尼手工棉布制品的“爪哇棉布店”（Java Cotton Co.）、贩售二十七国陶瓷艺术家作品的商店“蓝陶瓷”（Ceramica Blue），以及英国唯一以园艺为主题的“园艺书店”（Garden Books），就开在“旅游书店”隔邻。对于讲究生活风格的人士，到这条短短的街道逛一回，将会产生无限的欢愉。

“厨师书屋”的现任男主人埃里克·特耶是一位来自法国的厨师。*Courtesy of Books for Cooks*

我由最近书屋寄来的资料中还得知一件美事，那就是他们于1999年将店中“实验厨房”与“示范厨房”的做法推展到意大利的托斯卡尼（Tuscany）山谷，于每年针对饕客精心设计了四次烹饪假期，每次为时一星期，人数以十二人为限，住宿在景观绝佳的漂亮别墅，里头有巨型的厨房、艺术品，四周环绕着葡萄园与橄榄园，期间有专业的厨师利用当地的新鲜材料展现他们的手艺，参与者有时并动手实习，烹饪时间每日由两小时到四小时不等，余暇则是跟随厨师到附近酒庄品酒、在户外野餐、到中世纪留下的山城市场采买、参加古堡的音乐会等。这个为期七天的假期所费一千一百五十英镑（约折合新台币五、六万元；包含食宿、课程与当地旅游，但是不含机票），雷斯勒女士在一次电子邮件中特别向我表示，她知道台湾人喜欢结伴旅行，她慷慨地允诺，只要任何人能组织十二人成行，此人将可以获得免费。

如此精彩的托斯卡尼烹饪假期是出自雷斯勒女士的细心规划，原来她在数年前就将生活重心移转到托斯卡尼，并将书屋托给年轻的女经理萝希·金德丝丽（Rosie Kindersley）及一位法国厨师埃里克·特耶（Eric Treuille），埃里克在1994年初访书屋，当下即爱上这家店及美丽的萝希，两人后来结为夫妻并成了书屋现任拥有者，并出版了食谱系列，其中的美食都是“实验厨房”长久以来最受欢迎者，雷斯勒女士说这是一桩完美的婚姻。埃里克不仅是当然的驻店厨师，同时还和斜对面“香料店”的主人Birgit Erath合撰一本以香料为重点的食谱书《烧烤：有烟就有味》（*Grilling: Where There's Smoke, There's Flavor*），另外，他自己也写了本《终极面包》（*Ultimate Bread*），看来雷斯勒女士真是找对接班人了！

“厨师书屋”的现任女主人罗希·金德丝丽原是书屋的经理。

Courtesy of Books for Cooks

INFO

旅游书店

ADDRESS
13-15 Blenheim Crescent, London W11 2EE, UK
TEL
020-7229-5260
WEB
www.thetravelbookshop.com

蓝陶瓷

ADDRESS
10 Blenheim Crescent, London W11 1NN, UK
TEL
020-7227-0288
WEB
www.ceramicablue.co.uk

香料店

ADDRESS
1 Blenheim Crescent, London W11 2EE, UK
TEL
020-7221-4488
WEB
www.thespiceshop.co.uk

Update for 2007

后续笔记

这对年轻夫妇让“厨师书屋”充满了希望与朝气，他们也是独立书店所需要注入的新血。
Courtesy of Books for Cooks

写这篇后续笔记是让人愉快的。许多朋友这几年到伦敦都会造访这家书屋，每个人都留下有极好的回忆。另外，除了“爪哇棉布店”外，与“厨师书屋”同在诺丁山布伦亨街（Blenheim Crescent）上的“香料店”、“旅游书店”、“蓝陶瓷”都还是书屋的邻居，“园艺书店”则贩卖更多建筑、艺术、设计与生活风格类的书，不只限于园艺类，因此改为“布伦亨书店”（Blenheim Books），就以书店所在的这条街命名。

“厨师书屋”这些年愈来愈有名，我不时在电视的旅游频道看到主持人介绍“厨师书屋”或采访男主人埃里克，另外，YouTube的一个五分钟的短片[①]，也可以看到操法文的埃里克现身说法，带着一位顾客到旁边的市场采买食材、买香料，然后回到书屋按着食谱步骤烹调，顾客当然是非常满意了。

不过短片里面提到，书屋的附属餐厅太热门，因此有时得三个星期前订位，因为里面只有五张桌子。

←←“厨师书屋”不仅为成人设计活动，有时也会针对小孩们办活动，让这些小小厨师也能体会烹调的乐趣。Courtesy of Books for Cooks

←“厨师书屋”举办的活动几乎天天满档，而且总是受到热烈欢迎。Courtesy of Books for Cooks

根据书店经理Sally Hughes对我表示，除了公休外，“厨师书屋”几乎每天都有活动，书屋甚至还专为小朋友们设计了一些课程，让他们能与父母共同欢乐地学习烹调。在许多独立书店纷纷结束的年代，知道书屋还能以如此独特的方式经营并受到欢迎，实在是令人开心。书屋被德国杂志评选为欧洲十大烹饪书店之一，绝对有它的道理。

埃里克又陆续出了不少食谱，例如与在YouTube出现的女厨师Ursula Ferrigno合著《面包》，其他还与不同厨师写了关于意大利面、开胃小点、烧烤类的书，不少本都已经再版。当然，你一定可以在书店内买到这些书，还可以请埃里克签名；至于女主人萝希，也有了不起的“杰作”，她在今年生了一个小男孩。我看到书屋传给我的一张埃里克与萝希在书屋中轻松又自在的合照，让我觉得“公主与王子从此过着美好的生活”的描述，并不是只有存在于神话故事中。

至于原创人雷斯勒女士，在2001年初正式把书屋转给埃里克与萝希后，虽然搬到意大利塔斯卡尼，但是据说她有了孙子后，很多时间都在英国，她还是不定期举办烹饪课程，但现在独立作业，与“厨师书屋”并没有业务上的关联，并且自行有了独立名称“意大利烹饪学校”（Italian Cooking School）。

---

① www.youtube.com/watch?v=bIfnoHkY_Sw

INFO

布伦亨书店

ADDRESS
11 Blenheim Crescent, London
W11 1NN, UK

TEL
020-7792-0777

WEB
www.blenheimbooks.co.uk

意大利烹饪学校

WEB
www.theitaliancookingschool.com

市场中卖食谱

费城“烹饪书摊”

The Cookbook Stall

费城的“烹饪书摊”
就摆在市场里，不仅独具巧思，
而且相当抢手和抢眼。

人声鼎沸的“瑞丁站市场”（Reading Terminal Market），每天平均有一万人次出入。它位于美国费城（Philadelphia）的市中心，迄今已有一百年以上的历史，由于最初紧挨着的旧火车站叫“瑞丁站”（Reading Terminal）而得名。

百余年来，瑞丁站市场一直是费城居民的最爱。市场内七十来个摊位，一家比一家精彩，鲜艳欲滴的蔬果、生猛的鱼虾、新鲜的肉类、五颜六色的香料和各式手制的甜点、干酪，热热闹闹地铺陈开来，不禁让人赞叹食物之美。如果食指大动，别担心！此处不仅供应道地美式口味的熟食摊，北京烤鸭、墨西哥脆饼、日本寿司、意大利面等异国风味也飘香其间。到这儿的人多半没有匆匆行色，而是好整以暇地沿着摊位浏览，享受色、香、味的丰盛组合。

市场中罕见的书摊

形形色色与食物相关的摊位中，最特殊的却是其他市场中罕见的“烹饪书摊”（The Cookbook Stall）。在市场中，摆起这么个饮食书摊，不仅相得益彰，更是巧思独具。文静、秀气的“烹饪书摊”主人南希·马可丝（Nancy Marcus），十多年前突发奇想在此设摊，而今小小的摊位却拥有数百类烹饪书籍，俨然一副专业书店的架势。

穿着围裙的店员不是在烹调，而是在卖食谱。

向南希买书的顾客，就和食谱的种类一般多，各有不同的需求。针对各样需求，南希将书做了若干分类，一大类是以区域划分，例如中国、法国、意大利、印度、非洲、地中海等口味的食谱；第二类以食物本身为主题，例如谷类、蔬菜、豆腐、马铃薯、通心粉等的特色调理法；第三类则是针对不同的烹调方式，例如微波炉式、户外烤肉式或烘焙式等；另一大类书以健康为着眼点，强调食品如何在低脂肪、低卡路里、低胆固醇之余，还能口感十足，尤其近来受生态、哲学、宗教等风潮影响，素食成了此类书的主流之一。

好食谱永不寂寞

在如此详细的分类下，不论是缺乏灵感、打算寻找菜色变化的家庭主妇／夫，或是贪嘴又怕胖的人，甚至于一些亟思手艺精益求精的餐厅大师傅，都可以在南希这个“烹饪书摊”得到满意的指引。即使是烹调的门外汉，也能在书架上找到专门为初学者设计的简易食谱。再不然，还有录像带出售，由行家示范解说。

来此购书的人倒不一定都为了下厨，由于烹饪书不乏图文并茂、印刷精美者，因此有一些人以搜集此类书为乐。另外，食谱也是极受一般美国家庭欢迎的礼物书，难怪美国出版商敢以惊人手笔，每年平均推出七八百种烹饪书。

畅销食谱的印量往往可达百万册以上，例如烹饪专家茱莉·罗索（Julee Rosso）和席拉·鲁金斯（Sheila Lukins）搭档合撰的一系列食谱，已销售了四百五十万册；罗索单飞后的个人新作 *Great Good Food* 引来五家出版商竞标，最后以近五十万美金的版权成交，创下同类书的天价。

瑞丁站市场内最吸引人的摊位，就是这家巧思独具的“烹饪书摊”。

因应社会变化的食谱

烹饪书在美国如此普遍风行，部分原因固然如一家书店的经理所分析的，美国有太多的离散家庭——单身、分居、离婚……再加上女性运动的影响，烹调的任务已非传统般地落在母亲、妻子的身上，因而人人都得自力救济，洗手做羹汤，食谱的需求量自然也大增。

另一方面，烹饪书的流通还大大仰赖烹饪书店，例如南希在瑞丁站市场中所摆的书摊，或一些兼卖烹饪书的厨具店，他们三不五时会请作者现场露一手绝活，更有效地促销书籍。

罗索说：“我老以为对烹调（书）的狂热终会枯竭，然而却一直不曾发

晚餐要吃豆腐、鸡肉还是墨西哥薄饼？买本食谱找寻灵感吧！

生。”烹饪作家以艺术家的原创精神，不断地在书中展现食物的魅力，使得不擅烹调之道却又难控口腹欲望的人们，心甘情愿地掉入食谱的“陷阱”中，这大概就是凡夫俗子所难以抗拒的诱惑吧！

THE COOK BOOK STALL

Reading Terminal Market
12th and Filbert Streets
Philadelphia, PA 19107
215-923-3170

TABLE OF EQUIVALENTS

Pinch or dash = less than 1/8 teaspoon
3 teaspoons = 1 tablespoon
2 tablespoons = 1 fluid ounce
1 jigger = 1 1/2 fluid ounces
4 tablespoons = 1/4 cup
5 tablespoons + 1 teaspoon = 1/3 cup
8 tablespoons = 1/2 cup
10 tablespoons + 2 teaspoons = 2/3 cup
12 tablespoons = 3/4 cup
16 tablespoons = 1 cup
1 cup = 8 fluid ounces
2 cups = 1 pint
2 pints = 1 quart
4/5 quart = 25.6 fluid ounces
1 quart = 32 fluid ounces
4 quarts = 1 gallon
2 gallons (dry measure) = 1 peck
4 pecks = 1 bushel

Note 2008

创立于 1982 年的费城“烹饪书摊”依然存在于瑞丁站市场中，但是原来的书摊主人南希·马可丝已经退休，并于 2004 年把书摊卖给一位年轻女子吉儿·罗丝（Jill Ross）。今年只有三十六岁的吉儿，早年曾在南卡罗纳州当过图书馆员，在成为“烹饪书摊”第二任主人前，她已为南希工作约一年。

烹饪书摊

ADDRESS
Reading Terminal Market, 12th & Filbert Streets, Philadelphia, PA 19107 10036, U.S.A.
TEL
215-923-3170

犬类大集合

纽约“爱狗人书店”

Dog Lovers Bookshop

有一只叫“波腾金”的狗，它良善、优雅、趣味十足，
在它离世十周年后，主人开了“爱狗人书店”。

在纽约市这个大拼盘式的都会里，很多新鲜事都有可能发生，连书店的类型也经常出人意表，当我这个以逛书店为业的人，知道有一家“爱狗人书店”（Dog Lovers Bookshop）时，也不得不拍案叫绝，立刻就想去一探究竟。

书店是在曼哈顿西三十一街上一栋中古建筑的二楼，外面没有悬挂任何招牌，若不是有备而来，一般路人从旁边经过，压根儿不会想到楼上有家书店。由于已和书店主人通过电话，因此毫不犹豫地就按了门铃、报上姓名，然后趋步前往二楼，一进门就受到两位书店主人博恩·马科维茨（Bern Marcowitz）与玛歌·罗森博（Margot Rosenberg）及可爱的公关胡迪尼（Houdini）——一只黑色卷毛猎獾犬的热情招呼。

麻雀虽小，五脏俱全

这大概是我见过最小的一家书店了，“小”除了指它的主题细微，还指它的面积狭小，整个店面大约不到四坪，一张书桌充当办公桌兼收银台，再加上几个书架、卡片架，空间几乎已被塞满，博恩打趣道，他们的店面只有一般连锁书店厕所的一半大。

店虽小，却有三千多种书，类别更是令人大开眼界，小说、非小说、童书、画册，凡是与狗以及所有犬科（例如狐狸、豺、狼等）相关的新书、绝版书，及同类卡片、礼品，在这儿都看得到。

开店以来，店主不断地发现新书种，也增添新知识，例如据他们所知，远在两千五百年前，希腊名将兼历史学家色诺芬

↑ 这只短毛的德国猎犬就是鼎鼎大名的波腾金。虽然波腾金离世多年，但是它的主人依然对它念念不忘，甚至为了纪念它而开了一家以狗为主题的书店。*Courtesy of Margot Rosenberg & Bern Marcowitz*

↖ 因对狗的热爱，博恩与玛歌的夫妻关系虽然不再，但依然成为工作上的好伙伴。

（Xenophon）所撰的《古希腊的猎犬与狩猎》一文，应算是最早关于狗的文献。另外，狗除了可以当宠物、赛犬、猎犬、导盲（聋）犬外，还可以成为治疗犬（therapy dog），帮忙治疗一些有心理疾病的人减轻他们的压力。一位菲律宾的心理医生就曾写信到“爱狗人书店”的电子邮件信箱（info@dogbooks.com）探询治疗犬的相关书籍，因而辅导了社区并解决不少流浪狗的问题。

众所皆知，军队中也训练特别的军犬并享有军阶，博恩提到了一些书中记载越战期间美国军犬扮演极重要的角色，那些在战地死亡的军犬，后来都被运送回美国本土，比照殉职的军人葬在华府的阿灵顿公墓。和其他动物比起来，狗与人类的关系实在要密切得多。其他像驯狗、繁殖狗、狗食谱、狗星座、狗保健之类的书，在这里都成了最平凡的主题。

狗类同好服务店

怎么会想开这么一家店呢？自小就热爱狗的玛歌，神情肃穆地表示，他们曾经养过一只短毛的德国大猎犬，名唤波腾金（Potemkin），在波腾金身上，他们看到一切完美的组合，它优雅、良善、趣味十足，还能与其他狗和平相处，波腾金十五岁时离开了世上，他们觉得整个世界都变了，因此，在爱犬去世十周年（1994年）时，没有任何书店经验的玛歌与博恩决定开一家狗书店以兹纪念，同时他们也不定期地出版狗书目录，推荐好书，此外，书店还免费提供

玛歌戴着手套，小心翼翼地展示稀有古书。

一份资料，里面罗列了纽约市各大美术馆、博物馆及公园内，有关犬科动物的绘画、摄影和雕像的展览，使得狗迷们到纽约时，能轻易地观赏这些艺术品。这些信息也可以通过书店在全球资讯网上设立的网站而取得。

除了上述的服务外，“爱狗人书店”的一角，总是备有一碗水、狗儿专用的维他命饼干，以及玛歌亲手做的狗食，当然，这是胡迪尼经常逗留的角落，但是他们竭诚欢迎造访者带着爱犬来串门子，并共享这些食物。

狗性十足的主人

成年后才对狗产生深刻情感的博恩，认为狗基本上是开朗外放型的动物，而狗主人也多半具备这种性格，想一想养狗人得不时地带狗出去遛遛，还得一路清理狗大便，碰到其他遛狗人则会互相寒暄并称赞彼此的爱犬一番，这样的人是很难装腔作势、摆出一副高不可攀的架子。博恩表示他自己本质上就是一个带狗性的人。当话题转到经常拿来与狗相提并论的猫时，玛歌与博恩都显得兴趣缺缺，只懒懒地下了个评论：“猫是属于内敛型的动物。”一副道不同不相为谋的样子。

离开书店前，我想当然地问博恩，玛歌应该是他太太吧？他微笑地表示，俩人开店前“曾经”是夫妻，“我是罗马尼亚裔，她是德国裔，在共同生活上有困难，但却是工作上的好搭档”。显然对狗的爱好，将是他们共通不变的兴趣。

走访过“爱狗人书店”，虽不致让我转为爱狗狂，但是当再听到朋友们大谈狗经，诸如丽娜诉说她养的三只狗在她移民前后如何因忧郁而相继离世；泰隆夸称他家的狗阿亮不仅能解人语，还具备音感（能随音乐打节拍）和时间感（每天十点叫他起床）；书民则永远为JJ准备连人看了都会流口水的美食，并声明JJ不是一只狗，而是他的儿子时，我是绝对不会再面露一副匪夷所思的表情了。

爱狗人书店

ADDRESS
P.O. Box 117, Gracie Station, New York, NY 10028, U.S.A.
TEL
212-369-7554
WEB
www.dogbooks.com

Update for 2002

后续笔记

狗书、狗海报、狗卡片、狗玩偶，到处都是狗、狗、狗……

很不幸的，这家原本位于纽约市中心的迷你书店，在1998年4月关闭门市。但是爱狗族们不必太难过，因为玛歌与博恩还是维持着他们的网络书店，继续专卖狗与犬科的相关书、绝版书、小说、非小说、童书、画册及卡片等，狗迷除了可以在此网站中找到需要的书籍，同时还可以连接到一些有趣的网站，例如电子动物园、驯狗师或狗服务中心等。此外，两位店主人也不时在网站中发抒幽默感性的短文，并介绍店中两只公关狗胡迪尼与罗斯的近况，使得这个网站显得异常有人味与狗味，最令人庆幸的是，如果你到了纽约市，想亲身浏览书种，还是能如愿以偿，只要事先以电话、传真或电子邮件与主人预约时间，就能登堂入室，瞧个过瘾。

Update for 2007

后续笔记

玛歌与博恩合写了《新旧书籍的照顾——爱书人的简要维修手册》。这本书先由圣马丁出版社（St. Martin's Press）出版，颇受读者欢迎。超级连锁书店"邦斯与诺博"还向他们买版权，用较次等的纸张大量印制一万本，定价也较低，只在他们自己的书店销售，最后这一万本书都全数卖完。*Courtesy of Margot Rosenberg & Bern Marcowitz*

当玛歌与博恩把"狗"与"书"这两个主题结合一起，在纽约市区开爱狗人书店时，他们发现书与狗其实有颇多相似处，这两者都被视为人类最佳的朋友，而它们也同样需要人类的关心与照顾。在他们卖书的生涯中，发现有许多教导人们怎样照顾狗的书籍，而狗多半也还晓得如何打点自己，但是书可没法自理。特别是他们也同时贩卖一些老旧书籍，总是避免不了书页破裂、装订松散、书脊磨损、书衣褪色、气味异常等问题，不仅他们对此感到头疼，顾客上门买书，除了与狗相关的问题，最常问的就是问他们怎样处理这些有瑕疵的书。他们深切体会到，一本老旧的书，就像上了年纪的老狗，需要人特别的关照。偏偏他们遍寻不着一本教导一般爱书人如何清理、保养、修复

两位爱狗人玛歌与博恩，怀里各自抱着胡迪尼与罗丝，他们得意的样子，就像是父母拥抱自己心爱的小孩般。*Courtesy of Margot Rosenberg & Bern Marcowitz*

书籍的书，他们想要的不是那种为专业博物馆的高级修复员所写的深奥手册，而是一般人运用一些常识、简单的技巧与用具就可以操作的手册。

玛歌与博恩于是四处请教有经验的人，也上一些课程，更亲手实验、作研究，结果他们累积了不少心得。“爱狗人书店”结束以后，他们把这些宝贵又实用的心得记录下来，并且在2002年10月出版了一本书，名为《新旧书籍的照顾——爱书人的简要维修手册》（*THE CARE AND FEEDING OF BOOKS OLD AND NEW: A Simple Repair Manual for Book Lovers*）。这本书除了谈论书籍维修的主题外，还附带了不少有意思的单元，例如一些关于藏书的个人经验、专有名词、建议书单、网站介绍等，最后一章还列出他们认为爱书人对曼哈顿会感兴趣的一些旅游景点。这两人对书的热情显然不下于对狗的钟爱，他们也从狗友变成了书友，不仅合写书、到图书馆及书展演讲，还帮一些藏书杂志（Book Source Magazine）及网站（www.Biblio.com）撰写专栏，并且在网络论坛上回复其他书友的问题。

博恩知道我要再次重新修订《书店风景》，立刻对我诉说纽约市哪些书店关门、哪些书店迁移了，他并且热切地对我表示：“这是一件重要的工作，你一定、一定要让读者知道，这个地球曾经存在过那么多家独特的书店，但是却一家家地消失了，就像是濒临绝迹的生物般。”的确，他与玛歌曾经拥有的“爱狗人书店”，就是其中一家，我很庆幸自己亲临过现场，并能把它记录下来。

人助不如自助

费城“如何做书店”

How-To-Do-It Book Shop

经济不景气，人工又昂贵，
何不想想DIY，凡事自己来？

打从18世纪开始，“天助自助”这句成语的发明人富兰克林身体力行地写了《做自己的医生》、《做自己的律师》两本畅销书后，以“自助”或“自己动手做”（do-it-yourself，简称DIY）为主题的“如何”（how-to）书籍，在美国的出版史上，就不曾短少过，多数书店因而有此专区，甚至还出现了专卖书店。

成立于1967年的“如何做书店”（How-To-Do-It Book Shop）大概是美国，甚至全世界极少数以DIY为主题的书店，其所在地位于富兰克林的长居地费城，倒是非常有趣的巧合。

不过二十坪的“如何做书店”，却拥有两万五千册书，内容包罗万象，由日常性的各类考试、工作、健康指南和工艺手册（例如：如何修车、装潢、编织、园艺等），到精神层面的导引（例如：如何快乐、如何自我心理治疗等），以及法律性的指引（例如：如何离婚、节税、写遗嘱、申请专利等），甚至幽默、趣味性的建议（例如：如何在一年内结婚、如何分辨朋友和敌人、如何训练宠物上厕所等）。

长年坐镇店中的两位店主鲍伯·威利（Bob Wiley）和吉姆·罗宾森（Jim Robinson）欢迎顾客提出各式稀奇古怪的书单，并负责搜寻到底。曾经有媒体打趣道：“如果世界文明止于今日，重建的头绪可始于这间书店。”这句话虽然夸张了点，却有几分真实性，尤其在经济不景气、人工昂贵的年代，“如何做书店”的存在，更有其意义和重要性 。

↑↑书店的橱窗内挂着书店创始人的放大相片与报道。
↗位于美国宾夕法尼亚州费城的“如何做书店”。
↑店主人之一罗宾森先生亲自坐镇店中服务客人。

Note 2008

在因特网发达、搜索引擎普遍的时代，此家主题书店存在的必要性，也跟着大幅降低。书店最后消失无踪，大概只能归诸于必然的趋势吧！

世界地理教室

“蓝德麦克纳利书店” *Rand McNally*

地图、万国旗、指南书、旅游用品……
应有尽有，走进书店，仿若置身于地球村。

承制美国所有机票的“蓝德麦克纳利公司”（Rand McNally & Co.），远从1856年起，就以印制、销售地图而闻名于世，美国最早的铁路分布图，即由其印制，与“哈蒙特公司”（C.S. Hammond Co.）并列为美国目前最大的地图出版公司。

1930年时，“蓝德麦克纳利”以玩票心理在芝加哥开了一家专卖店，以销售地图及旅游书籍为主，结果成绩不俗，于是一家家的连锁店逐渐在全美一些大城市，如纽约、旧金山、波士顿等地出现，目前已有二十家左右的分店。

在这些店中，除了出售全美五十州及世界各国、各大城市的地图外，还包括许多各式各样的航海图、地形图、星座图、资源分布图，有些甚至以立体的模型展现。

当然，店中少不了像旅游指南、简易外国语之类的工具书、杂志、录像（音）带；连文学性的游记、艺术性的摄影集都占有一席之地。

此外，店中还附有一些颇受欢迎的相关礼品，例如地球仪、古地图、万国旗等，和一些旅游时所需的小配件如指南针、护照夹、语言翻译机、旅行包等。

“蓝德麦克纳利”专卖店就像一间设备完善的地理教室，走入店中仿若置身于地球村般。与其类似的地图或旅游书店，已经在全美及欧洲各中、大型以上的城市，如雨后春笋般地出现。旅游人数的多寡倒不全然决定“蓝德麦克纳利”书店的营业额，就如同旧金山分店的一位工作人员指出，登门的顾客除了旅人和正在计划旅游的人外，还有许多顾客像他一样，虽然没有机会出远门，却希望借着书、地图或地球仪而到处神游。

↑↑旧金山的“蓝德麦克纳利书店”。

↖↑假期要去爱尔兰、瑞典或法国旅游呢？到旅游书店找资料吧！

Note 2008

蓝德麦克纳利公司在 2003 年诉请破产保护，之后由另一个集团接手，全美二十多家的专卖店自此也跟着一间间地结束。目前此公司的产品除了在全美六万个零售店贩卖外，也通过自己的网站 www.randmcnally.com 销售。

智力大对决

玄秘小说店在美国

Mystery Bookshops in the USA

悬疑！紧张！刺激！
在玄秘小说的天地，机巧的作者，
引领读者进入一场场智力角逐赛。

大凡留心美国出版界的人，都会注意到每回《出版者周刊》（*Publishers Weekly*）的新书预告栏，经常是兵分三路：小说类（Fiction）、非小说类（Non-fiction）、玄秘小说类（Mystery），后者其实也可归属于前者，却总被独立介绍，其重要性可见一斑。

近年来，玄秘小说在美国出版界雄霸一方，不仅出版社各辟书系，综合型书店占有专区，全美目前更有上百家玄秘小说专卖店，有一家经销商“一级谋杀”（Murder One）甚至专销此类书籍。

行家经营专卖店

虽然美国一般的综合书店都划有玄秘小说区，真正的玄秘小说迷还是喜欢逛专卖店，因为综合书店陈列相关畅销书或新近出版的书，而专卖店内则拥有相当完整的书种，往往还兼卖旧书和绝版书，使得选择性提高许多。此外，玄秘小说店多半由行家经营，气氛绝佳。以下是美国几家值得一逛的玄秘小说店。

“谋杀墨水”（Murder Ink）是美国第一家、也是全世界第一家玄秘小说店，自1972年于纽约市曼哈顿上城开幕以来，顾客就很捧场，同时也引发了世界各地大大小小的同类书店。这家书店的书架、墙面和招牌全是一片猩红，非常符合“谋杀”的意象。由于牌

费城的玄秘小说店“谁干的？”由作家夫妇经营。

子老、名气响亮，加上纽约市有众多的玄秘小说家，因此经常有作者莅临书店为读者朗诵，在这里还可以找到不少绝版书及作者的签名本，对此类小说及作者倾心者，这个地方绝对是必访之地。

“谁干的？”（Whodunit？）是费城一家颇负盛名的玄秘小说店，店主亚特·包尔鸠（Art Bourgeau）及派翠西亚·麦当劳（Patricia MacDonald）两夫妇自1976年起经营此间书店，由于耳濡目染，两人分别写了好几本玄秘小说，成为当地小有名气的作家，拜访这家书店最好挑星期一和星期二，那是亚特固定会出现的日子，其余时间他都窝在家中营造小说情节。

世界第一家玄秘小说店“谋杀墨水”于1972年成立于纽约。

玄秘小说店在西雅图

如果你有空去西雅图，千万别错过两家书店。一家是“西雅图玄秘书店”（Seattle Mystery Bookshop），店主比尔·法利（Bill Farley）因妻子在西城觅得一份高薪，而于数年前举家迁居当地。比尔是个十足的玄秘小说迷，全天守候在店内，和他聊天时，若是提起亚特，他会兴奋不已，原来他在迁居之前，曾在亚特店中当过五年店员，世界真是小！

→ 美国的综合书店内必然辟有玄秘小说专区。
→→ 由律师所经营的"M" is for Mystery

西雅图另一家有趣的玄秘小说店是位于观光胜地——农夫市场地下商圈的“E先生书店”（MisterE Books；这个英文店名本身就很“玄秘”，动动脑筋吧），这家店有股说不出的悠闲气味，店员口中老是哼着曲。造访这家店的最佳时分是上午十点刚开门时，若是能要求店员放首黑人爵士女歌手艾拉·菲茨杰拉德（Ella Fitzgerald）所唱的 *A Sophisticated Lady*，保证可以享受一个慵懒的早晨。

玄秘小说店在旧金山

“西雅图玄秘小说店”的主人，比尔·法利是个玄秘小说迷。

旧金山湾区居住着不少的玄秘作家，而这个区域也有两家顶尖的玄秘小说店。第一家是位于旧金山市的诺伊谷（Noe Valley），店名就直截了当地用“旧金山玄秘小说店”（San Francisco Mystery Bookshop），女经理东妮·赛门斯（Toni Symons）自1983年起就在书店服务，长年下来，她认识许多到店里来驻足的玄秘作家。

另一家湾区的玄秘小说店"M" is for Mystery（以下简称M书店）位于硅谷圣马陶市（San Mateo），这家店布置得优雅舒适，几乎像是个精

位于旧金山的“旧金山玄秘小说店”。

品店般，是我见过最漂亮的一家玄秘小说店。M书店创立于1996年冬天，历史虽短，但是书种齐全，新书、二手书、精装本与平装本并陈，且每个月至少有十个活动，许多世界级的作家都曾在此驻足，例如美国书卷奖作家乔伊斯·凯萝·欧慈（Joyce Carol Oates），以及近来以雅贼系列走红台湾、在西方早已成名的爱伦·坡奖作家劳伦斯·卜洛克（Lawrence Block）等，书店中也因此累积了附作者签名的首版书，成了收藏家的最爱，这些书在他们的网站中都买得到，连亚马逊有时也得向他们订书。

M书店的主人艾德·考夫曼（Ed Kaufman）原是位律师，自小就是玄秘小说迷，又收藏了上千本同类小说，对作家的作品知之甚详，律师的缜密与强悍，再加上专业的知识，使考夫曼成为成功的书商。M书店每个月还有书迷的读书讨论会，每星期并以电子邮件向读者发出新书与活动信息。

玄秘小说店是美国极为受欢迎的一类主题书店，通过“玄秘小说店联盟”的网站，读者可以依州别、城市查询到各书店的联络方式。

Note 2008

实在很可惜，由于不堪纽约市飞涨的高租金，被公认为世界第一家的玄秘小说店“谋杀墨水”选择了2006年的最后一天作为书店的终结日。另一家我喜欢的“E先生书店”则不再有店面，仅在网络上卖书与黑胶唱片，幸好本文介绍的其他家玄秘小说店都还存在，特别是创立于1974年的“旧金山玄秘小说店”，营业已经超过三十年了，真是不容易。

美国玄秘小说店

谁干的?
ADDRESS
1931 Chestnut St., Philadelphia, PA 19103
TEL
215-567-1478

西雅图玄秘小说店
ADDRESS
117 Cherry St., Seattle, WA 98104
TEL
206-587-5737
WEB
www.whodunitphilly.com

E先生书店
ADDRESS
P.O. Box 2149,Vashon, WA 98070
TEL
206-463-3973
WEB
www.mistere.com

旧金山玄秘小说店
ADDRESS
4175 24th St., San Francisco, CA 94114
TEL
415-282-7444
WEB
www.sfmysterybooks.com

"M" is for Mystery
ADDRESS
86 East Third Ave., San Mateo, CA 94401
TEL
650- 401-8077
WEB
www.mformystery.com

玄秘小说店联盟
WEB
www.mysterybooksellers.com

美国玄秘作家协会
WEB
www.mysterywriters.com

疑云密布的“玄秘小说”

鬼魅气息十足的玄秘小说店。

玄秘小说为一种通俗文学体裁，其所涵盖的范围极广，确切的定义连专家也无法厘清，简而言之，是一种充满悬疑、紧张气氛的谜团小说（puzzle story），以制造混淆状态来困惑读者。举凡以推理为主体的侦探小说（例如“福尔摩斯探案”系列）、间谍小说（例如“苏联密窟”、“007情报员”系列）、警察办案小说，或是恐怖小说（例如希区柯克式的作品）、超自然的歌德式小说（例如斯蒂芬·金Stephen King的作品），或一些具有神秘色彩的幻想小说等都属于玄秘小说的领域，这类小说往往是在处理犯罪事件以及解开疑团，所以又被称为“犯罪小说”（crime story），以《东方快车谋杀案》等作品闻名于世的阿加莎·克里斯蒂（Agatha Christie）即被封为“犯罪女王”。

全美有上百家玄秘小说专卖店

玄秘小说在美国及全世界都受到广大读者的欢迎，其背后包含了社会、心理等多重因素。根据月刊《美国书商》（*American Booksellers*）的一篇文章报道，在这个是非颠倒、道德体系分崩离析的世界，玄秘小说满足了人们对新秩序的渴求，书中一贯存在的“好人赢、坏人输”的简单二分法，让人阅读后，有股宣泄的畅快感。

“谁干的？”（Whodunit?）玄秘小说店的主人亚特·包尔鸠（Art Bourgeau）非常同意上述说法。他们同时还指出，以情节取胜的玄秘小说，提供了人们遐想的空间，成为一种绝佳的消遣方式，尤其有助于退休人士打发时间。刚巧婴儿潮下产生的广大族群，正逐渐迈入中、老年期，使得玄秘小说的市场大为扩增。

有关福尔摩斯的海报是玄秘小说店最佳的装饰。

“西雅图玄秘书店”（Seattle Mystery Bookshop）的店主则认为，玄秘小说处处展现机智，最是吸引人，能挑起读者强烈的好奇心，并随同作者进入一场智力角逐赛。

乡间小律师名利双收

与影视媒体结合，更是加速了玄秘小说的普及性，由于此类书多半情节紧凑、角色鲜明，又往往夹杂爱恨交织的浓烈色彩，极符合俗民大众的口味，易转拍成商业影片或电视系列，被遴选的书则使作者知名度与身价跟着暴涨。

例如这几年崛起的作家约翰·格利炫（John Grisham），就是一个靠玄秘小说名利双收的传奇。格氏原是乡间无名的小律师，以法学院、律师事务所及法庭为背景，写下谋杀、犯罪内容的小说，他在出版第一本书《杀戮时刻》（*A Time to Kill*）时，差点连个经纪人都找不到，初版也只印了五千本，谁知第二本书 *The Firm*（台湾译为《糖衣陷阱》）才脱稿，就被好莱坞制片相中，以六十万美金买下电影版权（在台湾上映之片名为《黑色豪门企业》），使得此书未上市即先轰动。之后，格利炫自是平步青云，每有作品必上排行金榜。

玄秘小说的取向虽走通俗路线，难被列入严肃文学之林，但是好的作家仍需高度功力，既要会说故事，推理又得合乎逻辑，才能使情节精彩而具说服力。

为了鼓励创作人才，“美国玄秘作家协会”（Mystery Writers of America）自1945年创立以来，设立了“爱伦·坡奖”（Edgar Allan Poe Awards；爱伦·坡被视为美国歌德式小说和侦探小说的创始人），每年颁奖给这类小说的新秀，许多玄秘小说迷则自组俱乐部，定期交换心得。一些相关期刊书讯、活动也顺势而生。由于诸多条件的配合，使得玄秘小说自然成为美国出版界的主流之一，同时在深度与广度上亦有长足的进展。

四海之内皆姊妹

女性书店在美国

Women's Bookshops in the USA

既是一个经济实体，又具浓烈的政治、社会色彩，
女性书店证明“女人，你的名字不是弱者”。

以女性为议题的书刊，俨然成了近年来国内出版界的“显学”之一，出版社相继开辟书系，发行杂志，速度之快，令人目不暇给。在美国方面，不仅此类出版已卓然有成，更进而发展出上百家的“女性书店”。

美国当代的妇女解放运动始于1960年代，而于1970年代进行得如火如荼。在女权运动者的持续努力下，参议院终于在1972年批准著名的“权利平等修正案”（Equal Rights Amendment），该议案主张男女的合法权利不应由性别来决定。

浓烈的政治和社会色彩

在这之前两年（1970年），美国第一家女性书店“亚马逊书店”（Amazon Bookstore；此书店与“亚马逊公司”网络书店非同一家）在明尼苏达州的明尼亚波利斯（Minneapolis）正式成立，这个时间上的巧合绝非偶然，事实上，女性书店几乎都具有浓烈的政治和社会色彩，其主旨在于唤醒妇女自觉、提倡两性平等、激发并凝聚妇女之间的姊妹之谊。这些鲜明的立场，从书店的经营方式，可以清楚地得到印证。

此类型书店大半由女性聚集合伙经营，往往老板兼店员，这些姊妹们希望打破传统资本主义下，以男性为主导、阶级分明、弱肉强食的游戏规则，开创出一种和谐共生的氛围。同行相忌的

"熊妈妈"位于北加州奥克兰市。

现象在女性书店间少有发生，相反地，守望相助、彼此打气的消息时有所闻，例如田纳西州孟菲斯的"美丽丝登书店"（Meristem Bookstore），在开幕时收到众多各方姊妹们的贺卡鼓励外，邻州的一家女性书店还安排畅销书《紫色》（*The Color Purple*）的作者艾丽丝·沃克（Alice Walker）到场签名助阵。

女性书店得以如此紧密联系、互通信息，得感谢创办于1976年的《女性主义书店报道》（*Feminist Bookstore News*）双月刊的穿针引线，发行人卡萝·席洁（Carol Seajay）就曾经营过女性书店。

顾名思义，"女性书店"不仅由女性掌控，展售的"女书"从学术类、实用类到娱乐类，范围极广。值得一提的是，虽然美国女性书店的主人，大都为白种女性，但有色人种女性及女同性恋者在书店皆有特辟的书区。在政治、社会资源还为多数男性把持的状态下，各种肤色、国籍、性取向的女性，其实同属弱势族群，"团结力量大"是弱势妇女的共同认知。

以意识形态为主导

除了书种的齐全，女性书店更企图提供人性化的空间，以北加州柏克莱大学附近的"熊妈妈"（Mama Bears）女性书店为例，

"熊妈妈"的三位主人 Elizabeth Grindon（左）、Carol Wilson（中）、Alice Molley（右）；后两者为原始创办人。

女性书店希望提供姊妹们一个安全、宁静又自由的空间。

一进大门，就见右侧一张大布告栏，上面张贴着各式广告、节目单，再往内走是个咖啡区，平时供人休憩，假日则成为作者签名区或表演区，一旁的小风琴还能帮忙助兴，墙壁四周则常态性地流通一些妇女们寄售的艺术品。“熊妈妈”一如其名，像个温暖的大家长，给予社区贴心的服务。

女性书店的营运方针显然深受意识形态的主导，而非纯以商业考量为出发点。然而在许多支持者的拥护下，店家却愈开愈旺，并不受经济萧条的影响。

女性书店

亚马逊书店
ADDRESS
4755 Chicago Ave. S. Minneapolis, MN 55407
TEL
612-821-9630
WEB
www.amazonbookstorecoop.com

蓝丝袜书店
ADDRESS
172 Allen St., New York, NY 10002
TEL
212-777-6028
WEB
www.bluestockings.com

台湾女书店
ADDRESS
台北市新生南路三段56巷7号2楼
TEL
02-2362-8244
WEB
www.fembooks.com.tw

经济实体兼社会意义

众多案例的成功，不仅打破一般人对女性的刻板印象，诸如同性相斥、格局不大、依附男性等，同时也证明，书店既可以是营利场所，又可以是理想、使命的聚合点。

总而言之，女性书店具有两大特质：一、它是一个经济实体；二、它富有政治、社会意义。台湾的妇女团体颇多具备第一项特质（例如合伙开花店、咖啡屋、服饰行等），只有少数具备第二项（例如主妇联盟、晚晴协会等），至于能将两项结合者，则少之又少，1994年才成立的“女书店”至少是一个起点。

茱笛的房间

著名的英国女文豪维吉妮亚·吴尔芙（Virginia Woolf），在演讲集《自己的房间》（*A Room of One's Own*）中，虚构了一位莎士比亚的妹妹，名曰茱笛（Judith），来说明一个天才女性在父权宰制世界中所遭遇的困境。茱笛，根据吴尔芙的假设，一如莎翁般天资聪颖且求知欲强，只可惜受到家庭、社会的压抑，才华、抱负不得伸展，最终落得以自杀了结一生。

茱笛的悲剧，依吴尔芙分析，根本就是个宿命。吴尔芙认为，要成为一个女作家的先决条件，是必须先有属于自己的房间。“房间”其实就是自由、隐私、经济独立的代名词，而在封建的16世纪，茱笛无论如何是无法像哥哥般，有那么个“房间”。

由于这个故事，使得不少人将吴尔芙封为“女权作家”，美国纽约市唯一一家女性书店就命名为“茱笛的房间”（Judith's

“茱笛的房间”曾经是纽约市唯一的一家女性书店。

面临超级连锁书店的威胁，“茱笛的房间”无法再说：“We can do it！”

Room），其典故也源自于此。

“茱笛的房间”位于美国纽约市的西格林威治村，由卡萝·列芬（Carol Levin）与莎莉·欧文（Sally Owen）两位女性共同经营。店中约有三千种不同的书刊，独独不见罗曼史踪影，店主解释道，她们反对罗曼史中反复传递的“女性唯有在遇到男性后，才成为一个完整的女性”的信念。所以，这类通俗又卖钱的书籍，并不在陈售之列。

这种态度绝不意味着“茱笛的房间”是男宾止步，欧文郑重声明，她们可不愿成为分离主义者（separatist），凡对女性不怀恶意者，都欢迎光临。因此，顾客群中仍有百分之十是男性。

不少人质疑“女性书店”、“女性作家”、“妇女丛书”等概念，认为书籍、书店、作家实在不该有“性别”之分。吴尔芙在演讲集的结论中表示，如果我们所关注的焦点不仅是男人与女人的世界，而是整个外在现实世界，则茱笛·莎士比亚可以“再生”，能有机会阅读和写她自己的诗。只可惜两性尚未真正平等，在此理想未完全达成以前，纽约市这个“茱笛的房间”，至少可以暂时提供众多的“茱笛”一个安静、自由的空间，让心灵得到纾解，更为未来而努力。

Note 1997

1996年7月，人在纽约，某日兴冲冲地去拜访“茱笛的房间”，孰料到了现场，只见大门深锁，问了旁边的店家，才知道小店在连锁书店的不断激增下，终于因经营困难而关闭。望着仍然高悬的店招，心里难过不已。本篇短文完成于数年前，为了纪念这一间我曾心仪的书店，特别收录于本书中。

一位艺术家在女性书店“熊妈妈”创办人Alice Molley生日时，亲手雕塑这个熊妈妈的铜雕作为贺礼。

Update for 2002

后续笔记

1997年这本书初出版时，全美的女性书店有一百多家，但是接下来的三年，却有近三十家店纷纷关门。1999年7月我到洛杉矶寻书，正好碰上著名的老牌女性书店“姊妹情谊”（Sisterhood Bookstore）向读者进行告别式，结束了二十五年的营业；过了一个星期后，我重访北加州奥克兰的“熊妈妈书店”，发现店面依旧在，只是内部变小了，两位创办人Carol Wilson、Alice Molley 刚巧在店中，她们表示为了降低开销，因此决定租用比较小的空间。

超级连锁书店的不断扩张与网络书店的发达，当然是造成女性书店普遍经营困难的主因，此外，现今多数的综合型书店也开始陈售女性主义议题的书籍，应该也是另一影响因素。只不过认同书店理念的人还是存在，依然有新店开张，例如纽约市的“蓝丝袜女性书店”（Bluestockings Women's Bookstore）在“姊妹情谊”结束前一两个月成立，而且吸引了九十位年轻的义工帮忙。另外，最老的女性书店“亚马逊”也在2000年10月欢度三十周年庆，这些都是令人振奋的消息，而今女性书店所受的震荡应该算是渐趋稳定了。

女性书店的生存愈来愈不易。

Update for 2007

后续笔记

由于店主人年事已高，“熊妈妈书店”在2003年结束营业。“蓝丝袜女性书店”易主，店里不仅限定于专卖女性主义、性别研究等类的书，而是偏向以激进行动主义为主题，涵括了更多社会、政治与种族类的书籍，因此书店的名号也把“女性”两字去掉，而成为“蓝丝袜书店”。“姊妹情谊书店”早先的创办人、店员与顾客则酝酿要合写一本书，记录书店过往的历史。

在全盛时期，美国女性书店的总数曾经超过一百家，但是在整个大环境的改变下，目前大约只剩下三十多家。近几年来，几乎不曾听过美国有新的女性书店出现，但在那些硕果仅存的书店里，有好几家的历史不仅超过了四分之一世纪，而且积极活跃于社区。除了老字号

↑↑“妇孺优先”在两位书店主人Linda Bubon（左）与Ann Christophersen的经营下，已经度过二十八年。*Photo by Ross Forman/Windy City Media Group*

↑芝加哥的女性书店“妇孺优先”位于一栋砖墙建筑的角落，长条的紫色围棚，使书店在古意中透露出现代的气息。*Courtesy of Women & Children First*

现今女性书店虽然仍以女性议题为主，但也企图让书种多元化，以吸引两性。以1979年创立于芝加哥的女性书店"妇孺优先"为例，顾客群中约有百分之四十是男性。*Courtesy of Women & Children First*

的"亚马逊"外，还有佐治亚州亚特兰大市的"雀绿丝书店"（Charis Books & More；创立于1974年）、威斯康辛州麦迪逊市的"自己的房间"（A Room of One's Own Feminist Bookstore；创立于1975年）与伊利诺伊州芝加哥市的"妇孺优先"（Women & Children First；创立于1979年）等。

拥有二十八年历史的波士顿著名女性书店"新语"（New Words Bookstore）虽然在2002年底结束门市，但是书店成员却同时组织了一个非营利机构"新语中心"（Center for New Words），经由不同媒介与活动，继续让各类型的妇女发出她们的心（新）声。

至于华文地区第一家女性主义专卖书店"女书店"，1994年来不仅持续在台湾新生南路的巷弄中卖书，还成立出版部门，出版了不少好书，确实值得喝彩。

INFO

雀绿丝书店

ADDRESS
1189 Euclid Ave., Atlanta, GA 30307
TEL
404-524-0304
WEB
www.charisbooksandmore.com

新语中心

WEB
www.centerfornewwords.com

妇孺优先书店

ADDRESS
5233 N Clark St., Chicago, IL 60640
TEL
773-769-9299
WEB
www.womenandchildrenfirst.com

自己的房间

ADDRESS
307 W. Johnson St., Madison, WI 53703
TEL
608-257-7888
WEB
www.roomofonesown.com

理想与使命的聚合点

伦敦“银月女性书店”

Silver Moon Women's Bookshop

店名浪漫诗意的“银月”，作风却稳健刚毅，
不仅与主流书店抗衡，更睥睨全欧洲。

老牌演员安东尼·霍普金斯（Anthony Hopkins）和安·班克劳馥（Ann Bancroft）曾经合演了一部电影*84, Charing Cross Road*，台湾译为《迷阵血影》，不明就里的人若单看中文片名，大概会想这铁定是部侦探片或暴力片，其实这部片子和谋杀、血腥之类的事完全沾不上边。剧情取材自美国女作家荷琳·汉芙（Helene Hanff）的同名书信集，内容描述的是她在二次世界大战后，因为隔洋邮购绝版书而和一名古书商通信并建立情谊的故事。古书商工作的地点位于伦敦的“查灵歌斯路八十四号”，这个地址也就是书信集和影片的英文直译名。

查灵歌斯路（也有人译为“查令十字路”）是一条举世知名的书街，爱书人到了这里，简直就像到了天堂般。约翰逊博士（Samuel Johnson）曾经说道：“当一个人厌倦伦敦时，他必然也厌倦了人生。”这句话对一般人而言，或许夸张了些，但是有百分之九十的爱书人应该都会同意约翰逊的看法。

欧洲最大的女性书店

伦敦市以书多而闻名，其中又以查灵歌斯路及两旁巷弄中林立的书店最具吸引力。不同于台湾重庆南路的书街几乎只见媚俗的综合型书店，查灵歌斯路可以说是百家争鸣之地，除了“水石”（Waterstone's）、“富瑶”（Foyles）等大型综合书店外，最惊异

"银月"是欧洲最大的女性书店。

的是为数众多的古书店和特色书店（如侦探、艺术、宗教、旅游、音乐等主题书店）。另外，还有一间图书馆坐落在书街前端，由于附近就是中国城，所以图书馆内有中文书刊，馆外可见"查灵歌斯图书馆"的中文招牌。在寸土寸金的伦敦市区的主要街道上，目睹此一景象，实在令人叹为观止。

在这条书街上，"银月女性书店"（Silver Moon Women's Bookshop）算是相当有特色的一间，它不仅是英国唯一的女性书店，还号称是全欧洲最大的一家女性书店。

店名取自浪漫情诗

取名"银月"，除了因为月亮是女性的象征外，根据店主之一的珍·丘茉莉（Jane Cholmeley）表示，"银月"一词取自公元前6世纪古希腊女诗人萨福（Sappho）的一首浪漫情诗。萨福是历史上记载最早描写有关女同性恋间情爱的诗人，她生于Lesbos岛，英文的"Lesbian"（女同性恋）一词亦即源于这个岛名。

"银月女书店"的主人珍·丘茉莉。

曾经担任英国印刷公会国外版权部经理的丘茉莉，与曾是英国书友俱乐部编辑的另一位经营者苏·巴特沃斯（Sue Butterworth），都曾在工作与生活上，因性别而遭受不公平的待遇。为了倡导女性意识，两人合伙开了"银月"，除了陈列与女性议题相关的思潮类书籍，还有女性执笔的文学类小说和侦探小说。

THE CHARING CROSS
Antiquarian & Secondh
BOOKS BOUGHT - ANY AMOUNT
tel. 01-836 36

←“查灵歌斯路是爱书人的快乐猎场……，路上两旁的商店几乎每隔一家就是书店，一个有耐心的人，在此经常会得到特别的回报。”四分之三世纪前，藏书家爱德华·纽顿就曾对这条书街发出如此赞叹。

↑ 查灵歌斯图书馆不仅有中文书刊，连招牌也中、英文并存。

近七八坪左右的地下室则与“银月”的典故相呼应，全部辟为女同性恋书区，成为英国最大的同类书区。丘莱莉和巴特沃斯两位女性很早就已公开承认自己的同性恋身份。

其实，伦敦原本还有另一家女同性恋书店“姊妹书写”（Sisterwrite），但是却因营运不佳而在1994年关闭，留下“银月”一枝独秀。对于支持女性书店的朋友，倒不必忧虑“银月”的前（钱）途，丘莱莉与巴特沃斯自有其经营之道。

她们在筹备之初，就立定志向，“银月”必须自给自足、不仰赖外力，同时也保障每个工作人员都享有合理的薪资。达到目的的策略之一，就是尽量把店面开在市中心的大街上，虽然租金高昂，却能吸引过往的人潮。

与主流书店相抗衡

同性恋网球名手娜拉提诺娃跨行写小说，引起女性书店的兴趣。

1983年某月的《书商杂志》（*The Booksellers*）刊登一则广告，上载伦敦市政局为了保存书街风貌，优先出租查灵歌斯路六十四号给书商。正苦于地点难寻的“银月”筹备小组，欣喜若狂地顶下了小店，在1984年5月31日开幕那天，有两百五十名顾客涌入。“银月”自此一帆风顺，八年后，更兼并了隔邻六十六、六十八两家店，空间扩展到一千五百平方呎（约四十二坪）。

众所皆知，女性书店自1970年代起，在美国蓬勃发展，到了1990年代中期，据统计全美约有一百五十家左右，而英国目前仅有“银月”一家，其他欧陆国家也不多见此类书店，何以欧美两处有如此大的落差呢？

丘莱莉解释道，1960年代末和1970年代，学生运动和妇女运动在欧洲相互影响，当时有许多学生纷纷成立左派书店的出版社，提供社会主义和女性主义方

"银月"虽然名之为女性书店，但是并无任何性别歧视，只要是不带敌意者（包括男性与女性），都是书店欢迎的顾客。

面的书籍，因此，女性书店无须个别存在。1980年代起，虽然左派书店没落，但是众多的主流出版社相继开辟女性书系，出版品激增，以致综合型书店也设置女性书区，使得不少人打消开女性书店的意愿。美国方面，因为女性书店一开始就与妇运结合，独立运作，所以自有其历史，但是它们却大都侧身于僻静的巷弄中，不似"银月"把店开在闹区的主街道上，摆明了要与主流书店相抗衡的架势，对于这一点，"银月"相当地自豪。

由于店主丘茉莉和巴特沃斯都曾是出版人，卖书之余还玩票性地不定期出一些小说，另外并每季制作图文并茂的书讯，发行海内外，其中不仅有新书的信息，还附上"银月"大事志，使得"银月"的网络大为扩张。

读者就是女主角

1995年6月份，"银月"欢度十周年庆，来自读者与作家的道贺卡片、电话、传真及鲜花不断，整个店几乎成了花海。一位意大利编辑在一封来信中的感性表白，最能代表许多读者的心声，她这么写道："借着你们的书讯，我不仅能跟着你们的脉动起伏，还能快速地邮购好书，我觉得自己仿佛是电影《查灵歌斯路八十四号》中的女主角安·班克劳馥。"

Update for 2002

后续笔记

2001年10月底，上海一位书评杂志编辑因为阅读了大陆版的《书店风景》而发了封电子邮件给我，信中除了致意以外，还告知他在伦敦《卫报》（*The Guardian*）上读到一则新闻，就是“银月书店”即将在同年11月18日结束营业。收到这个信息时，我倒不能全然用“震惊”两字来形容我的反应，因为我可以想象美国女性书店以及其他小型的独立个性书店这些年所历经的困境，肯定也是大西洋彼岸的“银月书店”同样会面临的，尤其“银月”还是位于伦敦极为热闹的市中心，租金更是高昂，从这些角度观之，书店关门并非不能理解，但是就我所知，“银月”经营有术，生意向来不差，身兼全欧最大及英国唯一的女性书店就此消逝，不免还是让我心头一寒。

众多著名女作家都曾造访书店，并留下照片。

我很快就找到了《卫报》及其他出版杂志网络上的相关报道，综合阅读后很欣慰地得知“银月”并非因为经营不善而关门，事实上她们的营业额每年可达六十五万英镑，没欠出版商或经销商一毛钱，自给自足是没问题的，只不过丘茉莉与她的合伙人苏·巴特沃斯都已五十余岁、迈入老年，两年后租约到期，他们将无力再续约十年（房东的惯例），因此两人本来就打算2003年约满时退休，而房东又正好提议若是她们及早解约，将可获得一笔让人难以拒绝的解约金，两人考虑良久后接受了这个条件，如此她们将有能力给予员工较佳的遣散费，也可以放心地退休。

丘茉莉对媒体感恩地表示，由于她们的努力，因而赢得了读者的支持，诸多诸贝

欧洲最大的女性书店“银月”已于2001年底光荣地结束营业。

尔奖、普利策奖、布克奖等文学奖项得奖女作家更是亲身参与书店的活动，使得她们在查灵歌斯路上过了十七年辉煌灿烂的岁月。丘茉莉同时表示，很高兴见到这些年来众多女作家崛起并得到高度的注意，然而却也发现许多妇女的议题重心几乎由政治面移转到生活面，过多关于性爱与购物的讨论；堕胎权、法律自主权、幼儿看护、反暴力、反歧视女同性恋等许多问题却乏人问津，丘茉莉认为这个现象起于人们消极地认为自己无力改变现状，所以也就不再关心，她真切地表示，“银月书店”的小小成就所传递出的信息是，只要愿意，我们依然能有所作为，当两性平权尚未完全达到前，女性仍需努力！而她与巴特沃斯还是保留了“银月”的名号，退休后，她们将打算继续在书业界做一些事，的确是老兵不死！只不过查灵歌斯路上少了这颗明珠，将会显得黯淡许多。

Note 2008

“银月书店”的名气的确太响亮了，实体书店关闭后，斜对面的大型老牌独立书店“富瑶”（创立于 1903 年）立刻买下“银月”的名号，以及原有的邮购与网络业务。之后，“富瑶”更在 2002 年于书店中辟了一个“银月”专区。丘茉莉与巴特沃斯表示，她们非常高兴书店的名号能够流传下去，既有的读者因而可以继续得到服务。知名的历史综合老店与知名的小型主题书店能相互结合，不失为一桩美事。

巴特沃斯于 2004 年 7 月过世，伦敦最重要的报纸《每日电讯报》（*The Daily Telegraph*）与《卫报》都相继大篇幅报道她的生平与贡献，丘茉莉正是《卫报》那篇文章的执笔者，内容颇感人。

女性书店的圣经

FBN

Feminist Bookstore News

由于*FBN*的发行，世界各地的女性书店，
得以互通声息，发挥姊妹爱的精神。

走访世界各地的书店，我特别偏爱寻找一些形形色色的主题书店，其中最常碰见的，就是标举以倡导女性意识为目标的女性（主义）书店（women's bookstore 或 feminist bookstore），特别是在美国，几乎每到稍具规模的城市，都会发现一、两家这类型的书店。女性书店除了由女性经营并贩卖与女性议题相关的书籍外，往往还是社区的文化与信息中心，对于像我这种经常在异国独自旅游的女子而言，女性书店的存在不啻是一大福音，除了可以在店里歇歇脚、看看书外，最棒的是通过店主或店里的布告栏，往往能打探到安全又价廉的食宿处，女性书店真正发挥了“四海之内皆姊妹”的博爱精神；当我打算前往下一个城市时，店主又会热心地指引我可以拜访当地的某某女性书店，几次以后，我不禁好奇地打探，为什么这些姊妹们彼此间并不相识，却会如此熟悉呢？

她们异口同声地表示，这一切全归功于卡萝·席洁（Carol Seajay）所创办的一份双月刊杂志《女性主义书店报道》（*Feminist Bookstore News*；简称*FBN*）

阳春杂志，内容丰富

*FBN*其实是一份外貌极为“阳春”的杂志，骑马钉装订，封面只有两色印刷，

→ 热衷妇女运动的《女性主义书店报道》（*FBN*）创办人卡萝·席洁。
↘ *FBN*的封面素朴但不失活泼。

每期仅以不同的底色配上黑色的文字与图案，内页则一律黑白处理，但是一百来页的内容却很充实，里面有极大篇幅分门别类介绍新近的相关出版品（包括书籍、录影带、录音带等），并不定期制作专辑，例如“女性与旅游”、“大学出版品”等，此外，还有许多关于女性书店的动态报道，例如某某书店新开幕、欢度周年庆、扩增服务事项，甚至是关门大吉等信息，而女性书店的经营者也经常投书抒发己见。卡萝·席洁本人除了固定在杂志首页热情洋溢地简介当期的精彩内容外，更是不时地在杂志内穿插一些感性的生活随笔。

通过*FBN*，女性书店不仅能快速地掌握出版信息，以作为进书的依据，最重要的是，女性书店经营者因此能分享经营上的悲喜，特别是在连锁书店横行，威胁到小型独立书店之际，更是需要互相打气、交换经营策略。*FBN*就像一张网般，把散布在世界各地的女性（主义）书店、出版社、作者全部串联在一起，如此缜密的设计和用心，实在让我叹为观止，也不禁对发行人卡萝·席洁肃然起敬。

刊登台湾信息

1994年5月参加在洛杉矶举办的“美国书商联盟大会暨贸易展览”（American Booksellers Association Convention and Trade Exhibit；简称ABA书展），从目录中得知，ABA书展首度为同属弱势团体的同性恋和女性主义出版社特辟专区，而*FBN*也名列其中，我终于有机会向席洁女士当面致意。

当席洁知道我是台湾人时，很得意地送我一份1993年11月号的杂志，其中竟然有一页报道台湾的妇女新知基金会出版《女书》一书的新闻，并扼要解释“女书”原本是几百年前由大陆湖南省妇女发展出来的一种私密的女性书写语言，同时更刊出女书法家

Feminist Bookstore News

Well-known calligrapher Tung Yang-tzu's Chinese calligraphy states: "Dispel the foggy clouds and see the blazing sun." At right is the same meaning written out in nu shu. *Photos courtesy of the Awakening Foundation.*

Taiwanese Women Transcribe & Publish Women's Language

A year or two ago, the newsmedia reported the "discovery" of *nu shu*, an elegant and graceful written language developed by women in Hunan as a form of private, written communication among women. The script is very different from traditional Chinese characters and is an art in itself. It is the only known word form created and practiced by women that has been passed down from woman to woman for hundreds of years. Tens of thousands of examples of this type of writing have been found in librettos, folk songs, correspondences and autobiographies. The newly transcribed writings offer a trove of information about women's lives and an uncensored depiction of women's lives and feelings.

When examples of the script were brought to Taiwan, a cluster of women in Taipei gathered to transcribe the work and immediately recognized the significance of the work. "In their writing, the women mostly expressed their wretched circumstances," said one group member. "They showed how their hearts were filled with compassion for fellow women who are bullied and who lead dreary lives." Others called the work "A treasure dug out form the mighty torrent of history" and "a rare cultural property" that must be cherished and studied. Transcribing the work was often depressing: the women's writings speak of the low social status of women in China over the years and their consequent sorrows and agonies.

The Awakening Foundation, the feminist group that brought the work to Taiwan, has published a beautiful, hardcover book that alternates pages of the *nu shu* with facing pages of transcription in modern Chinese characters. The book includes over 40,000 *nu shu* characters. If we learn of any way to order the book in the U.S., or price information, we'll pass it on. The Awakening Foundation, which also publishes an English language feminist newsletter, can be reached at Fl.3, No.1, Lane 1, Po-Ai Road, Taipei, Taiwan, ROC. Phone 02-331.9363 or 389.9730; fax 02-311-0333. ○

Women in Publishing Do Childcare Survey

The Childcare Initiative Group of Women in Publishing administered a survey of 100 British publishing companies in order to find out what they offer their employees in terms of maternity and childcare benefits. This survey resulted from a

Volume 16 Number 4 11 November 1993

*FBN*报道台湾的出版信息。

董阳孜书写的“拨开乌云见青天”的字样，以及女书的同义词表示法。我进一步告知席洁，台湾刚刚成立第一家“女书店”，班底正是以妇女新知的成员为主，尔后发现她在7月、8月号杂志中也报道了这个信息。

女性帮女性

个头娇小，看起来仍像个学生的席洁，大学时代就热衷于妇女运动，曾经于1976年至1983年间在旧金山的一家女性书店工作，深深了解业者需求，离职后创立了这份被封为女性书店圣经的*FBN*，虽然只有五百名订户，但是由于这些订户几乎都是书店经营者或和女性研究相关的人，因此吸引了一些特定出版社注意，例如第一家由两位女同性恋者唐娜·麦克布莱（Donna McBride）和芭芭拉·葛丽儿（Barbara Grier）合办、专门出版女同性恋书籍的出版社“奈也德”（Naiad Press），就长期在杂志中刊登广告。

这种专业性的杂志当然获利不高，收益的三分之一来自五百名的订户，其他三分之二则全赖广告。但是席洁表示，能自己当老板，雇用其他三位伙伴，齐心为支持女性书店而努力，总是一件令人开心的事。

自1970年第一家女性书店“亚马逊”（Amazon Bookstore）在明尼苏达州成立以来，全美目前已经发展出一百多家同类型书店，年营业额合计约达三千五百万美元，这个数字虽然算不上什么天文数字，但是至少能让“姊妹们”自给自足，同时也使得一些主流出版社必须正视读者对女性议题书籍的需求，因而开辟相关书系；最重要的，当然是鼓励了世界各地的姊妹，纷纷让女性书店在自己的国家和地区（加拿大、英国、德国、澳大利亚、台湾……）成立。

Update for 2002

后续笔记

*FBN*于千禧年的夏天停刊，这无疑是业界的一件大事，众家姊妹同声惋惜，哀悼失去这个曾经像强力黏着剂紧紧将她们维系一起的刊物，失去创办人席洁更是令人遗憾。

在坚守二十四年后，因为主客观的综合考量，席洁终于做出这个决定。自从1973年迁居到同性恋的圣地旧金山后，早就公开自己女同性恋身份的席洁一直居住于此，这里当然也是*FBN*唯一的家，但是这几年旧金山湾区的房租节节上涨，*FBN*的长期租约到期后，房东将租金提高四倍，由原本每月一千两百美元调到四千八百美元，如此一来，要想维持自给自足都属不可能，席洁希望能找到年轻的一辈来接手*FBN*，有兴趣者当然必须得将办公室迁移到房租低廉处才可行。

这份双月刊书讯曾是女性书店以及出版社的圣经，而今已成历史。

已步入晚年的席洁，其实已完成了阶段性的任务，特别是她集合书店于网络上所建立的“女性书店网络”（Feminist Bookstores Network；www.fembooknet.com）将持续运作，读者在此能查阅到北美洲美、加两国女性书店的联络及链接方式，另外还有书店推荐的作家与书籍。这个网站中有一份世界知名的女作家及女性主义者，如Gloria Steinem（近代妇运代表、《内在革命》作者），Alice Walker（《紫色》作者）、华裔女作家汤婷婷（《女斗士》作者）等人署名的共同宣言，呼吁作家与读者以不同方式支持女性书店。

Update for 2007
后续笔记

自从结束了*FBN*的纸本书讯杂志后，席洁并没有闲着，她先在网络上开了“女性书店网络”，但是英语系世界女性书店锐减，这个网站自然也没有持续太久。2003年，她激活了另一个有意思又有意义的案子“该留心的书”（Books To Watch Out For；以下简称BTWOF），这是一个提供书讯的电子报服务。*FBN*原本的订户多半是与女性书店、同性恋书店或同类型出版社相关的书业人士，而BTWOF所诉求的对象则是一般的读者。

BTWOF的网页让人觉得阅读是一件欢娱之事，书讯中的一般妇女版（More Books for Women），是由芝加哥的女性书店“妇孺优先”负责，内容多半是店主与店员所撰写。

不可否认的，网络虽然发达、各种声光娱乐愈来愈多，然而爱读纸本书的人还是存在。但席洁发现许多人进入书店（无论是实体或虚拟）并不知道要选什么书来读，毕竟信息太多，就等于没有信息，她因此有了这个电子书讯的点子。她针对女同性恋、男同性恋、一般妇女这三个族群而分别提供了三种版本的书讯。这些书讯以书的介绍为主，每月介绍二三十本书，内容不会长到令人不耐烦，但也不会短到搔不着痒处，其他还包含了一些作者采访、与书业相关的正面八卦等，席洁当然是女同性恋版的版主，男同性恋版由理察·拉邦提（Richard Labonte）负责，拉邦提曾在美国同性恋书店“不同之光”任职二十年，并替*FBN*写过八年的专栏，他和席洁都是书业熟悉的人物。至于一般妇女版，则由著名的女性书店“妇孺优先”主导，里面也包含童书介绍。每年每版的订阅费用仅有三十美元，多订一版还有折扣，而每收到一份订单，席洁都捐赠五美元给订户指定的社区团体。

我这些年长居旧金山，而她也住在此，但却一直没有与她联络，主要是我的个性有点自闭，若非必要，很少与人打交道。但我知道她有了BTWOF这个杰作，对书业还是如此关心，觉得应该写封电邮向她道谢，另外也提了些关于美国女性书店的问题。我在信里自我介绍了一下，心想十多年前碰过一次面，人家应该早忘了你。过两天我收到她的信，她说记得我们多年前的相遇，也详细回答了我的问题。如此信件往返，勾起了我

卡萝·席洁开过女性书店、办过纸本的《女性主义书店报道》，现在既是电子书讯BTWOF的创办人，又身兼出版社的总监，她与书实在有不解之缘。

想与她碰面的意念，只不过她的邮箱号码出现了UK（英国简写）的字样，显示她在英国。我回信告知，我目前住在旧金山，本以为可以见面聊聊，谁知她却在英国。她的信很快又来了，说她去年受聘主导英国一份有关辅导女性写作与出版的杂志Mslexia，几个月前卸任，接着在英国四处旅游，昨天才刚返回旧金山。看来这真是天意，我非得见她不行！

几天后，我们在教堂街（Church St.）上一家名为“XO”的咖啡厅见面，简述了彼此的过往。在英国一年的经历，让她深感美国对于同性恋、特别是女同性恋，仍然相当歧视，例如多数主流出版社忌讳女同性恋主题，也不愿促销女同性恋作家，许多女作家因而不愿意公开自己同性恋身份；男同性恋作家，则稍稍受到宽容。但是英国书业与读者普遍都能接受男女同性恋作家的作品，也不把含同性恋角色的小说视为异类，因此才能出现Sarah Waters、Ali Smith、Val McDermid之类受欢迎的女同性恋作家，前两者的小说都曾进入英国著名的文学奖项“橙奖”（Orange Prize）与“布克奖”（Booker Prize）的决选名单，后者则是通俗的侦探小说家，曾获一些侦探小说奖，作品也曾两度入围“爱伦·坡奖”。

谈到未来，席洁虽还主持BTWOF，但单靠订户的订阅费，当然不可能维生，她目前还担任“滨水出版社”（Bywater Books；专门出版女同性恋小说）以及此出版社的附属公司“血腥英国佬出版社”（Bloody Brits Press；专门引介英国侦探小说到美国）的总监。对她的活跃，我表示佩服。她半认真半玩笑地回说：“作为一个老女人、尤其是一个单身老女人，生活格外艰难。”我当然理解，特别是她所处的书业，更是如此。只不过她年已六十上下，看起来仍像十多年前般的学生模样，让我觉得生气蓬勃。这又是一个老得很带劲、老得很好看的人。

INFO

BTWOF
WEB
www.btwof.com

滨水出版社
WEB
www.bywaterbooks.com

血腥英国佬出版社
WEB
www.bloodybritspress.com

Mslexia 杂志
WEB
www.mslexia.co.uk

无歧视年代来临

同性恋书店在美国

Gay & Lesbian Bookshops in the USA

同性恋书店辛苦经营，只为落实同性恋思想解放运动，
创造一个性别无歧视的空间。

英国大文豪奥斯卡·王尔德（Oscar Wilde）除了以撰写剧本如《温夫人的扇子》、《不可儿戏》等闻名于世外，其对唯美主义的倾心及实践，在当时社会更是少有人能匹敌，王尔德也因此项“美”名，在1882年受邀至大西洋的彼岸——美国，去宣扬他的唯美观点。王尔德那时万万不会想到，在几十年后，美国居然会出现一家以他为名的书店。

“奥斯卡·王尔德纪念书店”（Oscar Wilde Memorial Bookshop；成立于1967年；以下简称“王尔德书店”）倒非为彰显大作家的文采或是唯美风格，其创立之因，最主要在于纪念王尔德因同性恋罪名而被起诉，两度入狱的不幸事件。

卖场只容旋马（不到八坪）的“王尔德书店”是全美第一家公开的同性恋书店，创始人葛瑞克·罗德威（Craig Rodwell）自1950年代末期就是著名的同性恋平权运动抗争者。

这家书店位于纽约市格林威治村的克里斯多福街（Christopher St.），离此几步之遥就是赫赫有名、引爆现代同性恋解放运动的圣地——“石墙酒馆”（Stonewall Inn），1969年6月28日，一场警察与同性恋者间的冲突在此发生，媒体将这整个事件名之为“石墙暴动”（Stonewall Riots）。

↑ 位于纽约市格林威治村的“王尔德书店”是全世界第一家同性恋书店。

← 如此的摆饰，一看就知道是以同性恋为主题的书店。

类似“王尔德书店”的同性恋书店，在“石墙暴动”之后，逐渐在全美出现，据保守估计，目前共有五十家左右，其中甚至包括“不同之光”（A Different Light）与“兰达升起”（Lambda Rising）两家连锁店，并各有三家门市。

扮演服务和咨询的角色

这些同性恋专门书店，主要以贩卖男、女同性恋（包括双性恋）为主题的出版品，内容包括文化、心理、社会、历史、法律等各角度的探讨。同时，由于近年来艾滋病横行，书店中一定有专区放置相关的医疗丛书。此外还有一些书籍是针对同性恋者的父母、

“王尔德书店”的女经理金·布琳史特（Kim Brinster）与顾客一起翻看书籍。

“王尔德书店”的明信片与名片。
Courtesy of Oscar Wilde Memorial Bookshop; Postcard artist: Todd Neal

朋友、子女而设计，这是为了帮助他们以平常心去理解、对待同性恋者。然而，书店中数量与销售最多的，往往不是这类实用书籍，而是以同性恋为主题的小说。

除了贩卖出版品（包括书、杂志、录影带、海报、卡片等），同性恋书店多半在社区中扮演了服务和咨询中心的角色。

例如“不同之光”旧金山分店，为了赢取社区的认同，店中附有影印每张五分的廉价服务。位于费城，被喻为最美丽、最有气质的同性恋书店——“曲凡尼之室”（Giovanni's Room），则以家的温馨欢迎所有的人，店中有画、有花、有壁炉、有布沙发。曾经在图书馆服务的信息职员泰德·菲格（Ted Faigle）表示，许多初抵费城的同性恋者，常常先到“曲凡尼之室”报到，探询一些消息，以便及早对这个城市有所了解。

出版社介入同性恋市场

美国同性恋书店的发展，除了归功于1970年代起的同性恋解放运动外，还与出版界的投入息息相关，小型独立出版社如“艾利森”（Alyson Publications；成立于1979年）专出以同性恋为主题的书，其中并包括了给小孩看的童话系列，例如“海乐有两个妈咪”、“爹地的室友”等图画故事书。“奈也德出

“兰达升起”每年颁发兰达文学奖。

版社”（Naiad Press；成立于1973年）则为第一家专门出版女同性恋书籍的出版社。其他如纽约大学、天普大学等学院派出版社，以及主流出版社如“旧金山哈泼”（Harper San Francisco）、“美国企鹅”（Penguin USA）、“圣马丁”（St. Martin's）等，都介入以同性恋者为诉求的市场。

为了积极推广同性恋的相关书籍，美国出版界（包括出版业、经销商、书店）的同性恋人士，组成了一个拥有五百人的庞大组织“出版三角”（Publishing Triangular；成立于1988年），每年定期开会，其最大的成就之一是将每年的同性恋尊严月（Gay Pride Month）——6月，也订为同性恋书月（Lesbian and Gay Book Month）。1992年6月的第一届同性恋书月才开始便引起相当的响应，不少书店和图书馆都特辟专区或橱窗展示、促销相关书籍。

惨淡经营到市场看好

此外，西雅图的同性恋书店“超越密室”（Beyond the Closet）的店主朗·怀特克（Ron Whiteaker），也于1991年发起了一个“同性恋书商网络”（Gay & Lesbian Booksellers Network）的组织，旨在强化书商的销售能力，并且一同联合让出版商了解市场需求，促使他们更认真地处理同性恋的书籍。

“兰达升起书店”则于1987年办了《兰达升起书报》（*Lambda Rising Book Report*），为全美第一份纯粹以同性恋主题书籍为焦点的书评杂志；它并于两年后设立“兰达文学奖”（Lambda Literary Awards），每年颁发各类奖项给以同性恋为主题书写的优秀作家。[①]

多数同性恋书店、出版社的主持人与职员，本身就是同性恋者，他们在创业之初，通

美国的独立宣言在费城宣告，这个自由的象征地不仅是同性恋电影《费城》的拍摄地，也是同性恋书店“曲凡尼之室”的据点。

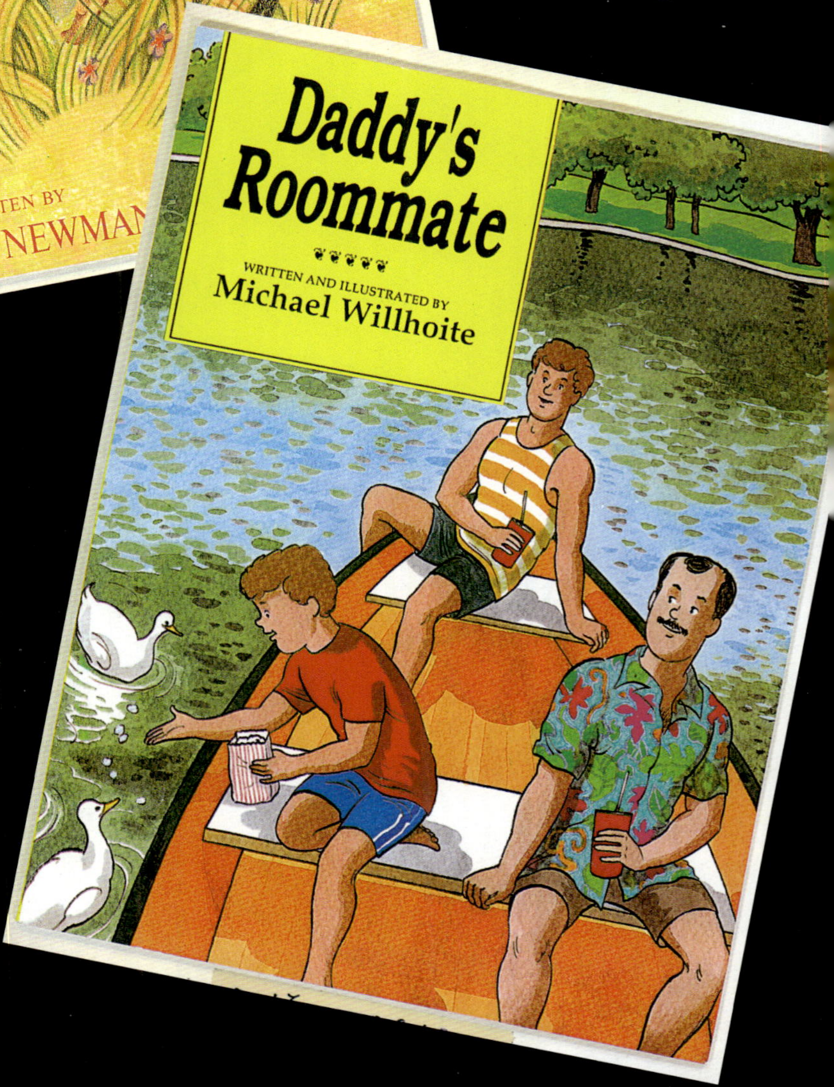

“艾利森出版社”专出以同性恋为主题的书，其中包括“艾利森乐园”童书（Alyson Wonderland）系列，例如“海乐有两个妈咪”、“爹地的室友”等书。*With permission by Alyson Publications Inc. Los Angles CA*

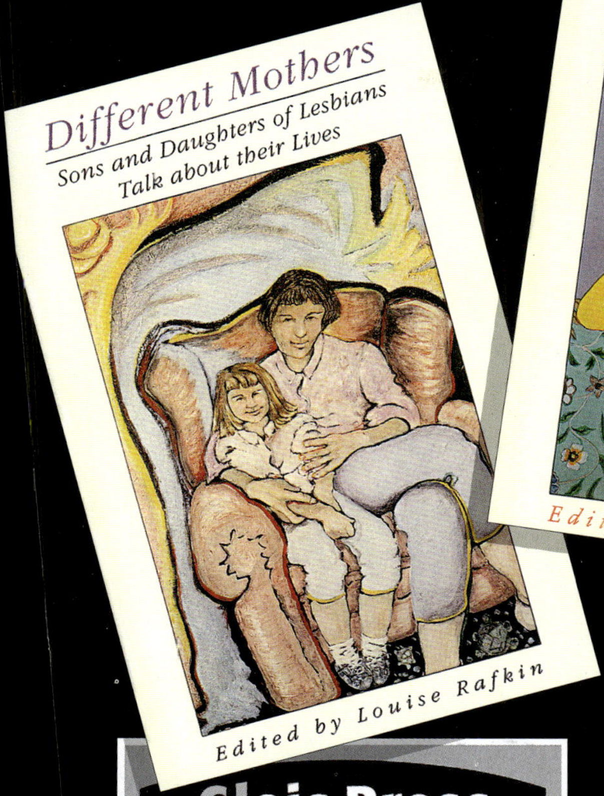

克来丝出版社专门出版有关女同性恋的书籍，涵盖主题极为丰富，例如*Different Daughters*是二十五位母亲写到她们与同性恋女儿关系的选集；*Different Mothers*则是三十五位小孩（年龄由五岁到四十岁）谈论他们的同性恋母亲的选集。*Susie Sexpert's Lesbian Sex World*是女同性恋作家苏西·布莱特（Susie Bright）的文集，布莱特自称sexpert（性专家；sexpert 是故意将sex、expert 两字结合），以大胆、风趣的角度探讨女同性恋情欲世界而闻名于欧美。*Courtesy of Cleis Press*

美国同性恋书店

曲凡尼之室
ADDRESS
345 S. 12th St., Philadelphia, PA19107
TEL
215-923-2960
WEB
www.giovannisroom.com

“不同之光”旧金山分店
ADDRESS
489 Castro St., San Francisco, CA 94114
TEL
415-431-0891
WEB
www.adlbooks.com

“不同之光”西好莱坞分店
ADDRESS
8853 Santa Monica Blvd. W. Hollywood, CA 90069
TEL
310-854-6601

“兰达升起”华盛顿特区总店
ADDRESS
1625 Connecticut Ave. NW, Washington D.C. 20009
TEL
202-462-6969
WEB
www.lambdarising.com

“兰达升起”巴尔的摩分店
ADDRESS
241 W. Chase St. Baltimore, MD 21201
TEL
410-234-0069

“兰达升起”雷后波斯滩分店
ADDRESS
39 Baltimore Ave. Rehoboth Beach, DE 19971
TEL
302-277-6969

克来丝出版社
ADDRESS
P.O. Box 14684, San Francisco, CA 94114
TEL
415-575-4700
WEB
www.cleispress.com

常都是惨淡经营，心存落实同性恋思想解放运动的念头，并不敢奢望有什么丰利，但是在他们个别努力的经营和合纵连横的运作下，同性恋相关书籍不论在出版或销售上，目前都有很好的成绩。例如华盛顿特区的“兰达升起书店”在1974年成立时，仅有三百种书，每天平均收益低到二十五美元，而今店中至少拥有两万种书，年收入高达一百五十万美元。美国《出版者周刊》及《华尔街日报》都曾特别专文报道，同性恋者的众多人数及高阅读率，已经成了许多出版社看好的利基市场。

书店遭到骚扰时有所闻

这些现象是否意味着同性恋者已为美国一般社会所接受了呢？答案可能还是否定的。例如许多综合书店依然拒绝特辟同性恋书区；主流出版社除了“美国企鹅”、“圣马丁”外，多半对同性恋作者或相关书籍吝于强力宣传；同性恋书店受到骚扰的消息也时有所闻。

“曲凡尼之室”的店主爱德·何门斯（Ed Hermance）无奈地表示，“曲”店曾有几次被人击破玻璃的经验，但是与同州（宾州）兰卡斯特镇（Lancaster）的同性恋书店“密室”（The Closet）相比，“曲”店要幸运得多了；“密室”曾两度历经爆炸案，而被迫于1992年5月关闭。

诚如身为女同性恋者的“奈也德出版社”创办人之一——芭芭拉·格丽儿（Barbara Grier）在接受《出版者周刊》访问时表示：“我们依旧处于一个恐惧同性恋的社会，仍然有许多的墙要击碎。”综观美国书店业、出版界的表现之后，如果美国的同性恋者认为社会之于他们，仍像一道“石墙”，那么台湾的社会则该被比喻为“铜墙”了！

---

① “lambda”（译为“兰达”）为希腊字母，象征“解放”、“正义”之意。

“不同之光”纽约店的彩虹旗不再飘扬。

Update for 2002

后续笔记

这几年美国同性恋书店和女性书店的处境其实很像，由于大型连锁书店、网络书店的竞争，导致他们的营业额下滑，但是多数书店还是咬紧牙根撑下去，既然不能大力开源，就想办法节流，如精简人力、减少支出等，例如“不同之光”连锁书店在2001年初经营权转手，继任者为了稳健财务，将租金高昂的纽约分店暂时关闭，以便全力专注于加州旧金山与洛杉矶两家店的经营。此外，有些书店也通过自己的网站向读者喊话，希望同志能帮同志，“曲凡尼之室”并提供网络购书服务，同时也在其网站中确切地说明他们的服务比 Amazon.com 好在什么地方。

虽然波士顿市最老的同性恋书店Glad Day Bookshop在营业二十一年后，因房东出售店址所在地，而在2000年夏天关门大吉，但一些书店还是有好消息。1997年7月我造访纽约格林威治村的“王尔德书店”，发现不仅店面扩大了，而且内部焕然一新，原来是书店易手，新任主人赖瑞·林戈（Larry Lingle）在德州休斯敦与奥斯汀两个城市本就拥有两家同性恋书店“灰狼”（Lobo Bookshop & Cafe），他在1996年买下这家店，重新装潢并强化书种，同时委请老友金·布琳史特（Kim Brinster）任经理，金是个公开承认性取向的女同性恋，她表示书店重新开张以后，读者更为捧场，但愿这家世界最老的同性恋书店能屹立不摇。

Update for 2007

后续笔记

世界第一家同性恋书店“王尔德”的现任店主，是一对女性伴侣金·布琳史特（右）和珍奈特·莱亚－丽熏。*Courtesy of Kim Brinster*

2007年是“奥斯卡·王尔德纪念书店”（以下简称“王尔德书店”）创立四十周年，大家在庆祝之余，也不免捏了把冷汗。这家被公认为全世界最老的同性恋书店，数年来历经波折，有几度几乎就要结束营业。

十年前，《书店风景》第一版出版后不久，我曾经再访“王尔德书店”并亲赠我的书，以答谢书店允许我在书中使用他们的明信片、名片等图像。当时书店已经换了主人，由经营德州同性恋书店“灰狼”的书商赖瑞·林戈买下了此店，接待我的是女经理金·布琳史特（Kim Brinster）。但是到了2003年，由于林戈不堪六年的亏损，因此对外宣布要结束营业。就在“王尔德书店”行将关门大吉之际，另一家同性恋书店“兰达升起”的主人迪肯·麦克库本（Deacon Maccubbin）出面买下了这家历史老店。

迪肯本人在接受媒体采访时，表示自己曾经在1972年拜访过“王尔德书店”，因而引发他在1974年在华盛顿特区开了同性恋书店“兰达升起”，日后并在其他州开了几家分店。迪肯明知“王尔德书店”赔钱，却还是执意买下，理由无他，无非就是不愿意看到这家曾经启迪他的书店倒闭，他相信自己可以让书店的年亏损降到一万五千美元，对于一家具有历史象征意义的书店，他表示这个数字是值得投资的。

但是到了2006年初，迪肯开始觉得撑不太下去了。就在此时，在公司工作超过十年的经理金和她的伴侣珍奈特（Janet Layard-Liesching）从迪肯手中买下了“王尔德书店”的所有权。原来金刚巧在书店危难之时，从一位没有子女的亲戚那儿，分到了一笔遗产，这笔意外之财，让“王尔德书店”因此能迈向四十个年头。这一年的5月，出版三角组织也颁发了一个特别的领导奖项给“王尔德书店”，以表彰书店长期以来

对同性恋族群所作的贡献。若是你对“王尔德书店”的历史有兴趣，建议你可以观赏Youtube网站上所张贴的一个短片①，书店经理Cecilia Martin是片中的主角，由于她在书店已经服务好几年，因此能侃侃而谈。

“王尔德书店”的主人金与一群来自美国威斯康辛大学麦迪逊分校（University of Wisconsin – Madison）的学生欢乐合照。为了让学生能够认识同性恋平权运动的历史与现况，此校特别开辟了一门三个学分的课，由学生在两星期内乘坐巴士拜访几个大城市参与平权运动的人士与地点。“石墙酒馆”旁的“王尔德书店”自然是不能错过的地方。*Courtesy of Oscar Wilde Bookshop*

金与我在访谈中表示，她之所以买下这书店，实在是因为自己对它有太多的感情，这是她最爱的一份工作，她也无法想象自己去其他的地方服务。她非常感激迪肯仅仅向她收取库存书的价格，而没有多收取其他费用，书店的转移含有极大的善意。被问到她在成为店主后，所面临最大的挑战，她不假思索地说：“让书店继续存活下去。” 她了解经营独立书店有许多困难，但她企图做各种的尝试来增加书店的收益，此外，她强调自己并非一个完全利益导向的人，她只能尽力去做，走一步、算一步。如此只管今天、不想明天的想法，确实是许多独立书店赖以维系的动力，我只希望幸运之神能一直庇佑金、庇佑“王尔德书店”、庇佑其他的独立书店。

几家重要的同性恋书店，例如“不同之光”、“曲凡尼之室” 都还幸存，但是成立于1973年的“灰狼”，在卖掉 “王尔德书店” 几个月后，把两家店面都收了。另一家西雅图的“超越密室”，则在开店十八年后，于2005年画下句点。

Note 2009

“王尔德书店”因为不断亏损、难以为继，在2009年3月底结束营业。但还保留其网站（www.oscarwildebooks.com），以供凭吊。

① www.YouTube.com/watch?v=DmxG-cW_YSg

另一种开放空间

同性恋、书店、图书馆

Homosexuality, Bookshops & Libraries

卡斯楚街、不同之光书店、哈维·米尔克图书馆
这些公共的空间，象征着社会的开放。

每年6月已成为许多地区的“同性恋尊严月”（Gay Pride Month），这最主要是纪念1969年6月28日在美国纽约市格林威治村“石墙酒馆”所发生的暴动，起源于同性恋者受警方羞辱的冲突事件。1992年6月，在没有预期的情况下，我的一趟美国行竟成了一次发现同性恋之旅。

同性恋者的尊严

西雅图是我停留的第一站。每每初到一个地方，我总是会习惯性地浏览当地的书店、图书馆，西雅图的市立图书馆就在市中心，很难不注意到它，一进大门就看到入口处正中央的橱窗，贴着“同性恋尊严月”的字样，橱窗内摆了一些以同性恋为主题的书、照片，还有一篇女同性恋者“现身”的感人文章。见我看得入神，一位馆员跟我解释，此年是全美图书馆第一届举办的同性恋月，希望能让大众了解并尊重同性恋者。这个橱窗是由一位热心的女同性恋馆员南希所布置，她也就是那篇文章的作者，稍晚我见到了南希，她亲切地和我聊着，得知我下一站要到同性恋的大本营旧金山，她建议我若有机会，一定要去参加那儿的同性恋大游行。

一个星期后我到了旧金山，很不巧，我并没有赶上大游行的盛况，但是却另有收获，首先，我到市立图书馆询问了世界知名的同性恋街卡斯楚街（Castro Street）的所在，以便拜访街上的一家同性

←↑ 美国东岸旧金山市的卡斯楚街已成为同性恋解放的代名词，街上最重要的两个标志是“卡斯楚戏院”与“不同之光书店”。在这里处处看得到男生牵男生的恩爱景象，没有人会觉得扭捏，更没有人投以异样眼光，因此当我拿着相机取景时，也不会有人恶言相向或闪躲镜头。

恋连锁书店“不同之光”（A Different Light Bookstore），一位馆员告诉我公车路线还画了个简图，并顺口提了附近有一间“哈维·米尔克纪念图书馆”（Harvey Milk Memorial Library）是市立图书馆的分馆，如果我对同性恋文化感兴趣，不妨顺道去看看。

每年6月份旧金山的同性恋大游行，像嘉年华般热闹非凡，吸引了来自世界数十万甚至上百万人来参观。游行里总会出现象征同性恋自由与多元的巨幅彩虹旗。彩虹旗之所以在同性恋社群如此普及，得归功于旧金山的艺术家吉伯特·贝克（Gilbert Baker）。贝克在1978年率同三十位义工亲手染色并缝制八个颜色的彩虹旗，他并赋予每个颜色特殊意义。经由一些演变，原始的彩虹旗由八色简化成了现在普遍所见的六色（红、橙、黄、绿、蓝、紫），少了粉红与靛蓝。每到同性恋大游行时，原始八色的彩虹旗就会亮丽登场。

除了6月份的大游行，旧金山另一个受到同恋欢迎的著名活动是每年9月最后一个星期日举行的“佛尔森街节庆”（Folsom Street Fair）。这个节庆企图提供一个安全的场所，让具有另类生活方式的族群（特别是对皮革、虐待、被虐、变装有癖好者），能有一个表达自我、趣味、嬉闹的机会。市政府在这天特别把介于第七到第十二街的佛尔森街封锁，变成节庆专区，以让进场的参与者能玩个够。无论是YouTube 或 video.google网站上，都有许多关于同性恋大游行与佛尔森街节庆的纪录影片。

这是西雅图市立图书馆在同性恋月特别布置的主题橱窗。

卡斯楚街市长

“不同之光”店内分门别类地摆着与同性恋相关的图书、杂志与海报，我从架上拿了一本哈维·米尔克的传记，书名为《卡斯楚街市长》（*The Mayor of Castro Street*），细细地读了前言，才知道米尔克是美国第一位公开同性恋身份的公职人员，经过四度竞选才当选旧金山市的督政，他在当选第二年（1978年），却不幸被反同性恋者枪杀身亡，享年仅四十八岁。米尔克生前曾在卡斯楚街上开了家照相馆，并以此为据点，致力于公共事务并促使异性恋者与同性恋者和平共处，因而赢得“卡斯楚街市长”的美名，虽然米尔克的死，引发了成千上万的群众暴动、示威，但是也使旧金山的这条卡斯楚街与纽约市格林威治村的“石墙酒馆”齐名，成为全世界同性恋者的朝圣地，至此，我终于明白为什么会有一间名为“哈维·米尔克”的纪念图书馆了。

纽约市民开心地在格林威治村庆祝“同性恋尊严月”。

↑ 广告看板上的信息是：王子和王子相伴搭船作一场爱之旅吧。
← 曾经引起暴动的“石墙酒馆”。

纪念图书馆内除了相关藏书外，还有不少来自各地的同性恋刊物，四周散放的圆桌，有不少人悠闲地围坐阅读，就如一般小型社区图书馆般的温馨、平凡，目睹这个景象，却让我感慨万千，如此的平凡，是经过多少的不平凡才换取的啊！而当时台湾的图书馆，却连同性恋的类别都不存在。离开卡斯楚街时，街道上的戏院闪着晶亮的霓虹灯，第十六届的旧金山国际同性恋影展正在进行，台湾导演黄玉珊的影片《双镯》是其中之一。

两年后，历经一番转折，我把《卡斯楚街市长》这本书的中文版（台湾译为《同性恋平权斗士》）引介给台湾的出版社，接着是另一本美国女作家萝·佛曼·杜（Robb Forman Dew）描述儿子坦承自己是同性恋后的深刻家庭记事*The Family Heart: A Memoir of When Our Son Came Out*（台湾译为《我的儿子是同性恋》），这两本书是台湾出版界最早关于同性恋者与同性恋者家属的传记。在当时，台湾尚未出现类似卡斯楚街、“哈维·米尔克纪念图书馆”或同性恋书店的开放空间，作为一个同性恋的支持者、一个文化工作者，我所能做的，至少是先让一些感人的故事可以在此流传。1999年，台湾终于出现了华文地区第一家同性恋书店“晶晶书库”，这确实是一件令人欣慰之事。

INFO

哈维·米尔克纪念图书馆

ADDRESS
3555 16th Street, San Francisco, CA 94114, U.S.A.
TEL
415-554-9445

晶晶书库

ADDRESS
台北市罗斯福路三段210巷8弄8号1楼
TEL
02-23642006
WEB
www.ginginbooks.com

Update for 2007

后续笔记

我在10月14日那天去卡斯楚区十六街上的Squatt & Gobble餐厅吃午饭，餐后我沿街散步，经过“哈维·米尔克纪念图书馆”（也就是“旧金山公共图书馆”在卡斯楚区的分馆），发现上面的布条写着此分馆在今年底重新整修。

↑↑旧金山公共图书馆在卡斯楚区的分馆——哈维·米尔克纪念图书馆。

↑许多男女同性恋、双性恋、变性者带着他们的私人照片到图书馆，供馆员挑选有纪念价值和故事性的精彩照片。

原本是星期天休馆的日子，但见大门敞开，人进人出，好像还有个派对。走进图书馆，馆内每张书桌都围满了人，热心的义工Jim Van Buskirk（为当地知名作家，并曾任总图书馆同性恋中心节目策划经理十五年）向我解释，这天正在进行一项活动 Shades of San Francisco Photo Day，主要是许多男女同性恋、双性恋、性别不明者带着他们的私人照片到图书馆，供馆员挑选有纪念价值和故事性的精彩照片。遴选的照片将成为总图书馆历史中心的档案，并且将于此分馆2009年完工、重新开幕时盛大展出，以彰显旧金山拥有多元色彩的包容性。

我在图书馆内发现了挂有一幅哈维·米尔克（Harvey Milk，1930～1978）的半身照，米尔克是美国第一位公开同性恋身份角逐并当选公职督政（city supervisor）的名人，当选没有多久以后就在市政府办公室被一位不喜欢同性恋者的警员Dan White枪杀，子弹同时也扫向了任命米尔克的市长，一案两命，造成了当时市区的骚动及大游行。我很想拍一张米尔克的照片留念，但是玻璃反光，数字相机又没偏光镜，因此只好作罢。一位馆员Karen Sundheim知道了我的遗憾，居然对我说，摄影师丹尼·尼克莱塔（Daniel Nicoletta ）就住附近，而且手上有他的电子邮箱号码，她当下问了我的联络方式、简单背景和需求，立即写了邮件并传送出去。等我回到住处，邮箱里已经躺着丹尼的信件。

丹尼慷慨答应给我高分辨率的哈维·米尔克照片档，并使用于《书店风景》第三版，他只要求我书籍出版后送他一本，另外还要一本中文版的《同性恋平权斗士》。他的邮件里附了电话号码，我打电话过去道谢。一聊之下，发现丹尼曾经在哈维·米尔克于卡斯楚街上所开的照相馆工作，照片中（右上角出现FILM的字样）就是米尔克要竞选督政时在照相馆前所摄。

更令人惊讶的是，不仅丹尼所拍的两张米尔克照片被选入《同性恋平权斗士》一书中，他的名字也在书中被提了两次。他真不敢相信我居然就是中文版的引介者！他还表示与米尔克的侄子Stuart Milk（也是一位公开的同性恋）是好友，希望自掏腰包多买一本传记，以便他能送Stuart。开什么玩笑？我岂能让他出这笔小钱呢！

哈维·米尔克逝世三十年，但是他的传奇与知名度却有增无减。此外，据传美国影剧圈有两组人马都在筹拍米尔克的传记电影，其中一组的导演是格斯·范·桑特（Gus Van Sant；以拍男同性恋为题材的电影 *My Private Idhao* 而扬名；基奴·李维是其中的主角），至于饰演米尔克的演员，则敲定一线男星西恩·潘（Sean Penn）。

↑ 英文字的“gay”、“queer”原本分别表示“happy”（欢愉）和“odd”（怪异）的意思。曾几何时，这两个字眼竟然成了对同性恋者的代称（有时甚至是带着贬抑的意思）。“哈维·米尔克纪念图书馆”因而有一个专区（Misjudging a Book by Its Cover）放置一些被误解的书，这批书都是剧作家兼导演 F. Allen Sawyer的收藏，照片中这两张古典的图片是取材自绝版书中的内页或封面，将其放大后当海报装饰。

↙↓ 哈维·米尔克和《同性恋平权斗士》。右图（右上角出现FILM的字样）就是米尔克要竞选督政时在照相馆前所摄。
Photo © 1977 by Daniel Nicoletta

愿世界充满和平

洛杉矶“菩提树书屋”

Bodhi Tree Bookstore

推开大门，门铃声四起，东西方的先知、
圣雄，身处阵阵檀香和神秘乐音中。

初抵美国西岸大城洛杉矶，一心一意想造访的，不是好莱坞影城、不是贝弗利山庄，更不是马里布海滩或蒙特利公园，而是一间仰慕已久的书屋。

开着租来的小车，不停地盯着手边地图和街道指针，一路上寻寻觅觅，总算到达了朝圣地——“菩提树书屋”（Bodhi Tree Bookstore）。

一进大门，风铃声四起，整个人立刻为阵阵檀香和神秘乐音所笼罩，除了书以外，“菩提树书屋”最引人注目的，是周遭墙面上挂着东、西方著名的先知、高僧、圣雄、教宗、喇嘛、祭司、布道家、预言家及灵媒等的照片，注视着来来往往的读者。光是从店名、气味、音效的布置上看来，“菩提树书屋”的取向似乎已不难揣测。

照亮人类的心灵

1960年代，两位研究航天科技的美国工程师菲尔·汤普森（Phil Thompson）和史坦·麦得森（Stan Madson）相识于国际弹道飞弹中心，闲暇时经常畅谈人生哲学与分享读书心得，发现彼此热爱和平更甚于研究战争，于是双双辞职，并于1970年携手共创“菩提树书屋”，专卖一些能“照亮心灵的书籍”，包括东、西方各类哲学、主流与非主流

位于美国加州西好莱坞的“菩提树书屋”。

宗教派别、形而上学、心理学类的书籍，即使是占星、卜卦、通灵类的书，也以开放心态一视同仁。

这样一间书店，必定呈现强烈的理念倾向，因此，“菩提树书屋”东侧摆置了与东方传统如佛教、印度教、韩国大同教、日本神道教、回教、禅、瑜伽等相关的书；至于源起西方的基督教、犹太教、摩门教及心电感应研究、自我治疗法方面的书，自然是放在西侧。此外书屋内附设陈售一些有助冥想、身心松弛的相关物品，如神像、音乐卡带、香、香油、蒲团、压力测试表，甚至还有算命用的纸牌、水晶等。另外一间独立建筑，专卖同构型的二手书。

读者在书屋中找寻“照亮心灵的书籍”。

愿世界充满和平

以“菩提树”来命名书屋，具有强烈的象征意味，相传释迦牟尼在尼连禅河边上的一株菩提树下，静坐悟道。而事实上，在书屋后院也的确植有一株枝叶茂密的菩提树，旁边摆了张躺椅，树荫底下好沉思。几公尺外的花坛中，则竖了木条标语，以英、日等文分别写着“愿世界充满和平”字样。自开幕以来，“菩提树书屋”的生意一直很好，原先只有两千种书，而今单是每年采购的新书就不止这个数字，总藏书量至少高达五万册，同时书屋也扩建了三倍。

"菩提树书屋"每季定期发行书讯（注：最后一期为2003年春季）。*Courtesy of Bodhi Tree*

←← 书屋经理拉宾杰与儿子库伯在菩提树下。
←书屋创办人之一菲尔·汤普森（左）与史坦·麦得森（右）。
Courtesy of Bodhi Tree

彻底实践生活价值观

值得讨论的是，“菩提树”之所以规模日益壮大，最主要是负责人一开始并不将书屋仅视为一门“生意”来经营，而是怀着浓厚的理想色彩，把个人的生活价值观，彻底在工作场所中实行，使我们看到一种良好的示范。例如他们力主身体力行，所以在装潢期间，凡是书架的设计、打造、墙壁的粉刷、地板的铺设，全都自己动手，顾客也能参与意见；例如他们以互信为出发点，因此，顾客使用支票时，不必出示证件以验明正身；例如他们倡导环保与素食健身，所以开辟了相关书区。此外，书屋中四处散置座椅，还贴心地在一角备有免费药草茶，供顾客随意取用。菲尔与史坦希望“菩提树”的存在，能对社区产生潜移默化的效果，化解暴戾与愤怒，如此看似无为却有心的经营哲学，深深感动了顾客。

虽然近几年来，许多原以美国东岸为大本营的一些著名连锁书店，例如“邦斯与诺博”（Barnes & Noble）、“瑞柔丽”（Rizzoli）、“布蓝汤诺”（Brentano's）等，纷纷到洛杉矶成立门市，但是顾客对“菩提树”的忠诚度却丝毫未减，许多顾客甚至进一步要求在此服务。每星期“菩提树”大约收到十来张履历表，所以，人力短缺的现象从不曾发生，永远有人在候补，能在“菩提树”工作似乎是一项莫大的荣耀。

书屋有温和的药草茶，免费供人取用。

↖ 鱼眼镜头下这个“菩提树书屋”的书籍陈列室，摄于上个世纪70年代，而今此处已经成了客户服务区。*Courtesy of Bodhi Tree*

↑ “菩提树书屋”在创立之初，一切的装潢、粉刷都是由书店的人员亲自动手。*Courtesy of Bodhi Tree*

← 这张颇有嬉皮风的老照片，是“菩提树书屋”早期的员工在店面前的合影。我觉得画面中的那群男男女女不像是工作伙伴，反而比较像是一个和乐大家庭的成员。*Courtesy of Bodhi Tree*

顾客与员工忠诚拥护

现有的六十五名员工中，固然有些只是短暂的兼职，却也不乏工作十年以上的“元老”。书店经理马克·拉宾杰（Marc Labinger）服务时间近二十年，对于“菩提树”尤其有一份特殊的情感，他在这里与太太相识、相恋，最后结婚、生子，甚至希望终老一生。

由于地处西好莱坞区，“菩提树”的客层中有不少饱受压力的演员及模特儿，或是正焦急地等待着被挖掘的明日之星，到此寻求心灵药方。著名男星史恩·康纳莱和醉心神秘主义的女星莎莉·麦克琳，以及《侏罗纪公园》的作者迈克尔·克莱顿等，都曾是“菩提树”的常客。

“菩提树书屋”长期的努力与坚持，明显地赢取了员工及顾客的心，成为它最佳的资产。

菩提树书屋

ADDRESS
8585 Melrose Avenue, Los Angeles, CA 90069, U.S.A.
TEL
310-659-4428
WEB
www.bodhitree.com

在新时代书店中，经常看得到东方的佛像与风铃。

“新时代”言辞之争

与“菩提树”同构型的书店，被许多人归类为所谓的“新时代书店”，根据“新时代出版商与零售商”（New Age Publishers and Retailers Association；简称NAPRA）1993年的估计，全美约有一百二十家，同时还有扩增的趋势。然而，讽刺的是，此类型书店多数不愿被贴上“新时代”的标签。

近几十年来，美国社会流行着一股“新时代运动”（New Age Movement）的风潮，一本以《新时代》（*New Age Journal*）为名的双月刊杂志，拥有高达十八万名的订户。但是，真要为“新时代”定义时，却又少有人能说个清楚，最主要是它并没有正规的组织与教义。

综合归纳起来，“新时代运动”是一种生活价值观、人生态度的取向，其倡导“关怀社区、爱好和平、追求身心平衡及性灵成长、开发自我潜能、反对盲目崇尚科技”等，凡是有助于达到这些目标的理论或技巧，一概来者不拒。

由于“新时代”没有明确的定义，却又过度被滥用，再加上许多不明就里的人，只是一味地把“新时代”和水晶占卜、通灵经验、催眠术之类的枝节末流画上等号，导致不少媒体的曲解与嘲弄。NAPRA的发行人玛丽莲·麦盖尔（Marilyn McGuire）留意到一些致力心灵改造的严肃之士，拒绝和“新时代”挂钩，她并预测这个名词很可能在不久的将来，会变得空洞化。

纽约市的“山姆·怀勒书店”（Samuel Weiser Inc.）则认为“新时代”太具限制性，主张不论是新时代、旧时代或现时代的人，都是服务对象，他们自1926年开店以来，一直以“形而上书店”（Metaphysical Bookstore）自居。华盛顿特区的“也是书店”（Yes Bookstore）则以“超个人”（trans-personal）来定位。

不少哲学家与心理学家却对这些书店使用“形而上”、“超个人”之类的字眼感到不安。圣地亚哥州立大学哲学教授华珊嘉（Sandra Wawrytko）在课堂上，就特别声明哲学上所讨论的形而上学，和这些书店所指的形而上学，绝对是两码子事。

不论是“新时代书店”、“形而上书店”或“超个人书店”，皆可视为一种“言辞之争”（verbal debate），这些书店葫芦里卖的药（书）其实都差不多，一言以蔽之，就是“菩提树书屋”所言——“照亮心灵的书籍”。

这家所谓的“形而上中心”其实是销售与占星术相关物品的商店。

Update for 2002

后续笔记

1998年夏天我再度重访“菩提树书屋”，距离第一次有四年之久了，书屋的外观、内部陈设与飘浮的气味都一样，连免费供应的药草茶都还是安置在同一个地方，院落中的菩提树仍然茂密，旧地重游，却也有新收获。因为是一大早就到，正好在一旁见证了创办人之一史坦·麦得森带领店员们的每日会报，整个过程平顺祥和，最后大家共同冥想一分钟，并在一声清脆的钟声下结束。会后，我有幸与史坦会谈，他亲切沉稳、不卑不亢的态度，让人能感受到这家店的诚恳。此外，我二度与经理拉宾杰重逢，他告诉我，上回见到的儿子已经六岁了。在这个流变的世界中，能看到这家特色书店依然屹立不摇、书店的经营者没有一换再换，作为一个念旧的文化人，我只觉得满心欢喜。同一个旅程中的另一项惊喜，则是造访了“菩提树书屋”正对面的邻居“遗产书店”，这家书店专营珍贵的古书，在全世界享有盛名，我将特别在下一个篇章中专文介绍。

Update for 2007
后续笔记

我一直很喜欢老牌名女星莎莉·麦克琳（Shirley MacLaine；生于1934年），特别是她主演的电影*Terms of Endearment*（改编自《断背山》编剧Larry McMurtry 的同名小说，台湾翻译为《亲密关系》），但不知道其实她还写过几本被归类为“新时代”的畅销书，是关于她个人感应前世今生、通灵等的历程。她在1983年出版的*Out on a Limb*一书中，特别在第三章（四十五页到五十页）提到，她被一位精神与生活上的朋友兼导师首次引领到“菩提树书屋”的经验，里面也描述了人们喝着药草茶、书店熏香漂浮的景象，麦克琳在朋友与店主“约翰”（John）的协助下买了一堆书（包括《易经》《老子》）回家，准备研读一番，即便当时有五个剧本正等着她看。第七章（一〇三到一〇九页）她提到独自返回“菩提树书屋”，和留着胡子的“约翰”讨论轮回等神秘经验。我后来问史坦，他就是那个“约翰”吗？史坦说麦克琳是个有创意、很会说故事的人，“约翰”其实是她融合史坦与一些店员的总合。后来麦克琳现身说法，把此书拍成六小时的电视迷你剧集，于1987年播出，部分场景就是在“菩提树书屋”。史坦对我说，有一阵子书屋每天居然会有高达一千五百位顾客上门！由于麦克琳的知名度，再加上书与剧集的宣传，不仅让“菩提树”成了世界知名的书店，并带动了新时代、身心灵类别书籍的大量出版，全美主要城市也陆续出现专卖此类型书的主题书店。

为了要增订这本书，我想要使用几张“菩提树书屋”早年的一些历史档案照，也因此再和书屋的创办人之一史坦·麦得森联络上了。我们两人曾在1998年会晤，一晃眼就已经九年了。我对史坦说：“虽然有那么多年没再访‘菩提树书屋’，但是我对书屋的印象依然鲜明如昔，甚至还记得书屋内漂浮的一股混合着檀香、药草和不知什么的特殊气味……”我的描述让史坦非常乐，他说书屋的气味，确实已成为他们的注册商标之一，那独有的气味无声无息地跟着大家。有一回他去相片行买底片，才走进去，店员即刻对他说，他闻起来就像“菩提树书屋”，甚至连他们拿去银行存的钞票与硬币都沾了那气味呢！

一样的气味、一样的经营者、一样的理念。不可否认的，受到连锁超级书店、网络书店的冲击，“菩提树书屋”无法创造出二十多年前的超高营业额，店员也从全盛时期的近百人，逐渐降到现在四十多人（一半全职、一半兼职），但是在全美众多独立书店纷纷因经营不善而倒闭的情况下，以单一店面达年营业额三百二十万美元来看，“菩提树书屋”依然算得上是独立书店中的佼佼者，创办人史坦与菲尔一贯以顾客、员工为尊的作风，以及把工作与生活结合的理念，

由于莎莉·麦克琳的影响，“菩提树书屋”因此生意大好，但也过度扩张，小店曾经有过百名员工的纪录，太多的会议、太多的意见、太多的访客，结果造成许多经营、人事管理和客户服务上的问题，让店主史坦与菲尔心力交瘁。当时书屋的一位得力女店员珍·范·伦（Jane Van Loon）就画了这幅漫画鼓舞大家。画面中有好几只手奋力地在划桨，象征史坦与菲尔企图把小船（书屋）导向正途。*Drawing by Jane Van Loon; courtesy of Bodhi Tree*

也成为许多人开店的模仿对象。

史坦在2006年“全球新时代商展”（International New Age Trade Show, 2006）的一项采访中被问及，如果有人想开家新时代书店，他会有什么建议。史坦回答说：“当今也许并非开书店的最佳时机，但如果你感到那是你生命中的召唤、你对书店有热情，而它将成为你的庙堂，那你就去做，开书店或许不能赚什么钱，但是你将会有一段美好时光。”不仅是想开书店者，任何跟随热情的逐梦者，应该都会受到史坦这段话的鼓舞。

史坦在那项访谈里表示，早先成立“菩提树书屋”时，一切只是活在当下，从来没料到可以持续这么久，如今一晃已是三十六个年头了，他和菲尔都考虑着要找接棒人，而且最好就是现有的员工。他很希望书屋能恒长久远地开下去，虽然他知道这想法相当不切实际。

最后值得一提的是，我第一次在书屋碰到的经理马克·拉宾杰，今年正好在此服务届满三十年。他当初对我提到想在“菩提树书屋”终老一生的愿望，看来几乎已兑现了。

赌城中的常青树

拉斯维加斯“赌徒书店”

Gambler's Book Shop

建构在沙漠中的赌城，一切求新、求快、求变，
一九六四成立的“赌徒书店”是万变中的不变。

到美国内华达州的拉斯维加斯（Las Vegas）旅行可以有很多理由，在这里有众多巨型的购物中心、最便宜的吃到饱自助餐、最经济的旅馆（汽车旅馆可以低廉到一星期一百美元）、最刺激的拳击赛、最精彩的魔术表演、声光十足的歌舞秀及脱口秀、合法的应召女郎、最有效率的结婚服务（婚姻执照所平日开到午夜，一般法定节日则全天服务，在此结婚既不必等、也无须验血证明）。当然，对许多访客而言，这一切又一切的诱因都不会比处处林立、二十四小时不打烊的赌场来得大，事实上，前面所述的诸多现象，也多半是因为赌场的存在才会大大盛行。

探访最老的赌博书店

“赌徒书店”号称全世界此类型书店中最大、最久者。

当我向朋友们宣布，要到这个闻名世界的赌城去拜访一家书店时，有不少人认为我太过矫情了，去赌城就是要赌、要享乐、要堕落，何必故做清高状，有些人甚至还恶狠狠地反问我：“这个纸醉金迷的沙漠城市，会有文化吗？”大哉问！然而，当我继续解释道，我所要造访的是一家赌博书店后，众人立刻静默片刻。的确，赌博，这个自古以来就存在于人类中的活动，难道不能也算是一种“文化”吗？接着，奚落声转变成惊叹声，最后取而代之的，则是一片疑问声：“那到底会是一家什么样的书店呢？”

看到这群在沙漠中觅食的野山羊，很难想象不远处就是喧嚣繁闹的赌城。

这个疑问也同时在我心中盘旋着，这间“赌徒书店”（Gambler's Book Shop）号称为全世界此类型书店中最大、最久者，它的实际规模究竟如何，所卖的书种是什么？经营者的背景又为何？这些问题我虽然从研究资料中有初步的认知，但是，确切的状况也只有等我人去现场后才可能更进一步了解。

赌“书”非赌“输”

1998年8月下旬，我顶着华氏一百余度的高温，从大峡谷开车前往西北方的拉斯维加斯，一路上干旱异常、人烟稀少，就在靠拉斯维加斯近二十哩附近时，我居然在途中发现一群觅食的野山羊，简直难以相信喧嚣繁闹的赌城就近在咫尺，正当我还没完全回过神时，已见沙漠中渐渐浮现城市的影像，通过尘雾，一切仿如海市蜃楼般不真实。

白日的拉斯维加斯在缺乏晶亮霓虹灯的衬托下，宛如年老色衰的妇人卸下了满脸的妆，显得无精打采，我也觉得提不起一点儿劲，但是当我踏入书店后，精神就来了，这间店像是大学城附近的学院派书店，没有华而不实的装潢，但是书种的分类却极为详尽，四千多册与“赌”相关的书，细分为四十种类别，涵括了不同的赌博主题，例如扑克、掷骰子、轮盘、吃角子老虎、二十一点黑杰克、赛狗、赛马、宾果、乐透，甚至中国人的麻将、牌九等，其他还有篮球、棒球、足球、高尔夫球、曲棍球等运动下注，有些书是针对入门的菜鸟，有些则是为高段的老手所写。此外，店中还有赌场经营管理方面的书，以及由经济学、统计学、数学教授等所撰写关于赌博与机率的书。

如果你和我一样，是个既没赌本、也没赌瘾的人，前述那些属于技术层面的know-how书，可能吸引力不大，但是一些与赌相关的精彩小说大概会让你感兴趣，不过，真正让我眼睛一亮的是赌博社会学及心理学类别的书，我一直对于赌徒的心态与赌博的生态演进史感到好奇，这一区提供了不少心理学家及社会学家的研究著作。另外，我也喜欢书店中设置的历史、旅游与传记书区，想要了解拉斯维加斯的过去、现在、未来与人、事、物，在这一区搜寻绝对有丰富的收获，从这里，我得知拉斯维加斯是美国人口成长最快的城市，每个月平均有六千人移入，1970年，这里仅有十二万人口，1990年人口倍增到二十六万。外来的观光客，单是在1996年就已超过三千万人次，为赌场带来了共两百亿美元的收益，也难怪拉斯维加斯敢霸气十足地自称为“世界赌博首都”（The Gambling Capital of the World）。（注：拉斯维加斯的人口在2001年超过五十万，2007年超过六十万。）

↓赌城拉斯维加斯是纸醉金迷的代名词，每间赌场都以俗丽的灯光与色彩营造出虚幻的空间。
↓↓每年至少有两万五千人拜访“赌徒书店”。

博学多识的赌徒经理

一家好书店的首要条件，就是得要有好的店主或店员，当我和经理彼得·洛克曼（Peter Ruchman）一席谈后，几乎已经可以替这家书店打八十分。彼得虽然在此正式任职仅两年，但是他近三十年前起就已是这家店的忠实顾客，他是拉斯维加斯土生土长的当地人，对于拉斯维加斯的历史知之甚详，谈起赌场的变迁与掌故，如数家珍，虽然他曾数度搬出这个城市，最后还是回到故乡，彼得声称自己十三岁时就已涉足赌场（他解释当时的法令不怎么严格），因此“赌”对他一点也不陌生，他现在更利用他的专业知识，替不少家报社、杂志社撰写与赌相关的文章，其所涉及的范围极广，除了赌场赌博与运动下注的主题外，并教导读者如何在赌博中对自己的金钱作规划。另外，他每个星期四还固定接受当地某广播电台的电话专访，畅谈与赌相关的话题。当我拜访书店时，他正好在与节目主持人电话联机，畅谈篮球明星迈克尔·乔丹的动向及其与芝加哥公牛队的关系。彼得并不认为赌博是一件值得骄傲的事，他更强调“赌徒书店”的存在，并非在大力倡导赌博，但是，他也直率地表示：“‘赌’就像‘性’一样，一直属于人类所有，我们无法否认并杜绝它的存在，既然如此，何不就正视它？”

这间书店的创始正是源于这个哲学，约翰·拉可曼与爱德娜·拉可曼（John and Edna Luckman）夫妇是“赌徒书店”的创始者。开店之前，两人都在赌场中工作，约翰当楼面经理，爱德娜则任会计。约翰在赌场中看尽了众生相，他发现多数赌客对自己的所作所为毫无概念，于是他开始写了一些手册，针对每一种赌场中的赌法详细说明其基本的规则，他认为赌博是一种成人娱乐，人们无须舍弃它，只要清楚知道自己在做什么，并能从中得到乐趣即可。夫妇俩并在1964年成立了“赌徒读书俱乐部”（Gambler's Book Club），通过邮购方式贩卖自己所写的书，之后也出版他人撰写的相关主题书，原先他们设定这个俱乐部只是一个小型沙龙，同好们可以聚集在一起，边喝咖啡、边交换心得，但是规模愈来愈大，所以他们于1973年时，在现址开了门市部，开店之初并不容易找到好书，但是现在已有愈来愈多的玩家、学者投入写作行列，每几个月就有上百本的新书上市，同时也因科技的发达而多出了电脑赌博软件、教学录影带等，因而使得种类齐全。

约翰在1987年去世，而现年已七十五岁的爱德娜还是常在店中出没，管理财务与邮购事宜，不过她已将大部分书店的经营交给

↑↑ 曾经在赌场任职的约翰·拉可曼与爱德娜·拉可曼夫妇是“赌徒书店”的创始者。
Courtesy of Gambler's Book Shop
↑ 对拉斯维加斯的历史知之甚详的书店经理洛克曼，正与广播电台主持人电话联机对谈。

店中十来位员工。其中一位老臣，五十八岁的行销总管豪尔·史瓦兹（Howard Schwartz），也是店中的一则传奇。成长于纽约布鲁克林区的豪尔，在约翰过世后就到书店中服务，他之前曾在纽约、加州、蒙大拿州、密苏里州等处的报社及出版社工作。年轻时，豪尔靠着一套自行设计的赛狗下注方法，赚得研究所的学费，并使得他分别自堪萨斯州立大学及北科罗拉多州大学取得新闻与教育两个硕士学位。然而，他现在对赌博的兴趣只是纯研究，他每年阅读一百本以上与赌相关的书籍，搜集资料无数，并替五家媒体写书评，因此自拟为“赌徒的图书馆员”（a librarian for gamblers）。

SINCE GAMBLER'S 1964 BOOK GBC SHOP

保存赌城纪录的书店

由于赌徒书店的专业，使得许多作家在写书及剧本时，都会到此找寻参考书籍，不少好莱坞的电影公司在拍摄与赌博相关的剧情时，也经常向他们咨询意见，每年更有两万五千人由世界不同国家前来拜访书店，其中包括不少名人，例如明星保罗·纽曼、电影《四海好家伙》（*GoodFellas*）与《赌国风云》（*Casino*）的原著及改编作家尼可拉斯·裴勒基（Nicholas Pileggi）等。正如彼得所

↘ 吃角子老虎永远在赌场中占据最大的面积，至于胜算的机率为何，不妨到“赌徒书店”寻找相关书籍读读。

↓ 书店中可见以扑克牌为图案的卡片。

↖很少有城市像拉斯维加斯一样，对历史毫无眷恋与保留，这里四处都能见到旧建筑被摧毁、新建筑正在施工中。

↑ 六十七岁的豪尔·史瓦兹曾在“赌徒书店”任职多年，后来成为书店的主人，如今又将要寻觅接班人。*Courtesy of Gambler's Book Shop*

说，这个店中的顾客形形色色，站在你旁边的可能是赌场老板、作家、医生、金光党、魔术师、亿万富翁或是身着数千美元行头、却欠一屁股债的空心大老倌。

很少有城市像拉斯维加斯一样，对历史毫无眷恋与保留。在这个举世知名的赌城里，四处都能见到施工场所，不是旧建筑被摧毁就是新建筑正在大兴土木，至于内部重新装潢的现象，更是无时无刻不在进行着。世界前二十大旅馆中，单是拉斯维加斯就独占十三家，拥有五千零五间客房的MGM大旅馆更是世界最大者，经营者对过往不留念，他们只在乎一切求新、求快、求变、求大，赌场与旅馆不时地转手或并购，所幸“赌徒书店”保有这一切过往的纪录，并且在这股汰旧换新的潮流中能坚定地走过数十年，益发显得难能可贵，这也使得怀旧的旅人，在赌城依然可以安心地找到一个定点。

Note 2008

豪尔·史瓦兹本是“赌徒书店”的老臣，而今成了书店的主人。我在与他的电话访谈中，得知爱德娜·拉可曼（Edna Luckman）在2002年底去世，享年七十九。原任经理洛克曼约同时离职，由一位女士Maryann Guberman接任，她也书写、编辑与“赌”相关的书籍。豪尔对我说，爱德娜死前立了遗嘱，把“赌徒书店”赠与他，然而他年纪也大了，只要找到对“书”和“赌”两者感兴趣、价钱谈得拢的对象，他就会把“赌徒书店”卖了。书店有意出让的信息传出后，已经有人与他联络，据他表示，其中有一个是台湾人，当然，他不能告诉我名字。我比较好奇的是，到底有什么人能具备这几个条件，最后成为书店的新主人，我们等着瞧吧！

赌徒书店

ADDRESS
1550 E. Tropicana Ave. #4,
Las Vegas, NV 89119, U.S.A.
TEL
702-382-75555
WEB
www.gamblersbook.com

RARE & USED

古书店 · 二手书店

不容书史尽成灰

新堡“橡树丘书屋”

Oak Knoll Books

藏书超过四万册的“橡树丘”，为“有关书的书”，找到了一个栖身与流传之所。

对很多爱书人来说，在古书店里寻宝，大概是件再愉快不过的事了，我对古书的兴趣倒不一定在乎它是否为首版、限定本、羊皮装帧或是未裁切之类，古书的主题与内容往往才是我最大的关注焦点，在收藏的书种中，我最热衷的还是“有关书的书”（books about books），因此，当我知道美国东岸特拉华州的历史小镇新堡（New Castle）上有家“橡树丘书屋”（Oak Knoll Books）是专以有关书的书为主题的古书店后，我是无论如何也按捺不住前往拜访的意念了。

位于特拉华州新堡古镇的“橡树丘书屋”专卖“有关书的书”。

拜访心仪书店

1995年夏天到芝加哥出差时，我预先打了个电话给“橡树丘书屋”，表明了要一访书店的想法，接电话的是个叫爱丝特（Esther Fan）的女孩，客气地问我抵达的时间，以便安排与书屋主人罗伯特·弗列克（Robert Fleck）会面。几天后，我由芝加哥飞往宾州的费城，租了一部车在城中兜了一圈，并拜访了几家熟识的书店，入夜后投宿在一间汽车旅馆。第二日按照爱丝特电话中给我的指示，向西南方的新堡行驶，约莫四十分钟左右，我来到了“橡树丘书屋”，典雅的店招配上橱窗中的老式印刷机、装订机，把书屋衬托得亲切可人。

弗列克爱书成痴，连台灯座都是书的造型。

初与爱丝特碰面，双方都一愣，没想到两人都是一副黄面孔，寒暄之下才知道，爱丝特的父母早年自香港到美国求学、定居，她虽然生长在美国、不谙中文，却还是费力地拼凑出她的中文姓名“范嘉莛”。大学毕业后到“橡树丘”工作已两年的爱丝特，除了担任公关一职，并负责每期的书目编排，以便寄给世界各地约三千三百位的发烧友，她从电脑档案中查出台湾共有六个人在邮寄名单上，“橡树丘”的业务多半仰赖此类邮购，店里平常很少有顾客上门，爱丝特带着我一层楼一层楼地参观并耐心解说。

“橡树丘”有超过四万册的藏书（约有八千五百种书），全是有关书的书，范围涵括了图书史、藏书、目录学、出版、印刷、装订、书店、藏书票、图书馆、私人印刷、字体、制纸术、书籍设计等相关主题。一本有关印度手工制纸的书，内附二十七张样品纸，为1939年出版、作者签名、限量发行（仅三百七十册），价格高昂到两千五百美元；不过，二三十美元的平价书当然也不少。

等到三楼层逛得差不多时，已过正午时分，本想请爱丝特到外边吃个简便午餐，待下午再好好地与书屋主人畅谈，谁知爱丝特提议散步到隔邻的热食店买些三明治，然后移师到附近她租赁的公寓边吃边聊，如此热心的邀约岂可拒绝。

弗列克买下藏书家诺曼・布劳斯坦的所有藏书，成为“橡树丘”有史以来最大的一笔采购，弗列克特地出了几期目录作为专题。*Courtesy of Oak Knoll Books*

藏书家爱德华・纽顿在1918年出版的《集书的乐趣》，到现在一直都是藏书人的案头书，封面的图案为纽顿个人的藏书票，由高手精心设计。景仰纽顿的弗列克将此藏书票作为书屋的标志，用于信封、信纸和每月书讯上。弗列克不仅疯狂地收藏了与纽顿相关的作品，更出版了一本目录。

“橡树丘书屋”的橱窗中摆置了老式的印刷及装订器具。

爱丝特大学念的是英语系，主修新闻，在进“橡树丘”前，对于“有关书的书”这一领域所知有限，而今在耳濡目染下，愈来愈有兴趣。成长于电子时代的她，深深觉得学校教育虽然鼓吹知识的重要，却未能借由书籍艺术的角度让一般人对印刷书册产生特别的情感并进而收藏。1994年，“橡树丘”首度举办的私人印刷展，更是让她大开眼界，也奠定她向孩童推展藏书知识的信念。

工程师转为古书商

下午两点，书屋主人罗伯特·弗列克在他那四周布满珍本书的办公室与我侃侃而谈。大学时主修化学工程的弗列克，毕业后顺理成章地担任工程师，兼作古书生意，几年后却大胆舍弃工程而成为一名专职古书商，激发他这股热情的是20世纪初的一位美国著名藏书家爱德华·纽顿（A. Edward Newton），纽顿所著的《集书的乐趣》（*The Amenities of Book-Collecting and Kindred Affections*）一直都是藏书人的案头书，弗列克对纽顿的景仰展现在许多地方，店名“橡树丘”就是纽顿故居的街名，而纽顿的藏书票也成了书屋的标志，用于信封、信纸和每月书目的封面，弗列克不仅疯狂地收藏了与纽顿相关的作品，更出版了一本目录。

刚刚从事这一行时，弗列克在自家经营，全部的存货不过就是一整个书架而已，他常瞪着书架发呆，心想顾客到底在哪里？渐渐地总算摸出窍门，并成为业界中的翘楚，他不仅是“世界古书商协会”的一员，还在“美国古书商协会”掌财务之职，此外他还从事出版，每

“橡树丘”不仅是古董书店，还发展成一家专业出版社，专门出版有关书的书，他们发行的精美目录往往也成了收藏的对象。*Courtesy of Oak Knoll Books*

"橡树丘书屋"全体工作人员。
Courtesy of Oak Knoll Books

年出版八到十本书，店中并请了六位专职、两位兼差员工，甚至连弗列克的老父亲几年前退休后，每天上午也到店里来帮忙。

踏破铁鞋寻古书

近二十年的古书生涯中，弗列克的悲喜随着书籍收购的状况而起起伏伏，不像一般综合型现代书店，只要向经销商或出版社订书即可，古书商得踏破铁鞋四处寻觅绝版书。1994年就是令弗列克沮丧的一年，买进的书少得可怜，他忍不住向朋友们大声抱怨他的运道真够差！接下来的一年总算否极泰来，一位传奇的藏书家诺曼·布劳斯坦（Norman Blaustein）去世，弗列克因而买下他所有的藏书，成为"橡树丘书屋"有史以来最大一笔的收购。当弗列克谈到他和另一位店员分别开着卡车，由纽约市布鲁克林区将书载回特拉华州时，眉飞色舞，连我都感染了他的兴奋。跟着好运连连，两家咨询图书馆答应供书，一位德国书商又决定让渡六十三箱藏书，这批新到的娇客让弗列克心甘情愿地又租了个大仓库。

在书屋打烊前，我照惯例买了几本书，其中一本是1977年出版的伦敦著名古书店的黑白相片选辑，可惜只有下册，但是我很笃定地认为，总有一天会找到上册配成套，只要这个世界上还存在一些像弗列克般的书商，以他们的专业与热诚经营古书店，我们这些爱书人的遗憾自有机会能弥补。

橡树丘书屋

ADDRESS
310 Delaware Street. New Castle, DE 19720, U.S.A.
TEL
302-328-7232
WEB
www.oakknoll.com

“橡树丘”所在的建筑曾是维多利亚式的歌剧院。
Courtesy of Oak Knoll Books

Update for 2002

后续笔记

拜访“橡树丘书屋”之后一年（1996年），主人弗列克由“美国古书商协会”财务长晋升为最高荣誉的会长之职，足见他在业界极受敬重，事实上“橡树丘”拥有的“有关书的书”（books about books）就质与量而言，已居世界之冠。我虽然不曾再访特拉华州，但是对书屋的动态却不太陌生，一方面是在美国的一些大型古书展上偶尔会碰到设摊展览的主人弗列克，再方面是自己在台湾不时收到书屋寄来的书讯目录。这几年书屋重大的改变之一，莫过于1998年由当初的德拉瓦街四百一十四号搬迁到同一条街的三百一十号，这两个地方只有隔一街区，但是对书屋而言却是一次大跃进，不仅空间比先前要大上三分之一，且古色古香的建筑物曾是维多利亚式的歌剧院，与店中贩卖的精致古书、珍本书相得益彰。

此外，最值得注意的是出版部门的扩张，原先每年出版不到十册，尔后发展成十五至二十册，迄今总共超过一百五十册，这些书几乎本本扎实，明显都是经过作者或

↑“橡树丘书屋”的新家空间比先前大上三分之一。
Courtesy of Oak Knoll Books
←2006年橡树丘手工印刷展览橱窗。
Courtesy of Oak Knoll Books

编者多年研究后的成果，其中的《藏书入门》（*ABC for Book Collectors*）及《书籍的百科全书》（*Encyclopedia of the Book*）是两本我受益匪浅的工具书，每当我对藏书或书籍史方面的相关问题有困惑，这两本书通常是我最先参考的对象。“橡树丘”有些出版品甚至是与美国国会图书馆、大英图书馆、泰特艺廊等世界知名的单位合作，我非常喜爱一本他们与大英图书馆共同出版的《伟大的图书馆：从远古到文艺复兴》（*The Great Libraries From Antiquity to the Renaissance*），这本书主要叙述公元前3000年到公元1600年间欧洲书籍与图书馆的演进史，全书近六百页，作者 Konstantinos Staikos 原是位希腊建筑设计师，年轻时对希腊书的历史深感兴趣，而他又有幸参与几所基督教世界古老图书馆的重建工程，因而着手写出这本巨著，通过文字与四百多张精彩的图片，我们可以从中一窥西方的文明。

Note 2008

“橡树丘”的主人弗列克不仅当了“美国古书商协会”的会长，更在 2002 到 2006 年间，接掌了“国际古书商联合会”（International League of Antiquarian Booksellers）的会长，这是全世界古书业最顶级的领袖。他自己所主导的书店与出版部门也都成了国际知名的品牌，出版品更是多到每年四十册左右。至于 1994 年开始每年举办的私人手工印刷展，则发展成了北美最大的此类展览。

庭院飘书香

费城“城市书店”

City Book Shop

“城市书店”大隐于市，
庭院里紫苏围绕，金鱼池在侧，
仿佛是个私人后花园。

英国文学家乔治·吉辛（George Gissing）在《亨利·赖柯拉夫特的私人文件》（*The Private Papers of Henry Ryecroft*，中文版译为《四季随笔》）一书中有这么一句：“我凭气味就知道我的每一本书，而且我只消将鼻子放在书页中间，便可以回想各种的事。”我对自己的每本藏书倒不全然有如此感觉，但是每次瞥见书架上那本《欧菲丽雅的日子》（*The Days of Ofelia*）时，总会忆起费城一家很别致的书店。

格调风雅的书店

记得是1992年夏季，我快离开费城前的一个月，某日午后，天气清朗，我刚巧信步踱到松树街（Pine Street）和十一街口，正好有个二人组的乐团，在一家店外随兴地演奏着爵士乐，引得路人都驻足欣赏。留意了一下，原来是一家叫“城市”（City Book Shop）的书店刚在庆祝开幕。好一个开张仪式，心想主人必定是个风雅之士，当下就喜欢上这家店并决定前往一探究竟，才一进门就被温馨的气氛感染，来客似乎都是店主人的亲朋好友，大家无拘无束地交谈着，从对话中可以得知，店主是一对叫李欧纳与凯瑟琳（Leonard & Catherine）的年轻夫妇，正前前后后忙着招呼客人，不时还有新上门的贺客带来一盘盘自制的糕点和三明治，如此景况倒像一个轻松的家庭聚会。

细细地打量了这间小书店，知道它专卖二手书，里面的装潢旧旧的，连收款机都是老式手动打字型的古董，地下室除了满满的旧书外，还有两张椅子、一张小桌，上摆一盘西洋棋，供人对弈。最令人称羡的是书店后方紫苏围绕的庭院，金鱼池在侧、桌椅居中，有人正坐着喝咖啡、看书，仿佛是个私人的后花园。

《欧菲丽雅的日子》一书的封面，有着梦幻似的彩绘构图。

第一次的造访让我印象深刻，之后又去了几次，得知李欧纳是位诗人，曾任一家全美著名连锁书店的经理，他发现自己虽然镇日置身书海，却没有一丝喜悦，他几乎所有时间都花在行政事务，以及快速地重复大量进书与退书的工作上，为了能真正拥抱人群与书籍，他决定开这么一家温暖的书店，希望来访者都能流连，并欣赏他到处精心挑选、稀奇又古怪的书。

《欧菲丽雅的日子》就是我在店中买的第一本书，1942年出版，内容是一位美国纽约的女作家，描写她独自旅居墨西哥城时，经由当地的女仆欧菲丽雅而认识她的家庭与真实的墨西哥生活。这是本精装书，但附了一层纸制的书衣，有着梦幻式的彩绘构图，上边还写着："诠释另一种族类是作家的必要课题，这本书剖开了墨西哥的灰泥外貌而生动地展现一个族群。"

的确，通过书我们能接触另一个生命、另一种族群，但是没有像李欧纳这般感性的书店主人，大概有许多人都与它们无缘。因此，每当翻阅《欧菲丽雅的日子》时，我就不禁会想，这本已有半百历史的书，是怎样转到李欧纳的店里？最先的买主又是谁？她（或他）一定不曾想过，这书有朝一日会到一个台湾人的手中吧！

Note 2008

第一版出版后，我曾路过费城，并打算再访这间小巧的"城市书店"，重温故梦，只可惜人去楼空，连书店招牌都不见了，我只希望李欧纳与凯瑟琳在地球的另一个角落，依旧开着一间小书店，温暖人心。

黑森林的人文风景

弗莱堡"威慈斯坦书店"

Buchhandlung zum Wetzstein GmbH

巴德夫妇以欢喜心，在黑森林区的弗莱堡，开了家秀异书店，好书配美景，乃人生最大乐事。

1995年10月德国法兰克福书展时，一位当地友人哈洛·葛拉瑟（Harald Gläser）建议我书展结束后，何不抽两天空档，探访他那在南方弗莱堡（Freiburg）游学的中国妻子丹丹。弗莱堡不仅位于风景优美的黑森林区，最重要的，那儿还有不少书店，特别是一间以出售稀有人文书籍为主的"威慈斯坦书店"（Buchhandlung zum Wetzstein GmbH）。"你一定会喜欢弗莱堡的。"哈洛以自信的口吻对我说。

任职德国最大经销商出口部经理的哈洛，虽然公司与家都在斯图加特（Stuttgart），却因业务关系而经常得出公差，与妻子聚少离多，怀念校园生活的丹丹，干脆独自搬到弗莱堡，在大学里修些喜爱的人类学，假日时两人再相聚，很现代的一对夫妇。

美得出奇的古城

人到了弗莱堡后，发现哈洛一点也没有夸大其词，建于公元1120年的弗莱堡的确是一座美得出奇的古城，高原起伏、河谷纵横，茂密的冷杉环绕四周，除了自然景观独特外，城内还有许多名胜古迹，包括建于13世纪的主教座堂和方济各会教堂，16世纪的市政厅、17世纪末的耶稣会教堂，虽说二次世界大战时曾受到轰炸，但是却维修得很好，街上到处可见标示着年代的古建筑，道路还维持着数百年前由石块拼砌的样态。

位于黑森林区的城市弗莱堡，依然保持中古世纪的风貌。

“威慈斯坦”的所在正是一栋历史久远的建筑物，外表颇为素朴，高墙上漆的几个字“Haus zum Wetzstein 1460”（威慈斯坦之家，1460年），却道出它的历史，原来这栋建筑物是1460年落成，当时居住的人家为威慈斯坦氏，书店名号的由来可想而知。

↓巴德先生以欢喜心经营“威慈斯坦书店”。
Courtesy of Thomas Bader
↓↓“威慈斯坦书店”外景。

人文取向的经营风格

书店入口旁的橱窗展示着一些名家的信件，包括席勒署名的手札，店内则陈列了许多艺术类和社会人文学科类的书籍，包括古典名著、文学理论、哲学、法学等丛书，虽然自己是哲学界的逃兵，但是在这里看到维特根斯坦、海德格尔等哲学大师的全套德文版作品集时，还是相当兴奋。书店后方是珍本书区，陈列的书籍有些是作者签名之作，有些是限量发行版或已绝版的古书，其中包括了1518年出版、关于弗莱堡当地律法的珍贵典籍。如此专业的书店，绝非以通俗为取向，顾客群也仅为金字塔尖端的精英分子，可以想见书店的经营者必然有所坚持。颇具绅士风度的书店主人巴德先生（Bader）表示，他和妻子两人每天都以欢喜的心情轮流照顾书店，享受与书为伍的乐趣，物质上只要能吃得饱、穿得暖，他们就觉得非常满足，温文儒雅的风范，着实让人钦佩。

来访书店的客人多半是邻近阿尔贝特·路德维希大学（Albert Ludwig University of Freiburg）的师生，这所建于1457年的大学，正是以社会科学见长。此外，在三名专业人员与现代科技电脑的辅助下，“威慈斯坦”服务的对象还涵盖了世界各地对于德国人文学科有研究的人士。

← “威慈斯坦书店”印有不同风格的藏书票。

↓ 看过书店里有如此的摆设吗？长条桌上陈列的是一册册鲜红封面的书，在“威慈斯坦书店”里，连书桌都可以变成一项装置艺术。*Courtesy of Thomas Bader*

“威慈斯坦书店” 内景。
Courtesy of Thomas Bader

好书配美景

当巴德先生得知我专程远道前来拜访这家书店时，特别送了我两张“威慈斯坦书店”自行设计的专用藏书票，另外还有一本精致小书《托马斯·曼的影响与当代》（*Thomas Mann Wirkung und Gegenwart*），这是费雪出版社（S. Fischer Verlag）在1975年时为了纪念托马斯·曼诞辰一百周年而出版。托马斯·曼为20世纪德国最负盛名的小说家，1929年获诺贝尔文学奖。

哈洛与丹丹到台湾出差时，一直对我带他们去的茶艺馆赞不绝口，还嚷着谁要在弗莱堡开一间中国茶室，绝对是美事一桩。对我而言，若是能在黑森林区坐拥一间像巴德先生的“威慈斯坦书店”，好书配美景，于愿已足。

威慈斯坦书店

ADDRESS
Salzstrasse 31, 79098 Freiburg im Breisgau, Germany
TEL
0761-33999
WEB
www.buch-wetzstein.de/

Update for 2002

后续笔记

“威慈斯坦书店”的橱窗总是显现不俗的品味。*Courtesy of Thomas Bader*

2000年春天哈洛来台北出差，我照例请他上茶艺馆，我们聊书业、聊生活，我问他近期是否去过弗莱堡的“威慈斯坦书店”，当然！当然！哈洛这么回答，原来弗莱堡是他极喜爱的城市，且又是他的故乡，有机会自然返乡，而“威慈斯坦书店”则是他每次都会驻足的地方。哈洛说巴德先生对于橱窗布置很有一套，不论是选的书籍、文件或摆设的方式，总是带给人惊喜，他的品味与美感真是无可挑剔，有一回书店所在的建筑物在整修外观，他就有办法把工程现场弄得像个装置艺术，不仅不影响他的门面，反而还吸引路人的目光。新兴的网络是否会影响“威慈斯坦”的生存呢？我这么焦急地问着，不可能、不可能、不可能，哈洛频频摇头，巴德先生的古书业并不跟流行，所以没什么影响，若是有的话，也属正面，毕竟通过因特网，许多爱书人可以更方便向他订书。听哈洛口沫横飞地谈论着，我的心也跟着发痒，“什么时候再访威慈斯坦呢？”有一股声音在我脑中回旋。

野地里卖中古书

西彻斯特“鲍德温书仓”

Baldwin's Book Barn

汤姆与他的爱犬永远是“鲍德温书仓”的最佳模特儿，
类似这样的温情合照，不知在美国的画报中出现过多少次。

除了“书店”、“书摊”、“书展”这些贩卖场所外，大概很少人听过“书仓”吧！

在美国费城往西约半小时车程，一个名曰西彻斯特（West Chester）的富丽小镇外围，有一间远近驰名的“鲍德温书仓”（Baldwin's Book Barn），里面陈列了多达三十五万册的精装二手书，另外尚有库存约十五万册。

一座野地仓库的今天

之所以称为“书仓”，不仅仅象征空间上的大，事实上，“鲍德温书仓”的所在地，本来就是建于19世纪的一座野地仓库，原先专为农事之用。1940年代末期，书商威廉·鲍德温（William Baldwin）将其转为卖书的场所。现今的主人，则是威廉的儿子汤姆·鲍德温（Tom Baldwin）。

从一些档案照片看来，书仓内的摆设于数十年间几乎没什么变。金属大暖炉、老爷钟、原木桌椅、书柜和满溢四处的书册，再加上一只四处游荡的和善小狗，整个书仓弥漫着一股悠闲的气息，时间好像倒转到从前。汤姆微笑地表示，这一切正是他特意要维持的风格。

书仓中的二手书，有些低廉到美金一元，有些则可能是高达数百或数千美元的古书，这些珍贵的宝贝，都锁在五楼的一间密室，得事先预约，才能一窥究竟。

一本限量发行，由英国军人兼作家劳伦斯（Thomas E.

↓ 无论在哪个季节拜访“鲍德温书仓”，都会是愉快的经验，我几次拜访书仓，都是在秋季、树叶转黄之际。
↘ 野地中的“鲍德温书仓”招牌。
↓↓ 汤姆与他的爱犬Crunch永远是“鲍德温书仓”的最佳模特儿，类似这样的温情合照，不知在美国的画报中出现过多少次。

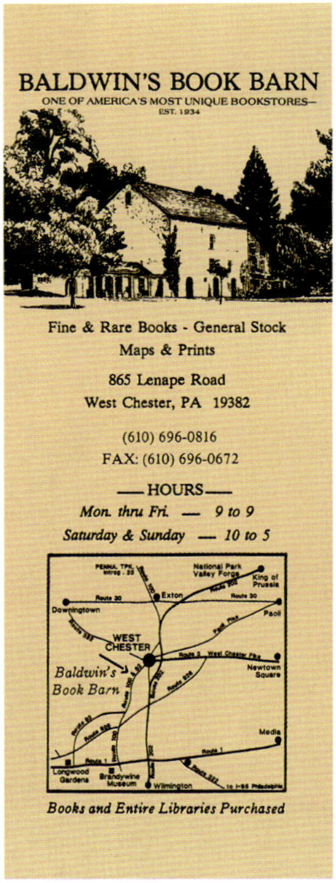

书仓中弥漫着的悠闲气息，是主人特意维持的风格。

Lawrence；亦即著名的“阿拉伯的劳伦斯”）亲笔签名的首版著作《智慧七柱》（*Seven Pillars of Wisdom*；内容描写他与阿拉伯人生活的经验与教训），以三万五千美元高价售给阿拉伯富商，成为“鲍德温书仓”最高的一笔交易。另外，在复古、怀旧风潮下，汤姆总是接到不少来自精品店或百货公司的订单，采购装订考究的精装书，作为装饰之用，有些价钱居然不是以一本本单价计算，而是以书籍的总长度为计价单位，这些订单往往成为“鲍德温书仓”的重要财源。

质与量兼具的古书店

令人惊讶的是，“鲍德温书仓”一直不曾仰赖电脑运作，数十万册的书，约分为一百五十类，分置在五个楼层，每大类又细分若干小类，为了处理这个庞大的体系，汤姆雇用了十多位爱书人来进行评估、分类、标价，其中包括经验老到的古书鉴定家，固定搜寻稀有书。有位兼差的书痴，经常自愿留在书仓工作到深夜凌晨。汤姆得意地夸口，无论在书籍的质和量，或是人员的素质方面，

我从未在冬天拜访过“鲍德温书仓”，这张美丽的雪景照片，深深打动喜欢雪又喜欢书的我。但愿未来能重访汤姆与他的书仓，最好还能看到这样的雪景。*Courtesy of Baldwin's Book Barn*

“鲍德温书仓”绝对能名列全美十大古书店之一。

喜爱阅读希腊哲学、美国历史和高尔夫运动书的汤姆，自小在书仓中厮混，成年后曾经营旅馆业，父亲威廉过世后，毅然地放弃小有所成的事业，接掌了“鲍德温书仓”。

在这个影像媒体发达的年代，汤姆深信仍然有许多人和他一样，不爱电视，只爱阅读，特别是“书籍只需少许花费，却能带来最大的乐趣”。此外，愈来愈多收藏家加入旧书市场，也使得汤姆充满信心。

收购书籍如探险之旅

由于工作的需求，汤姆得不时前往一些民家、图书馆或拍卖场收购书籍，他形容每次出击都像探险一样，有时令人眼睛发亮、满载而归，当然也不免空手而返，但是买卖不成，却也可能结识一些爱书人，这些经验都让汤姆体会到这个行业迷人刺激之处。头发已转白的汤姆，非常庆幸自己继承父业，能将兴趣与工作结合，而世上的爱书人也乐得有个好去处。

鲍德温书仓

ADDRESS
865 Lenape Road. West Chester, PA19382 U.S.A.
TEL
610-696-0816
WEB
www.bookbarn.com

Update for 2002

后续笔记

画家安德鲁·魏斯在“鲍德温书仓”为他的复制画签名。*Courtesy of Baldwin's Book Barn*

在因特网的强势冲击下，即使“鲍德温书仓”这个希望在硬件上维持怀旧气息的店家，也有了自己的网站，只不过他们的网站目前还未将数十万册书的目录全部数字化，所以搜寻引擎并不能立刻查询所有的书种，然而网站上看得到部分精选书籍的解说（包括书况、价位与照片等资料）。另外，“鲍德温书仓”针对不同的书籍拍卖网站，挑选适合的书籍进行公开拍卖，这些网站为较高档的“苏富比”（www.sothebys.com）及较低文件的“电子海湾”（www.ebay.com），读者也可以直接从“鲍德温”的网站中以超链接方式进入这些拍卖网站，我发现他们提供的书籍大半相当诱人，而且许多书的底价都标得极低，实在是书虫捞宝的好地方。

“鲍德温”的网站还有一个特别处，那就是他们贩卖画家安德鲁·魏斯（Andrew Wyeth）的画作海报，一般而言，复制画的价值并不高，但是若经画者签名，价格则可能大大提升，这就像一本值得收藏的好书，若书扉有作者的签名或题献，价格往往三级

↙ 1987年Harry N Abrams 公司出版了《安德鲁·魏斯——赫嘉图片》（*Andrew Wyeth: The Helga Pictures*）一书，里面涵括了魏斯以赫嘉为模特儿的一系列画作。
↓ “鲍德温书仓”的主人汤姆（中）与画家安德鲁·魏斯（右）及他的秘密模特儿赫嘉（左）。*Courtesy of Baldwin's Book Barn*

跳的道理一样，“鲍德温”的这些复制画可是附了魏斯本人在书仓中亲笔签下的名，其裱框后的价格由三百五十美元至两千两百美元不等。

魏斯是美国现代最著名的写实画家，他的蛋彩画往往勾起观者一种说不出的感伤，其背景多半是以他的家乡宾州却兹福特村（Chadds Ford）及夏日居所缅因州库辛村（Cushing）两个乡下地方为主，他那幅珍藏于纽约市现代美术馆的《克莉丝汀娜的世界》（*Christina's World*；画面是一位女子坐卧在缅因州一片枯黄草地的斜坡上，向远方的农舍眺望），可说是当代美国最为人熟知的画作之一。另外最令人震撼的，就是他的赫嘉（Helga）系列，魏斯自1971年到1985年间，秘密地以却兹福特村一位老是扎着两条辫子的女性邻居赫嘉为模特儿，前后完成了两百多幅画作，除了魏斯与赫嘉本人以外，十五年来没有人知道这件事、也没有人看过任何一张画，连魏斯的妻子都被蒙在鼓里，赫嘉系列在1986年首度公开后，成了世界艺坛的热门话题。如今已八十多岁的魏斯与年华老去、呈现富态、却仍旧扎着两条辫子的赫嘉，都还住在离“鲍德温”南方仅几哩路的却兹福特村，两人不时会双双在店里现身，为这间已经极具历史感的书仓，更增添几分传奇与神秘的色彩。

Note 2009

魏斯于 2009 年 1 月去世，享年九十一高龄，书仓从此不再有他的身影。

Update for 2007

后续笔记

十多年前逛书店时，我对摄影毫无概念，当时既没有数字照相机可以随时检视拍摄的影像，也没用幻灯片、三脚架。虽然有台单眼照相机，但对性能搞不清楚，反正就是用一般底片，调到自动功能，随手咔嚓、咔嚓地按快门。每次都得等到照片冲洗后，才知道到底拍了几张值得留作纪念的照片。“鲍德温书仓”的照片洗出来后，影像有些模糊，让我颇懊恼，但是我不得不说，那是我早期最喜欢的一组照片。一些书店无论怎么美，也很难营造出“鲍德温”的书仓场景、气氛与历史感。特别是店主人汤姆抱着爱犬Crunch的那张照片，总让我联想起美国20世纪初期插画家Norman Rockwell所绘的温馨画面。

这个空间被称为艺廊区，是书仓内颇为华丽的一角，其中包含了不少艺术品与相关书籍。*Courtesy of Baldwin's Book Barn*

我和汤姆联络时，最先问的不是书，而是Crunch，很不幸的，这只小狗已经离世。庆幸的是，狗主人历经这十多来年书业的大变革，依然坚守岗位。汤姆热切地对我说，这些年大概有百分之七八十的独立书店结束营业。在网络发达前，原本一册首版的约翰·斯坦贝克（John Steinbeck）作品《甜蜜的星期四》（*Sweet Thursday*），取决于卖相好坏，大概可以卖到数百元到数千元之谱，但是现在上网查一下，居然花几十美元就可以买到，书商想获利是愈来愈难了。不过，他还是有些得意的发现。

大约两年前，一位顾客随手拿了一箱书让“鲍德温”寄卖，汤姆两个月后才处理这箱书，结果里面居然有一本美国作家菲茨杰拉德（F. Scott Fitzgerald）最著名的书《大亨小传》（*The Great Gatsby*，中文有些译为《伟大的盖茨比》）。这本书的原始书衣（dust jacket）背后的宣传句中，把主人翁的名Jay印成小写jay，出版社发现后，立刻用手工把大写字母覆盖在小写上，以后的版本当然都校对过。如今，首版含原始书衣的《大亨小传》是西方诸多藏书家梦寐以求的收藏品，为藏书界道道地地

“鲍德温书仓”随便一个角落，都让人发思古之幽情。*Courtesy of Baldwin's Book Barn*

在搬到书仓以前，威廉与丽拉·鲍德温（William & Lilla Baldwin；汤姆的父亲与母亲）早期贩售旧书，经常用“荷兰式拍卖法”（Dutch auction）来招揽顾客、刺激销量。所谓的“荷兰式拍卖法”，就是一路降价卖的做法。从橱窗上可以看出，店内有一万五千本书，一开始每本书卖一美元，第二天降为九十分钱，第三天再降成八十分钱，……直到第十天，每本十分钱为止。*Courtesy of Baldwin's Book Barn*

这么多穿着正式的人挤在书仓的一角，状为认真地在看书、挑书。原来这是1946年汤姆一家刚搬进书仓那年，父亲威廉特别请摄影师来拍照留念，中央穿小背心的就是威廉，至于那群男男女女，其实是被威廉请来充当活道具的附近邻居。*Courtesy of Baldwin's Book Barn*

书仓早期除了卖书，还有部分空间摆满了威廉收集的一些古老家用或农事器具，成了乡村博物馆。这张摄于1950年代左右的黑白照片，构图极为奇特。画面中左边那位衣冠楚楚的男士是威廉，右边那位看起来有点颓废的男士则是威廉的伯父哈洛·鲍德温（Harold Baldwin）。据汤姆说，哈洛曾风光一时，和《大亨小传》的作者菲茨杰拉德是社交圈的好友，但后来因酗酒，输掉一切，威廉自此照顾他。这种手足情深的场景，在下一代又重复发生。*Courtesy of Baldwin's Book Barn*

“鲍德温书仓”经常会出现一些料想不到的宝贝。例如图中所见是第一版、第一刷的《大亨小传》，附有原始的书衣。这张书衣背面的文字，把主人翁的名Jay印成小写jay，出版社发现后，立刻用手工把大写字母覆盖在小写上，以后的版本当然都校对过。物以稀为贵，这个版次当然也成了收藏家所垂涎的对象。

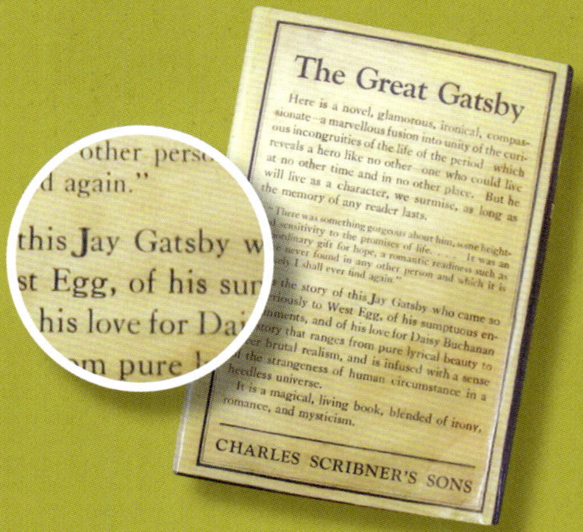

的high spot（指重要、珍贵、引人侧目的版本）。单单首版不含书衣的《大亨小传》至少可以索价三千美元以上，若含书衣，身价暴涨数十倍，可以到十万元以上。伦敦苏富比在今年7月份的拍卖会上，就出现了这么一本书，最后是由伦敦的一家书商（Peter Harrington Books）以七万英镑夺标，外加百分之二十佣金，总价八万四千英镑，相当于台币五百五十九万元。如此的情况虽然不是每天都有，但偶尔发生，也够让人兴奋许久了。汤姆目前还拥有这本书，慷慨的他表示，一旦买主付了他想要的价格，他就会给当初拿书来卖的顾客百分之四十的利润，虽然这位顾客根本不知道此书的价值，汤姆也可以隐瞒不告诉他。

就是这种乐趣与刺激，让汤姆还愿意经营书仓。他最后坚定地对我表示，虽然生意不如往年，但至少他拥有书仓的所在地，不需付租金，即便有人想高价买下这块地，他还是不愿意退让，他的一句话：“I will hold on to it. I will not go anywhere !”（“我会挺着，哪儿也不去。”）让我非常安心。最后他对我说，Crunch走后，他又养了一只很像它的狗，名唤Pip，是以英国作家狄更斯的名作*Great Expectations*（台湾译为《孤星血泪》；大陆译为《远大前程》）里面的主人翁Pip命名。我后来在网站的一些报道上看到了Pip，的确和Crunch极为神似。想来我稍稍改进的摄影技术与器材，下次在书仓遇见这对最上镜头的主人与狗时，可以比较得心应手了。

一些古书店往往聘有修复、装订古书的人员，“鲍德温书仓”也有这个服务。让我很意外的是，影像中这位古书修复师David是汤姆的亲弟弟，他们两人的样貌相差实在太大了！汤姆对我说，David有些问题，但他答应过母亲，无论如何，一定会照顾这个弟弟。*Courtesy of Baldwin's Book Barn*

汤姆与Pip这张合照，让我联想起十多年前拍他和Crunch时的温馨景象。可以想见汤姆是多么地宠Pip，竟然可以让它爬上桌，不怕弄脏了他正在检视的珍贵历史文件。 *Photo by Robert Coffey*

后续再后续

写完上述《后续笔记》时，我问汤姆是否能提供几张他和Pip的近照，他马上就传来好多张书仓内外景以及他与Pip的照片，每张都好精彩，但是档案实在太小，都不超过60KB，根本没法放大印刷。他跟我保证，周末会去佛罗里达州的家待几天，那里应该有高分辨率的照片档案，结果传来的，还是一样小，他也搞不清哪里出状况。听我电话里失望又无助的音调，他说等他星期二晚上回宾州西卫斯特，要书仓负责电脑的员工查查档案。结果星期三下午他打电话给我，说刚刚已经请一位当地的摄影师到书仓快速拍了几张照片，保证高分辨率，照片已存在光盘片中，明天就请UPS用隔日快捷从东岸寄给我，星期五就会收到。我用过UPS这种服务，知道邮资至少四十美元。听汤姆这么说，我哽咽得说不出话。星期五邮包果然抵达，我迫不及待地把光盘片插入电脑，看到一张张超过17MB的画面缓缓在屏幕上出现，我的眼泪不听使唤，就这么大串大串地涌了出来。我传了一封谢函给他，他回信最后一句写着："I am happy you are happy. If you want to work in the book business, come join our family at the Barn."

第二天，汤姆又来信，告诉我刚刚把一段十来分钟的影片放在YouTube上[①]，那是他十年前接受C-Span频道制作的Book TV节目的专访。完整的片段则放在书仓的网站上[②]。我立刻就上网观赏，看到小狗Pip躺在一旁，汤姆谈论他小时候在书仓帮忙的情景与他从父亲那里所学来关于书的知识等等，这些景象让我又鼻酸了一阵。不知道为什么，这个书仓与它的主人，还有那只狗，特别能触动我的心弦。

影片中，采访者问汤姆书仓是否赚钱，汤姆的回答非常能代表多数独立书店主人的想法："We don't make a lot of money，but we certainly live well. It's a life style, we are working for the life style. Book business......is not just to make money, it's to survive, and to have a great time. We had a grand time."

---

① www.youtube.com/watch?v=GN3qE6kMNAo

② www.bookbarn.com/video.htm

英伦岛二手书王国

伦敦“史库博书店”

Skoob Books

因为太爱BOOKS，所以开家SKOOB。
理想主义者王爱吉，在大英博物馆附近，建立了爱书人的天堂。

第一次到伦敦时，非常幸运地在某家书店买了一本《史库博英伦岛二手书店指南》（*Skoob Directory of Secondhand Bookshops in the British Isles*），其中巨细靡遗地记载了英国所有二手书店的资料，包括每家书店的地址、电话、特色和主人的姓名等，通过这本书上的导引，我没花太多力气就很轻松地拜访了不少家书店。

回到台湾后再仔细翻阅这本指南，才发现除了实用的信息外，书中还附了好几篇和二手书相关的有趣文章，另外还有一篇出版者的序言，从序言中得知此人还是一家二手书店“史库博”（Skoob Books Ltd.）的主人，而且从封底上引用英国杂志《观察者》、《外出》及美国《华盛顿邮报》的评语看来，“史库博”是伦敦最棒的二手书店之一，店主署名Ike Ong，看来不像是一般英国人，倒像是东南亚人士。一个外国人在异乡要经营一家成功的书店，岂是容易之事？特别是在伦敦这个世界首屈一指的书店重镇，这位店主想必是位不简单的人物。为了满足我的好奇心，也为了一探书店，我在第二次重游伦敦时，特别拜访了“史库博书店”。

祖籍福州的店主人

很清楚地记得那天是4月1日愚人节，由于上一个约会搞得太迟，又费了一番劲找路，以致我赶到“史库博”时，已近打烊时刻，偏偏

经常进出书籍拍卖会抢救古籍的华裔书店主人王爱吉（爱克）。

我第二天就得赶往巴黎，心里想今天真的得当个愚人了！才刚进书店，一位四十来岁的黄面孔男士就跟我说营业时间将至，暗示我下次请早，我只好厚着脸皮说姑娘远道由台湾慕名来访，是否可以让我待一会儿，若是可能的话，很希望能向店主致意。那位男士当下表示，他即是店主，并很乐意与我聊一聊。虽然此君一口标准的英文，但是却没有浓厚的英国式口音，“阁下到底是哪里人？”我开头就这么问他，“马来西亚人！”他这么回答，接着说他的祖父辈是来自中国福州，他的英文名字Ike Ong是福州话“王爱吉”的翻译，一般人都喊他爱克。

爱克自小在澳大利亚受教育，然后回马来西亚念大学，再赴英国修习商学，尔后成了个会计师。之所以进入二手书行业，全属偶然。话说1977年某日，正值二十五岁青春年少的爱克在伦敦的书街

难得穿西装、打领带的爱克，神情愉快地在酒吧为店员祝贺生日。

查灵歌斯路（Charing Cross Road）上闲逛时，惊异地发现多数店员对书的知识反倒不如他，于是就向八十六号的"普尔书店"（J. Poole & Co.）毛遂自荐，旋即受聘于古书部门经理一职。爱克的博学源于儿时的孤独，由于是家中的独子，没有兄弟姊妹，从童年起伴随他的就是勃朗特、爱伦·坡、史蒂文森等人的文学作品。

"史库博"吸引知识分子

爱克本人倒并不特别迷信那些价格昂贵只能被供起来观赏（而非阅读）的古书，虽然他也经常出入苏富比等古书拍卖会，但是却往往独钟一些别人不在意的破旧典籍，将它们抢救下来并进行修补，特别是一些以中国为主题的古籍更是他的收藏兴趣所在。

两年后，"普尔书店"因老成凋谢而关闭，爱克吸收了一些店员自组"史库博书店"，落脚于柯芬花园（Coven Garden），谁知那儿日益演变成一个时髦的观光点，租金也因而飞涨，爱克只好在1981年时将"史库博"迁移到一条仅百公尺左右的僻静人行道西西里恩街（Sicilian Avenue）上。

"史库博"的读者群定位明显偏向精英分子，这除了与爱克的程度有关，邻近大英博物馆与伦敦大学的地缘关系也是原因，书店中的书既多且精，价格却很大众化，因此吸引了不少知识分子；

"史库博书店"在这条精巧的西西里恩街上近二十年。

虽然如此，书店的营销费用还是高得惊人，幸好爱克的商学背景让他能灵活调度财务，另外他不时还重操旧业担任会计顾问，使得他的版图曾一度扩大到马来西亚、新加坡、澳大利亚，在当地设分店，最后终因管理不方便而仅剩马来西亚一家海外店。

精力过人的爱克还成立出版社，畅销的《史库博英伦岛二手书店指南》就是爱克及编辑群环岛开车地毯式地寻访二手书店的成果。另外，"史库博出版社"也在数年前策划一系列由东南亚作家以英文书写的文学，当东南亚地区在世界的经济地位逐渐提升之际，爱克希望这一系列书籍，能让西方国家进而了解这个区域的人文背景。

为书店坚持理想

当我离开书店时，已经晚上八点了，超过打烊时间整整一个半小时，爱克的健谈与热情使我铭记在心，以后每到伦敦总是会到

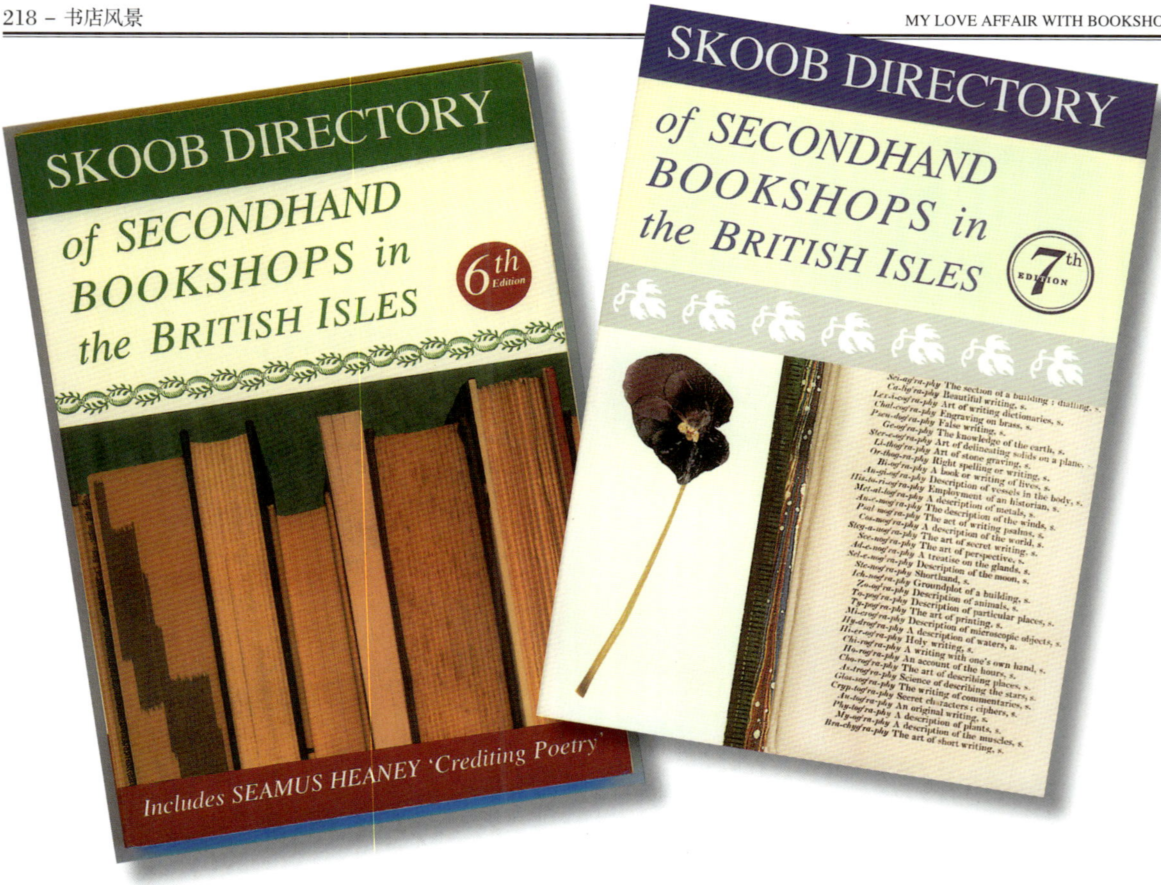

《史库博英伦岛二手书店指南》是爱克及编辑群环岛开车寻访二手书店的傲人成果，由于广受书虫欢迎，已经发行第七版了。这一版还添加了不少有关书业的精彩文章，此外还附录了书业与古书拍卖的专有名词解释，以及书籍制作的简要介绍。*Courtesy of Skoob Books*

“史库博”和爱克聊聊书店逸事，他总会提供一些相关信息，并介绍一些书商给我。去那儿最重要的当然还是挑一些“便宜又大碗”的好书，比方说我买了一本1966年牛津大学出（初）版的精装本《京剧》（*Peking Opera*），描图细致，防尘护套尚存，书况极佳，索价却很公道，实在很让人兴奋。

最近一次与爱克碰面时，他一反平常牛仔裤、衬衫、搭件小背心的轻松装扮，正经八百地穿上西装、打起领带，原来他刚去银行和一些势利眼的行员打交道，希望能贷一笔款项，在查灵歌斯路上买间店面，长期以来高昂的租金，实在令他很火大，他希望“史库博”能尽快安定下来，这个计划到底进行得如何还不得而知，但是我晓得爱克一定会竭尽所能地保住“史库博”。

怀抱高度理想主义的爱克曾经表示，电影导演奥森·威尔士（Orson Welles）在二十四岁时就已建立自己的《大国民》（*Citizen Kane*；又译《公民凯恩》），而他已经四十好几了，却还在为筹款支撑书店、出版社而奔波，言下之意，颇有自叹弗如的意味。但是就外人看来，爱克的所作所为已经够让人折服了，他所建立的“史库博”不仅是他个人的王国，更成了众多爱书人的天堂乐园，作为一个书商，这已是最高境界。

Update for 2002

后续笔记

“我们还在西西里恩街上。”我在2000年秋天与爱克通信时，他在信上这么写着，这句话虽然表明了在查灵歌斯路上置产的计划并未成功，但是至少“史库博”依然在老地方继续服务爱书人。过了快一年后与他联络，却得知书店在2001年3月搬到罗素广场（Russell Square）附近，而且店名改为“史库博罗素广场”（Skoob Russell Square），主因还是西西里恩街的房价太高，在面临就此消失或快速迁居的两难下，坚强的爱克还是选择了后者。

新店其实和老店相隔几分钟脚程，但是租金却便宜许多，难能可贵的是，陈列书籍的空间并未减少，旁边有家咖啡厅，而且地点位于罗素广场地铁站旁，交通更便利且又居布鲁姆斯伯里区（Bloomsbury）中心，此区即是20世纪初最具知名度的文艺团体“布鲁姆斯伯里圈”（Bloomsbury Group）聚集处，其成员包括了文学家维吉尼亚·吴尔芙夫妇、利顿·斯特雷奇、E. M. 福斯特、经济学家凯恩斯、美学家克立夫·贝尔等人。这一区的“罗素旅馆”（Hotel Russell）与“皇家国际旅馆”（Royal National Hotel）常态性地有古书展进行，因此有一些参展的书商也常到“史库博”出入，有些人甚至在店中购

“史库博”于2001年搬到“罗素广场”旁。
Courtesy of Skoob Russell Books

"史库博书店"旁的"罗素旅馆"经年举办常态性的古书展，里面不难找到价廉物美的书刊，拜访"史库博"时，千万记得顺便到旅馆的一楼看看是否有书展正在进行。

买到便宜有价值的书，然后带到书展中转手以高价卖出。

至于"史库博"出版的《英伦岛二手书店指南》，已经在1999年发行了第七版，除了出版，闲不下来的爱克还带着一帮人开始拍起影片来了，他已经完成了超过一百小时的纪录片并剪辑成近三十卷录像带出售，主题是历史战争的重现。另外，"史库博"也不能免俗地有了自己的网站，只不过爱克对于因特网的盛行，评价不怎么高，他批评网络上流窜的不少资料信息经常是错误的，一些古书商则在网络上以高价卖他们的滞销书，他认为消费者其实捞不到太多好处，因此，你应该可以想象"史库博"的网站其实颇为阳春，但是在网站中有时可以看到一些有趣的文摘或超链接到爱克感兴趣的其他网站上，所以还是相当值得浏览。

Update for 2007

后续笔记

与爱克联络的过程，情绪波动起伏，上上下下，时而欢喜、时而心酸。

伦敦是我这些年最想再访的地方之一，但是英镑不断飞扬、出了场车祸、九一一恐怖事件让跨国旅行变得很麻烦，另外还有其他杂务缠身，就这么一拖再拖，总是没有成行。上网络查询“史库博书店”，发现他们网址稍有小变动，但是书店还存在、电话不变、地址也还在罗素广场附近的布伦斯威克中心（Brunswick Centre），只是搬到此中心的地下室而已。看到这些信息，紧张的心情顿时放轻松，真怕又碰到一家结束营业的书店，尤其爱克是我最喜爱的书商之一。十多年前，我对西方书业的认知相当有限，但爱克却对我照顾有加。他的率直、热情与幽默，都是我喜欢的特质；更让我感念的，是他的古道热肠，不管我在伦敦、台湾或哪里，他对我总是有求必应，有些人就是可以让你信赖，我对爱克就有种感觉。许久没和他联系，不知他书店经营得如何。

我不想写电邮，弄清楚时差后，就拨个电话到书店。接电话的女人问我找谁，我说了几次爱克的名字。谁？谁？谁？她似乎听

↑↑ 2001年“史库博书店”从西西里恩街搬到布伦斯威克中心后，空间变大，有一、二楼当店面，还外加地下室。除了经营书店，爱克还同时拍摄影片，并且利用地下室当成他制片的工作室。*Photo by Ruth Bayer*

↑ 这是约2003年时期，在布伦斯威克中心经营二手书店的爱克。虽然我多年不曾再见他的面，他的发型改变、脸上也少了大型塑料框眼镜，但对我而言，这张照片还是very Ike（非常爱克）。身着泛白牛仔裤、手上刁根烟、脚上一双红色布鞋，配上他淘气的鬼脸，这就是我印象中熟悉的爱克。*Photo by Ruth Bayer*

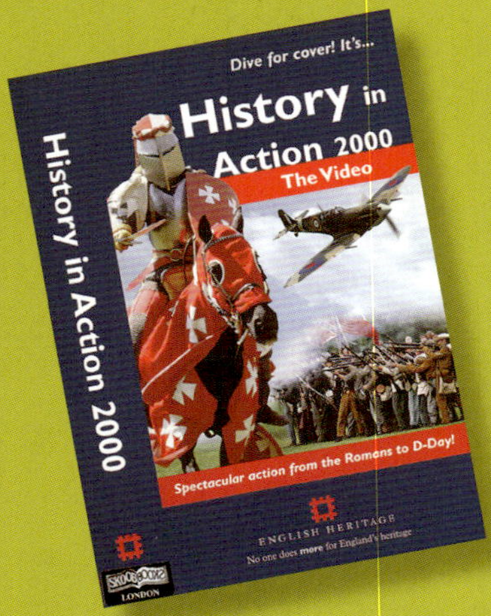

SKOOB BOOKS
Established 1979

↑↑ 华人背景的爱克，却拍摄了有关英国传承的历史纪录片 *History in Action 2000*，这片子变成很多英国学校的教材，至少有一百万个学生看过。由于里面有颇多逼真的火爆动作场面，英国的查理王子开玩笑地对爱克说："It's very John Woo！"（这片子非常吴宇森！）*Courtesy of Ike Ong*

↑ 选择SKOOB当书店的名称，又设计了这么一个logo（标志），确实是非常smart！

不清楚，最后才会意过来，回答却让我一阵慌乱。那女人说爱克已经不在"史库博"，那爱克去哪了？女人找了别人来回答，一个男人说爱克把书店卖了，现在好像在国外拍影片。我若对书店有什么问题，最好写电邮。挂上电话，我久久不能自已，对我而言，爱克与"史库博"是画上等号的，如今他不再拥有书店，我还要问什么呢？

我知道爱克对"史库博"是多么的喜爱与骄傲，如果不是逼到最后关头，我相信他不可能弃守。难过之余，我只想找到他，了解他的近况。又打了好几次电话去书店查探，总算有人告诉我他的电话号码，而且说爱克才刚回伦敦。我谨慎地重复了几次电话号码，要那人确认无误。

电话拨接通了，终于与爱克联络上。第一次谈话足足讲了近一个小时，接下来互留电邮，我大约算了一下，彼此通信至少五、六十封，期间还打了好几次电话，每次都是长谈。实在是我有太多的疑问，爱克又不吝回答，再加上他是个说故事高手，所以故事愈说愈长，话题有时甚至旁及哲学大师冯友兰、庄子与《三国演义》。这个通讯过程，其实可以写成一本书。但是我也只能在此拣重点说说了。

之所以把店卖了，大家应该都能猜得出来，最终还是经济因素。当初从西西里恩街迁出，就是因为租金过高，另外加上一个很没品的新房东，公然讥笑爱克这个华人，居然会在西方开一家赚不了什么钱的二手书店，简直是白痴。会搬到布伦斯威克中心，主要是那里的房东非常支持文化，租金很低，否则他大概会更早退出书业。

爱克早年曾经在伦敦修过一些与电影制作相关的课程，有一些影视圈的关系，后来自己手痒，又有些点子，于是也在业余拍拍纪录片，其中他最骄傲的是一个关于英国传承的历史纪录片 *History in Action 2000*，这片子变成很多英国学校的教材，至少有一百万个学生看过。查理王子是这个系列的赞助者，他相当惊讶这么一部与英国有关的片，是出自一个华人之手，由于里面有颇多火爆的动作画面，查理王子还开玩笑的对爱克说："It's very John Woo！"（这片子非常吴宇森！）

九一一事件之后，游客锐减，电子摄影器材的普及与价廉，让爱克在布伦斯威克

“史库博书店”千辛万苦再度迁回布伦斯威克中心，希望让爱书人在伦敦市区，依旧能找到一个和善的买书与读书的空间，但是读者真的能同等热心捧场吗？*Courtesy of Skoob Books*

中心时期，花更多时间在影片拍摄，并利用书店的部分空间当影片剪辑的工作室，一方面也是希望借此补贴书店的亏损，还好他有一位得力的助手——马克·楼威尔（Mark Lovell）。另外，他那位担任心理治疗师的太太，即使罹患乳腺癌，也不时来书店帮忙。

布伦斯威克中心在2005年重新整修，房东同意完工后，让他拥有地下室的空间。在这段整修时期，他只好把所有的书移到Suffolk（从伦敦开车约两个半钟头）的一个乡镇农仓，暂时在网络上经营。原本已经够辛苦了，谁知又被与他们有大量业务往来的美国公司倒账，成了压垮骆驼的最后一根稻草，以致他最终只能匆匆寻求买主，后来总算找到基地在牛津郡（Oxfordshire），也同样在网络经营的书商克里斯·艾德华兹（Chris Edwards），书店名“神经巴别”（PsychoBabel Books）。[1]

爱克对我说，早在1991年时，有人出价一百万美元要买他的书店，但是那时他的生意挺好的，根本不做考虑，谁知最后落到这个田地，即便他把店卖了，还得偿还一大笔债。这种“想当年......”令人扼腕叹息的例子还发生在《哈利·波特》上。众所皆知，J. K. 罗琳最早完成《哈利·波特》时，曾经被不少出版社拒绝，附属爱克书店的出版社就是其一。如今看到自己的女儿猛读《哈利·波特》，他只能自嘲一番，世界上的事，总是如此难以预料。

爱克目前的工作重心全都在影片制作上，他几年前所制作的一部西班牙文电影《白鸽》（*Pequeña Banca Paloma*）还曾获选为2003年威尼斯影展首映片，不过他说拍片容易、发行难，多数片子都无法在院线上映，直接就变成影碟。当制作人的风险很高，他现在大半是接项目。此外，他也在英国或是东南亚等地的影视学院或是工作坊教授剧本写作、拍摄或表演的课程。他对我说，网络的影音网站（video.google.com）里面张贴了他的公司 London Filmmakers Studio 所拍的一些片段，其中还有他在学院授课的录影[2]。他那段影片有些模糊，但我一下子就认出他的声音，只不过他的样貌变得颇多，头发灰白些可以理解，但是造型大不同、眼镜也不见了，他不仅衬衫笔挺、打条领带，还别上袖扣，非常雅痞的样子。我后来调侃他，愈老愈年轻，他说自己以前近视很严重，年纪变大后，不戴眼镜反而看得清楚，至于我的雅痞评论，他则故作严肃地说，现在出门可是会穿上 Giorgio Armani（名牌亚曼尼）喔！听得我笑岔了气。我喜欢爱克、也颇欣赏 Giorgio Armani 的剪裁，只不过我没法子把它们联想在一起。我心目中的爱克还是那个带着大型塑料框眼镜、小背心、牛仔裤的朴实书商。

提得起、放得下的爱克非常潇洒地对我说，他记得小时候在马来西亚的槟榔岛，傍晚时分许多人都群聚在公共场合听一些老人以福州话讲古，尔后老人消失了，他又在书中发现了许多老人曾经说过的故事。他当书商本来也是想把故事流传下去。而今在这个新时代，书籍的吸引力已经被其他多元媒体瓜分。但多数影音媒体都很肤浅、粗糙，年青一代的教育如此不扎实，对于有心者来说，应该设法提供更有创意的内容，如今他不过是选择影片作为他说故事的媒介罢了。

难道他真的就此放弃书业？卖掉书店难道不心疼吗？我不甘心地这么追问。他的回答让我相当不忍。当初因为爱书，所以才开书店，但是长久以来经营的压力，让他不能真正地享受阅读的乐趣。卖了“史库博”固然不得已，前几次拜访不再是他的“史库博”，确实也颇感伤，但是他发现自己终于又可以当一个轻松的读者了。爱克的情形其实是非常多书店经营者的写照，也因此我有时逛一些看起来经营艰辛的书店，总会有一丝丝的罪恶感，认为自己的快乐是建筑在他人的苦痛上。当然，最好的补偿方式，就是多买几本书，或写几篇“歌功颂德”的文章。

这个苹果绿的书柜在“史库博书店”内格外抢眼，但不知怎么的，我感觉有点阴森森，或许是因为书店用一部恐怖悬疑片*The Cabinet of Dr. Caligari* 替此柜命名的原因吧！*Courtesy of Skoob Books*

通过爱克的介绍，我也对承接“史库博”名号、库存与员工（马克）的新主人克里斯·艾德华兹有些认识。克里斯原本只是喜欢买书、藏书，在牛津布鲁克斯大学（Oxford Brookes University）授课长达二十二年，直到2004年才退休，他的专业是精神保健、失忆症等。2003年10月，他任教的学校图书馆要销毁约八千册书，把它们全打成纸浆，这些书的主题是医学、心理学、精神病学类，由于他的专业，以及对书的喜爱，他觉得这些书有历史价值，应该要被保存，结果他以六百美元的低廉价格买下这批书，一开始本来只想把它们分门别类、编入目录，以供作研究者参考，结果发现自己一个人难以应付，于是雇了名员工凯丽·麦克洛斯基（Kelly McCloskey）来帮

↑“史库博”的招牌显示，书店一星期七天都营业。*Photo by David Milner*

↗克里斯·艾德华兹（右）不仅是网络书店“神经巴别”的创始人，还是实体书店“史库博”的现任主人。他不仅买下“史库博”的名号与库存，还让书店的前任经理马克·楼威尔（左）继续保有他的职务。在这两人身上，我似乎看到了以前的爱克。*Courtesy of Skoob Books*

忙，原以为是三星期，谁知一延再延，为了让凯丽能有该得的薪资，克里斯只好不情不愿地卖了一本他的收藏。许多朋友知道他在拯救书籍，于是把他们过多或不再感兴趣的书整批整批捐给他，其他机构的图书馆也加入捐（弃）书的行列，以致最后他的藏书累积成二十万册，为了消化这些书，他才开始在网络上卖书。

克里斯把公司取名为“神经巴别”，颇为符合他的背景，他在2006年初买下“史库博”之前，已经卖出一万册书，数据库里还有四万册，这个数字再加上“史库博”的六万册库存，实在很吓人，但是“史库博”的书约只有四千本是编入电脑目录，要把所有书的资料全部上网，他估计得要五万英镑，而且也很耗时。

当伦敦的布伦斯威克中心整修后，克里斯决定承租原本房东答应保留给爱克的地下室，今年初把“史库博”从网络书店再变回实体书店，而且保有原来的精神，他把这个过程比喻为意大利“威尼斯凤凰歌剧院”（La Fenice）的浴火重生[3]。我问克里斯为何如此做？他表示很多书并不值得花时间去清理、编目录、存盘、包装、邮寄，还不如就摆着，等人来挑。同时他也对click（指网络）与brick（指书店）的结合感兴趣。曾经为爱克工作二十年的经理马克，当然继续在“史库博”效劳，克里斯则在伦敦与牛津两地奔波，他虽然已从教职退休，但是却又重新另一个忙碌的生涯。从几次访谈里，我可以感觉到他是一个颇有效率的人，目前为止，“神经巴别”加上“史库博”的网上数

“神经巴别”加“史库博”是网络书店与实体书店联手的案例。这图像是两者合体的logo（标志）。*Courtesy of Skoob Books*

爱克为了让我在这本书中有他最新的影像，特别寄了一个包裹给我，内含他的近照，但邮包一个多月还迟迟未到。他于是特别回到“史库博书店”现场，请老友帮他拍了一组照片，火速传给我。你们说说看，画面中2007年的爱克，与我十多年前所拍的影像相比，不论在发型、样貌、穿着与气味上，是否简直判若两人？那张穿着皮衣与皮鞋、倚着书店地下室入口的照片，还真有那么点像时尚杂志*GQ*里走出来的男模特儿呢！尽管年纪大了些。虽然爱克的身份从“史库博书店”的拥有者变成顾客，但因此而能在书店里重拾以往难有的阅读乐趣，甚至可以有闲情逸致弹弹书店里摆放的钢琴。我有点好奇，他那件蓝条纹衬衫到底是什么品牌？Gucci或Dunhill呢？*Photos by David Milner*

据库已经有六万多本书，伦敦的实体书店另外也陈列了约六万本书，根据克里斯统计，他的总库存一共高达五十五万册，真不知他在牛津的仓库有多大。他还说，等我这本书出版时，说不定“史库博”还会多出一家分店呢！我期待着这么一天。

由于先认识爱克，我原本非常不能接受“史库博”易主这件事。但是在了解整体状况后，我很庆幸克里斯愿意保留“史库博”的名号、员工，并且又还原了消失十八个月的实体书店，他甚至还打算与马克明年推出第八版的《史库博英伦岛二手书店指南》。毕竟人生有很多种可能、很多种变量，重要的是，每个人在每个阶段都真心去做他们喜欢的事情。1979年就开书店的爱克，过了四分之一世纪，看尽生态变化，显然已经在书业疲累了，但他在另一个领域找到了新的热情。克里斯也一样，从一个没有卖书经验的退休教员，却能在这几年间把网络与实体书店经营出如此规模，的确很不简单。对于爱书（店）的人来说，我们没有什么好挑剔的，只有感谢上苍，有这么些人愿意前仆后继地为我们服务。

我唯一耿耿于怀的事，是一直没有收到爱克寄给我的包裹。为了替我的书增加一些影像素材，9月初他空运寄出了一包珍贵资料。我日日期待，一星期、两星期、三星期过去了，我到10月中还是没有收到包裹。后来联络，他说英国媒体近日报道，许多邮寄的包裹都神秘失踪，据称很可能是邮局里素质差的员工，私下把包裹给拆了，看看是否有何值钱的东西可以纳入囊中。拆开包裹的人，肯定马上就把爱克那批资料丢进垃圾堆中。

根据爱克在信中给我的清单，包裹里有如下东西：一片含有他2002年在书店里所拍摄的影像光盘与当时名片、“史库博出版社”的几张明信片、“史库博书店”1996年印制的圣诞卡、电影《白鸽》与历史纪录片*History in Action 2000*的相关文宣与影评、一张含有三个他的公司制作的影片剪辑光盘、三张影片剧照、两张他在西西里恩街上的照片、一张他与太太、小女儿和爱犬的居家照片（背后附有他们的中文名字）、两条印有查灵歌斯路八十四号（84, Charing Cross Road）“马克士与可汉书店”（Marks & Co., Bookseller）的包装扎带——约来自上世纪中叶，这应该就是女作家荷琳・汉芙（Helene Hanff）当初接到伦敦书店包裹时的扎带……

我气、我怨、我怒，我诅咒那偷邮包的人下地狱，但是爱克的一封信却让我释然与开朗。他说：“我试着告诉你一个感性的故事，这是一个历经岁月的古老故事，关于我们在过程中如何坚忍、生存，并且擅用我们仅有的智慧与正直，创造所能拥有的一切。……也许我们小小的贡献，在几亿人中，会让有些人激赏我们所企图保存的传统；人生短暂，但愿我们未来回首，也能觉得这是一种享受。当下之际，我们只有像水滴般投入整个浩瀚的历史汪洋中。而你，必须要把这本书完成、并且继续下一本。”

---

① babel，英文小写直译有“混乱、闹哄哄”之意。大写Babel，常与 tower 结合为Babel tower（巴别塔），为建于“巴别”所在地之高塔；原典来自《圣经・创世纪》，述及人类建造此塔作为通往天堂之路；而上帝为加以阻挠，而使各人种语言相异，无法沟通。人类计划因此失败，自此各散东西。

② video.google.com/videoplay?docid=-3718218819498746494

③ 意大利“威尼斯凤凰歌剧院”被誉为“世界最美丽的歌剧院”，曾三次遭到了毁灭的厄运，最后一次于1996年初被大火烧毁，近八年后又重新开幕。

INFO

史库博书店
ADDRESS
Unit 66, The Brunswick, London WC1N 1AE,UK
TEL
020 7278 8760
WEB
www.skoob.com

神经巴别书店
ADDRESS
56b Milton Park Abingdon, Oxfordshire OX14 4RX, UK
TEL
012-3586-1411
WEB
www.psychobabel.co.uk

以书立国

威尔士“黑-昂-歪”古书镇

Hay-on-Wye Book Town

以书造镇——多么不可思议的奇想？
狂人理查·布斯不但因此造镇，甚至还“独立建国”呢！

有一年，在美国旧金山的“蓝德麦克纳利旅游书店”（Rand McNally& Co.）闲逛，顺手取了本介绍英国威尔士的书，随意翻阅时，被其中一张黑白照片给吸引，那是一个满头乱发、眼睛细小、戴着厚重眼镜男人的半身独照，背景像是个石窖，四周却充塞着书籍，留意了一下文字内容，才知道此位名唤理查·布斯（Richard Booth）的男人，是英国的一位奇人，在1960年代初期突发奇想，率先在威尔士一个小镇上开了许多家不同主题的旧书店，最后将小镇发展成为世界第一的书镇（Book Town），因而为全球的爱书人增添了一个观光胜地。看到这个报道，心中暗下决定有朝一日非得亲访这个小镇，若有可能，还有那位理查·布斯先生，只是不知历经了三十余年后，他是否还在世间，这个疑惑终于在若干年后获得解答。

1994年秋天初访英伦，原本盘算着由七天的假期中拨些时间到书镇一游，谁知人一到伦敦就被四处大大小小的书店与剧院给征服了，根本无暇、也无心再去别处。另外，经过一番调查，得知书镇是个在一般地图上都找不到的小地方，去那里得换几种交通工具，要想当天往返几乎是不可能。

钟塔是黑-昂-歪的地标。

书镇位于歪河畔。

僻壤怪镇

直到1995年春天，书镇之旅总算成行。3月29日那天上午，我背着心爱的 Book Woman书袋，买了些干粮和数份报纸，准备进行一场“长途跋涉”。首先由伦敦郊区搭地铁到市内的帕丁顿（Paddington）车站；接着，再搭火车到三个多小时车程外，最靠书镇的小城贺洛福特（Hereford）。最后，还得再搭近一小时的公车，方能抵达目的地。可惜的是，我在两点抵达贺城时，刚错过一班公车，下一班（也是最后一班）得等上两小时，为了争取时间，我决定忍痛花二十七英镑包辆出租车直奔书镇。几分钟后车子就驶入曲折蜿蜒的丘陵地，一路上阳光灿烂、风景秀丽，油绿的山坡上不时出现成群绵羊，3月份的英国竟有这等好天气，真是万幸，心里想着前日在剑桥（Cambridge），还冷得飘雪呢！一旁的司机也好心情地充当向导，介绍起附近的风土民情。

全世界第一个书镇位于风景秀丽的威尔士小镇黑-昂-歪（Hay-on-Wye）。

狮子街上的“理查·布斯书店”总部。

这个知名书镇的英文全名是Hay-on-Wye，音译“黑-昂-歪”，意指歪河畔的黑镇，对于如此古怪的名词，作家阿瑟·米勒（Arthur Miller）曾发出“Hay-on-Wye——is that some kind of a sandwich？”（“黑-昂-歪”——那是一种三明治吗？）的喷饭疑问。当地人都简称此处为“黑镇”。

↑ “黑镇电影书店”不卖电影书籍，它的店名源自于——此建筑物的前身是个戏院。

↘ 想一想在暖暖春阳的伴随下，坐在“黑镇电影书店”露天书柜旁的木椅上捧读一本书，是多么幸福的一件事啊！

近下午四点，黑镇终于出现在眼前，一家家的书店立刻让我有见猎心喜的兴奋，当下便展开书店之旅。

寻找书镇之王

第一家拜访的是“黑镇戏院书店”（Hay Cinema Bookshop），店名像是专卖电影相关书籍的主题书店，其实不然，原来书店所在地本是黑镇的老戏院，经改装后成为一间综合型旧书店，藏书二十万册，最特别的是众多陈列在店外的露天书柜，摆满了廉价书，每本五十便士（约台币二十元），任君挑选。隔一条巷子是家小而美、以生物为主题的“雅登书店”（C. Arden Bookseller），包含了自然史、动物学、植物学、园艺、鸟类学等区，喜欢自然生态的人，单是在这家小店，大概就能耗上一整天。

↖ “黑堡书店”的内景。
↑ “黑堡书店”的招牌。

几步以外的“五星书店”（Five Star Bookshop），则是科幻小说、恐怖小说专卖店，由于它还标明着“独行旅人服务中心”（Independent Tourist Information Center），于是当场询问夜晚投宿的地方，在店员的大力推荐下，决定选择葛温拿夫妇（Gwynne）经营的“贝蒙特之屋”（Belmont House），价格相当低廉（十六英镑），而且又含早餐。

接着又打探书镇创始人理查·布斯的下落，店员微笑着表示，这里正是布斯先生经营的书店之一，但是他大多待在狮子街上的总店。听他这么一说，马上表明要见布斯的意愿，热心的店员随即打电话联络，然而传回来的信息是，布斯目前不在店内，可能正在为明日法国之行而忙吧！原本振奋的心情顿时沉到谷底，千里迢迢的结果，竟是与布斯失之交臂吗？苦苦央求店员，无论如何请找到布斯，此行若无法见到他，将是一大遗憾。看我一片诚意，店员答应向小镇发出紧急寻人启事，并要我稍安勿躁，先到旁边另一家布斯拥有的“黑堡书店”（Hay Castle Bookshop）逛逛。

每个星期四的黑镇市集，吸引书痴们驻足。

“黑堡书店”专卖电影、摄影、建筑类的艺术书籍，照顾店面的是一位四十来岁、扎着长辫的娴静妇人，后来才知道她是布斯的第三任妻子和蕾（Hope），而此书店正是布斯夫妇拥有的黑镇古堡外的岗哨。可惜的是，古堡因一场火灾而关闭整修中。

近打烊时再返“五星”，总算有了好消息，“布斯先生将在总店恭候您。”店员客气地这么传达。当我急步冲入“理查·布斯书店”时，一眼即认出柜台旁那位高头大马、不修边幅的男人就是布斯，那双细小的眼睛与厚重的眼镜，即使是在几十年后依然令人印象深刻。

理查·布斯与书镇

说到烤猪，书镇之王理查·布斯细小的眼睛便为之一亮。

对于第一个亲访他的台湾人，布斯显出高度的兴趣，并且热切地对我诉说他的书镇理念。布斯认为，即使百分之九十九的人觉得某一本书无趣，终究还是会有人需要它；而当一个小镇拥有形形色色的旧书时，即使这个小镇地处深山老林，终究还是有人会不远千里而来。布斯顿了顿，得意地望着面前漂洋渡海的东方女子。他之所以锁定旧书，是为了有别于一般都市中只售媚俗新书的连锁店。单是布斯总店就有四十万册书，为了大量取得旧书，布斯和他的工作人员经常出国搜寻，许多外国的访客往往在黑镇买回原来出自本国的书。布斯最津津乐道的事是有一回收购爱尔兰图书馆的藏书，那些书大概尘封了两世纪之久，堆积的灰尘犹如兔子的软毛般厚实。

←爱诗人不会放过这家“诗集书店”。
↑书镇上连路边都看得到书。

说着说着，早已过了书店打烊的时间，我正心存罪恶感，表示要告辞时，布斯慷慨地邀请我到隔邻的小酒吧喝杯饮料。就在我们离开书店时，刚巧有两名德国人气急败坏地来寻找德文版的圣经，看来这小镇真是声名远播。

一踏入酒吧，“理查”之声此起彼落，大家纷纷与布斯打招呼，布斯也特意地向我介绍起小镇的“要人”：这位是挤牛奶的张三、那位是石雕师傅李四、再过去那位是装订书的王五。闲聊中有人对布斯说已经找好了春节要烧烤的猪只，只见已呈老态的布斯像个看到糖果的孩童，原本细小、无精打采的双眼，顿时露出光芒，他咽咽口水、毫不忸怩地对我笑说：“整天混在书堆里，但是我爱烤猪，我爱食物。”

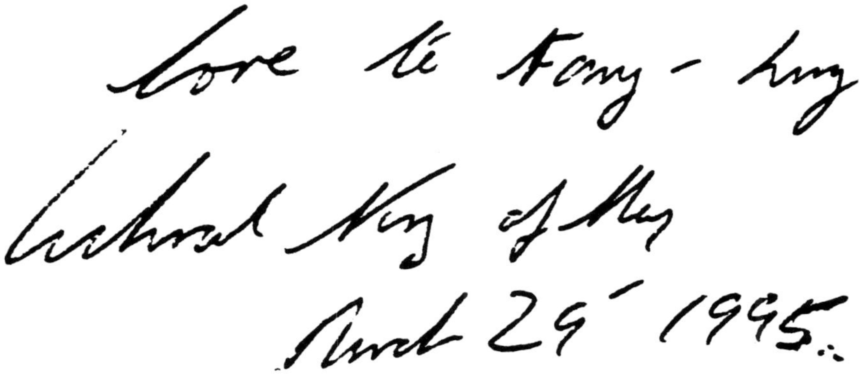

“向芳玲致意，黑镇之王理查，1995年3月29日。”

天色已晚，布斯开车送我到“贝蒙特之屋”，早已接到通报的葛温拿夫妇在门口热忱地欢迎我。布斯临别前，在一本介绍当地历史的《黑镇之书》（*The Book of Hay*）的扉页写着“向芳玲致意，黑镇之王理查”。

临行一瞥

第二天一大早，享用过葛温拿夫妇准备的英式早餐后，匆匆地继续我的书镇之旅。行经黑镇的钟塔时，发现不少农民摆摊贩卖一些农产品与手工艺品，原来是正巧碰上每星期四固定的赶集日，摊上的不少玩意虽然挺诱人，奈何我的注意力却被一旁某家书店的橱窗给吸引，一只猫咪竟然端坐在书本旁，通过玻璃，优雅地凝视着过往行人，整个构图仿如一幅静物画。

整个黑镇大约有三十间的书店，有些以量取胜、有些以珍本书为主、有些以超低价为号召，最特殊的莫过于各类型的主题书店，例如喜欢诗的人绝不能错过“诗集书屋”（The Poetry Bookshop）；对摄影感兴趣的人可以参观由摄影师Haydn Pugh经营的“闪烁影像艺廊与书店”（Blinking Images Gallery and Books）；而拥有一万五千册童书的“儿童书店”（The Children's Bookshop）则是孩子们的天堂。每一家书店几乎各有特色，可以满足许多人的需求。

为了能当晚赶回伦敦，下午天尚未黑就必须搭公车赴贺洛福特城，以便再转搭铁路，书镇之旅也因此必须告一段落。多年前的心愿总算实现，在公车上望着渐行渐远的黑-昂-歪，我忽然有一种恍如隔世的感觉。

一只黑白毛色的猫咪端坐在书本旁，通过橱窗的玻璃，优雅地审视着过往行人，整个构图宛如一幅静物画。

黑-昂-歪古书镇

雅登书店

ADDRESS
Radnor House, Church St. Hay-on-Wye, Herefordshire HR3 5DQ, U.K.
TEL
44-1497-820-471
WEB
www.ardenbooks.co.uk

闪烁影像艺廊与书店

ADDRESS
Oxford Rd. Hay-on-Wye, Herefordshire HR3 5DG, U.K.
TEL
44-1497-820-171

“布斯书店”狮子街总店

ADDRESS
44 Lion St. Hay-on-Wye, Herefordshire HR3 5AA, U.K.
TEL
44-1497-820-322
WEB
www.richardbooth.demon.co.uk

“布斯书店”古堡分店

ADDRESS
Hay Castle, Hay-on-Wye, Herefordshire HR3, U.K.
TEL
44-1497-820-503

“布斯书店”森林路分店

ADDRESS
Unit 1, Forest Rd. Hay-on-Wye, Herefordshire HR3 5SD, U.K.
TEL
44-1497-821-600

五星书店

ADDRESS
Backfold, Hay-on-Wye, Herefordshire HR3 5DL, U.K.
TEL
44-1497-820-164

黑镇戏院书店

ADDRESS
Castle Street, Hay-on-Wye, Herefordshire HR3 5DF
TEL
44-1497-820-071
WEB
www.haycinemabookshop.co.uk

儿童书店

ADDRESS
Toll Cottage, Pontvaen, Hay-on-Wye, Herefordshire HR3 5EW, U.K.
TEL
44-1497-821-083
WEB
www.childrensbookshop.com

诗集书店

ADDRESS
Ice House, Brook St, Hay-on-Wye, Herefordshire HR3 5BQ, U.K.
TEL
44-1497-821-812
WEB
www.poetrybookshop.co.uk

速写书王 理查·布斯

理查·布斯以书立国，举世无人出其右。

每个行业总会出些具争议性的狂人，比方说阿里之于拳击界；达利之于画坛；麦当娜之于流行歌坛；书店这一行也不例外。英国书商理查·布斯（Richard Booth）无疑是全球书店业界的第一号大狂人。

生长于一个军旅家庭的布斯，从小就是个桀骜不驯的孩子。在牛津修习历史时，大部分的时间都花在与友人开车兜风、饮酒、追女友上。布斯毕业后在几度工作不得志的状况下，回到英格兰边界的老家辜素普峡谷（Cusop Dingle），并在一哩外的威尔士小镇黑-昂-歪顶下一间店面，把它改成一家书店。当时年仅二十三岁的布斯，决意将黑镇发展成以二手书为主的世界第一书镇，他快速地搜书、建书店，一年后业务飞黄腾达，布斯从巨富手中买下了豪华的黑镇古堡（Hay Castle），经常在城堡内大宴宾客，出门则有劳斯莱斯代步。

到了1970年代中期，布斯已拥有二十余名员工和一百多万册书，并且在1976年名列吉尼斯纪录上拥有最多二手书的人。

意气风发的布斯，1977年4月1日更做出惊人之举，他在古堡前宣布黑镇为独立王国，并自封为理查王（King Richard），愚人节这天布斯煞有介事地发表独立宣言和国歌，同时任命他的爱马为首相。另外还发行护照，每张七十五便士，并且出售爵位，勋爵二点五英镑、伯爵五英镑、公爵可得二十五英镑，甚至一直到今天还有人真的寄钱来购买护照与爵位。

“独立日”当天，有三家电视台和八家报社派记者前来报道，使得黑镇的知名度自此急速上升，带来大批访客，媒体更是争相追逐理查王的踪迹。布斯的确是个擅长自我宣传的高手，他的诸多行径却惹恼了一些当地的保守分子，但是有更多人却乐于见他作秀，甚至是感激他。黑镇原本是以手工艺和农产为主，但是在工业冲击下，经济萧条，由于布斯的书镇计划，使得人口不到一千的偏远小镇成了观光据点，并且衍生出五十多家民宿旅舍，让这奄奄一息的地方重现生机。

就在布斯称王约半年后的某晚，古堡神秘失火，烧毁了不少珍本书和古董，但是保险公司也付出巨额赔偿，这笔钱正好拯救了当时不太景气的书店生意。对于这个巧合，有不少的传闻和揣测，有人怀疑是布斯暗中纵火，以取得保险金。但是亲近他的人反而不相信此说，因为他们了解古堡之于理查王实在是太重要了！失火案至今还是一个谜，古堡的修护工程则因资金庞大而缓慢进行，直到今天还未对外开放。

经营书店这档事，布斯本人倒不把它当成什么高不可攀的行业，书本之于布斯就像砖块一样实在，他一箱箱地买进再一本本地上架，每一次都像在搬砖一样，流汗的感觉让他觉得自己属于这个以劳动为主体的小镇。他自称是“一个乡下小孩”（a town boy），喜好乡村庄园的亲切，更主张恢复手工业，以达庄园经济自足，这些主张在二三十年前若不被视为是开倒车就是过度前卫的论调，但是在现今却与许多环保团体及倡导社区意识的人不谋而合。由此角度也就不难理解，他为什么会大力抨击官僚体系和大型的工商企业组织，因为他们的联手而使得整个乡村景观（人文或地理）逐步瓦解，他对无所不在的现代化超级市场和连锁书店，简直到了深恶痛绝的地步，尤其认为那些学院派的知识分子是推波助澜的帮凶。

一如布斯的所有论点，总有人认为他过度夸张与矫情，并批评他其实也是玩弄商业手腕在营造个人知名度，特别是他过去的糜烂历史，更有人宣称看到他的仆役提着大篮子在超级市场中为主人采买。

然而不可否认地，布斯的书镇理念影响极大，比利时、法国、荷兰、瑞士、美国正纷纷传出新书镇诞生的信息。

即使是伦敦市一些对布斯相当不以为然、认为他的藏书百分之九十都是垃圾的绅士书商，也不得不承认：狂人布斯的确是号人物。

布斯对自己的评语——“我是一个充满混乱的人。”（I am a confused man.）似乎是极恰当的描述。

书镇之王理查·布斯在这座古堡前宣布黑镇为独立王国。

巧遇
“永远的蒋夫人”

1995年春天去英国威尔士一个满布旧书店的传奇书镇黑-昂-歪（Hay-on-Wye），亲访了书镇的创始人理查·布斯，对于这个自封为王，不按牌理出牌的狂人印象极为深刻。至于他那一手建立的布斯书店（Booth Bookshop），也和主人一样不修边幅，却绝对有特色，四十几万册的书分成几十大类，密密麻麻地在三个楼层中陈列。

习惯在现代化连锁书店消费的读者，大概很难忍受布斯书店的陈旧、昏暗，架上的书一本比一本老，多数书籍的内页已泛黄，有些甚至连封皮都毁损，但是只要耐心搜寻，总会有收获。

1942年10月3日出刊的《图像邮报》以蒋夫人制征衣的宣传照当封面。

最吸引我的，是书店左侧的一个独立区域，专门放置各式各样的过期杂志，所谓的“过期”，可不仅仅指三五个月或一两年而已，随手翻翻，都是三五十年以上的杂志。在这里我还看到了创刊于1841年的著名英国讽刺、幽默插画杂志《叛趣》（*Punch*），这份历史悠久的周刊，数年前曾在众人的惋惜下一度停刊，而后又神奇地复刊。

杂志区的四面高墙，则吊满了数百本B4大小的杂志《图像邮报》（*Picture Post*），全都装在透明塑料套内，封面的文字一律以红底白字方式处理，配上几乎满版的主题人物的黑白大头照，一张张的脸孔似乎无声无息地注视着我。突然，一张东方面孔映入我的眼帘——蒋宋美龄。在众多西方男男女女的环绕下，只见“永远的蒋夫人”明眸皓齿，甜甜地冲着我微笑，双手则摆在一台穿线的缝纫机前，这个画面一看就知道是二次世界大战时的宣传照，趋前查看，果然是1942年所发行。

立刻买下这本杂志，小心翼翼地拆开塑料套，翻阅十九、二十页关于封面主题的报道，标题是“蒋夫人探访医院”，前言写着“中国正一边奋战、一边重建，英国对中国的资助，将帮助它拯救无数人的生活”；内容则描述中国参战五年来，已有五百万人死亡，四分之一的疆域被日军占领，并产生一百万名孤儿、五千万名无家可归的人。中国人借由各种渠道来重建，包括红十字会等医疗组织，蒋委员长夫人帮忙训练上千位工作人员，以设立一百间孤儿院来收容三万名孩童。

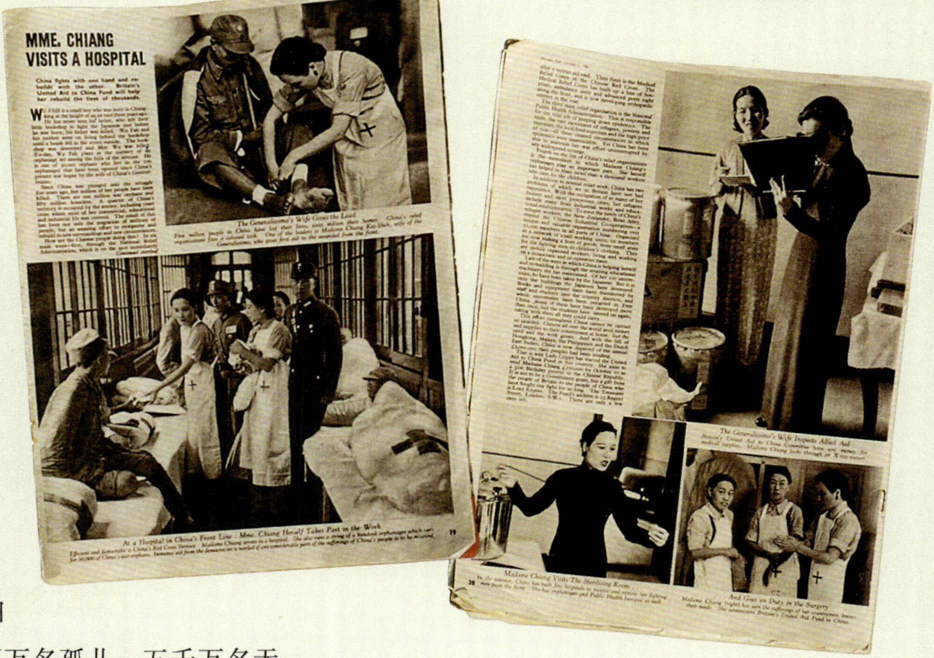

《图像邮报》第十九页与第二十页关于蒋夫人探访医院的报道。

报道最后感性地说，中国不能再如此消耗下去，并呼吁英国大众捐款支持，希望在10月10日前筹募到二十五万英镑，以作为庆祝中国三十一岁的生日礼物。简洁的报道配了五张照片，全是以蒋宋美龄为主角，场景是医院中的手术房、病房、医务室等。

对于蒋宋美龄的功过褒贬，一直有人提出不同看法，但是无可否认地，凭着西方的求学背景与流利英语，她的确在二次大战时扮演了一个重要的公关角色。

二次世界大战，原本只存于父母辈的记忆中，但是在异国的一家书店内，经由一本杂志的报道，却让我走入时光的隧道。

美国一些政治人物为了纪念二次世界大战五十周年，并向蒋宋美龄致敬以表彰她在战时的贡献，特别邀请她到国会演讲。这位垂垂老矣、不在台面上已久的蒋夫人，因而又再度成为媒体的焦点，当时台湾的几家电视台为了抢新闻、抢资料而忙得不可开交，还各自派出大队人马越洋转播，有些甚至推出特别节目，少数受邀到现场观礼的人士，则兴高采烈地向大众报告，一副倍感尊荣的模样。当媒体搅得人仰马翻，忙着宣称自己拥有这个独家、那个独家时，我却对手中这本五十多年前发行的杂志得意非凡，心里想着哪天说不定可以把杂志拿去拍卖，看看有多少人会感兴趣、又会出什么价钱收购，至于我当初的花费是多少？这个数字自然是无可奉告了。

Update for 2002

后续笔记

我一直不曾再回黑-昂-歪这个传奇的小镇，但是在日后的访书旅程中，我仍不时听到一些书商提起他们与狂人布斯交手的经验。2000年1月时，我造访了加州东北方的内华达城（Nevada City）与草原谷（Grass Valley），这两个隔邻小镇本来就有不少书店、书商，内华达城“布丽葛顿书店”（Brigadoon Books）的主人盖瑞·史多乐力（Gary Stollery）在1995年冬天拜访过黑-昂-歪后，对布斯以书造镇的概念深深着迷，他在返乡后积极地鼓吹，两个姊妹市于是决心联手成为美国西岸的书镇，1997年12月底，布斯夫妇受邀到此与七十五位书商欢聚一堂，并以国际书镇之王的身份为他们加持。

我在史多乐力的书店和他畅谈布斯的趣闻，同时也买了本布斯在1999年5月出版的自传 *My Kingdom of Books*，这本传记的封面非常具喜感，头戴皇冠的布斯，身披红、白两色长袍，立在书堆旁，背景是宁静的小镇，整个画面将布斯的顽童作风表露无遗。他在书中以幽默的口吻细诉自己的成长背景、罗曼史及与书的深厚渊源，其中一些关于他到外县市及国外收购书籍的描述，格外生动。读者可以在他的网站（www.richardbooth.demon.co.uk）中购买附他签名的精装本传记，每册连同运费为十九点九五英镑。

自从我介绍过布斯与他的书镇后，经常接到读者的电子邮件，询问黑-昂-歪到底在哪里？怎么去？该到哪里去投宿？感谢www.hay-on-wye.com这个网站的出现，我现在可以不必再一一回答这些问题，因为网站上面详列了到小镇旅游所需要知道的各项要点，同时也列出了不少书店的联络方式。

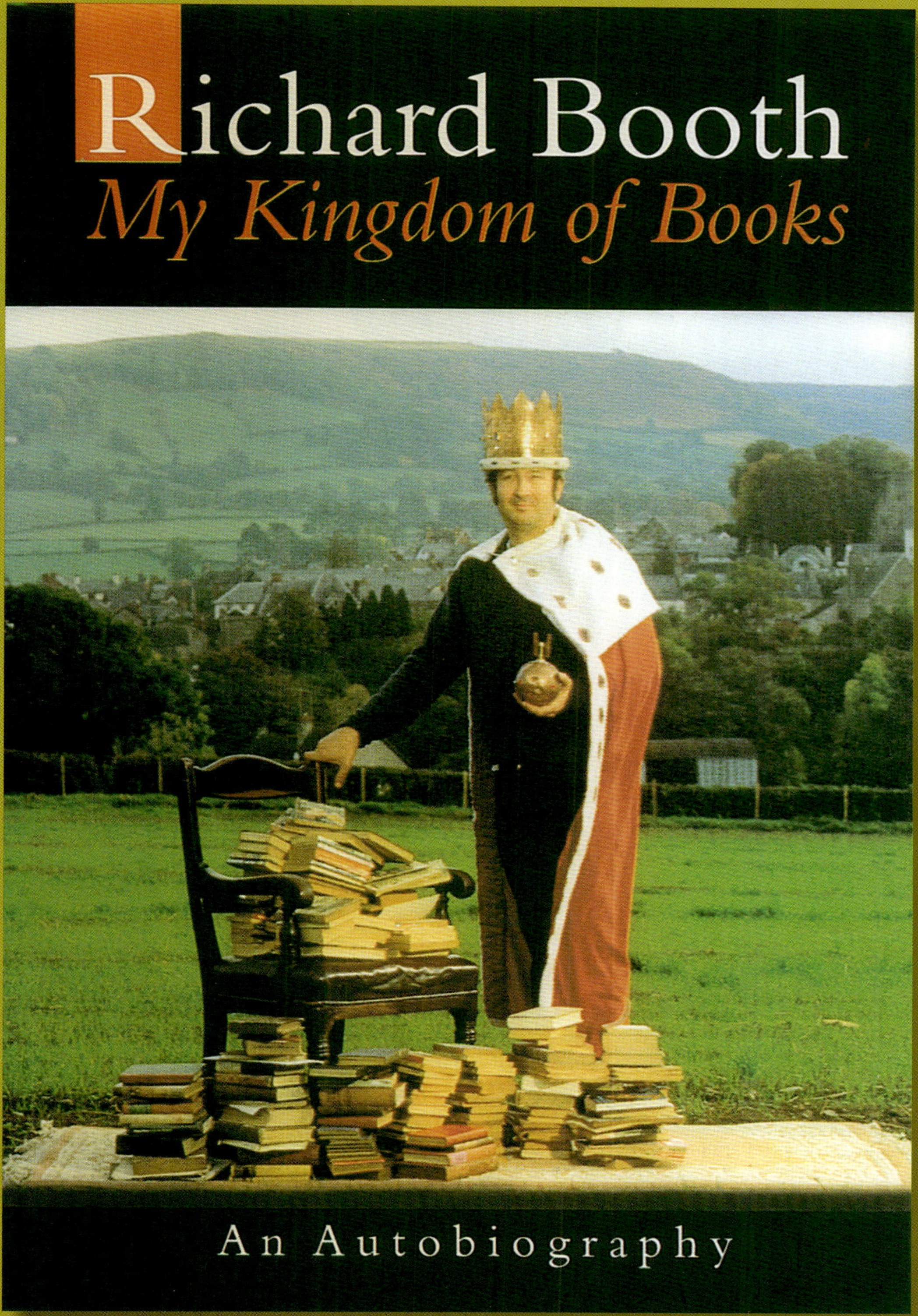

理查 · 布斯于1999年出版了自传，这本书的封面非常具喜感，将他的顽童作风表露无遗。*Courtesy of Y Lolfa Cyf; photo by Julio Donoso*

Update for 2007

后续笔记

理查·布斯从上个世纪60年代初期，在威尔士黑-昂-歪创立自己的书店，并把人口不到一千五的小镇变成世界第一个书镇以来，已经过了四十余载。大环境一直在变，布斯也从一个小伙子步入老年。不变的，是他对推动书镇的决心与无可遏制的买书冲动，即便他前些年中风，行步缓慢、说话不甚清楚，但还是滔滔不绝、脑筋灵活。

我并没有再与他晤面，但却直接、间接地知道一些有关他的信息。2003年美国作家保罗·柯林斯（Paul Collins）出版了一本书《六便士之家：迷失在一个书镇》（*Sixpence House: Lost in a Town of Books*），副标题的书镇指的就是理查·布斯的王国黑-昂-歪书镇。作者柯林斯在书中描述他带着妻小搬离美国旧金山，迁居到威尔士的黑-昂-歪。这对喜欢旧书、老建筑的年轻夫妇，为了在当地觅得梦想之屋，一开始先租在一栋16世纪建筑的楼上，女房东黛安娜·卜朗特（Diana Blunt）在一楼经营全镇唯一一家卖新书的书店“潘博敦斯书店”（Pembertons Bookshop），这简直是与专卖二手书的“书镇之王”布斯唱反调，特别是黛安娜还积极参与自1988年开办的“黑镇文学艺术节”（Hay Festival of Literature & the Arts）——以促销新出版的书为主，可以想见布斯与黛安娜两人互看不对眼。偏偏柯林斯逛布斯的二手书店时，无意间被布斯相中，要他到书店工作，负责美国文学书区。在《六便士之家》一书中，柯林斯对布斯、黛安娜以及一干书商都有颇生动的描述。对于想去黑-昂-歪古书镇，却又无法远赴威尔士的人，可以在YouTube的网站上看到不少当地书店的样貌。①②

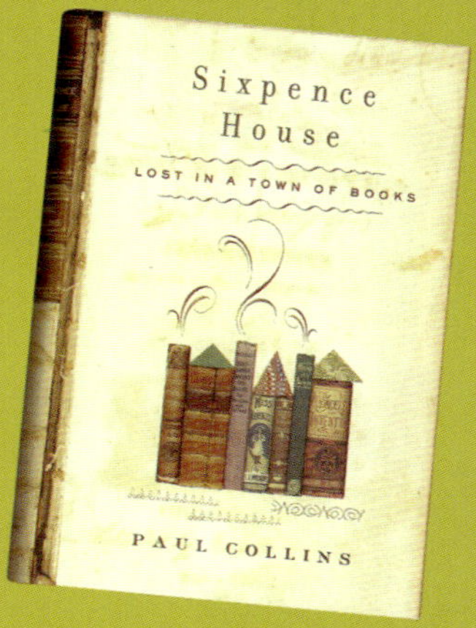

《六便士之家》一书中，作者柯林斯除了对书镇的书人、房地产商着墨外，更重要的是以他等待一本著作出版的过程为主轴。待在黑-昂-歪期间，柯林斯完成了初稿，正与纽约市出版社的编辑针对书名、封面图片、校对等问题来来回回地讨论，里面谈到两方如何攻防、拉锯与游说，他的描述让所有有出版经验的编辑与作者都会莞尔一笑。此外，书中还提到一些美国出版社对书籍包装的手法与一些颇可笑的思考逻辑，也是非常有意思的地方。

由于黑-昂-歪上了历史、外表看起来很迷人的老房子几乎都得大修，就像钱坑一样，而柯林斯夫妇对新盖的房子又没兴趣，因此他们终究没有在镇上找到梦想之屋，只好决定打包返回美国。柯林斯描述，自己在临行前与布斯碰面有些尴尬，没想到自己居然几个月就待不下了，他认为小镇之人都有

←← 国际书镇之王理查・布斯不时到美国大买二手书，因为价格比英国要便宜了许多。画面中那位弯着头、聚精会神找书的人，就是布斯。时间、地点为2004年10月的宾夕法尼亚州哈律斯堡（Harrisburg）的露天书摊，此书摊是由城中专卖二手书的“中城学者书店”（Midtown Scholar Books）所摆设。*Courtesy of Larry Portzline*

← 布斯碰到任何人都不忘大力宣扬他的书镇理念，不知道布斯是否正在向那位身着红衣的长者“传教”？*Courtesy of Larry Portzline*

一种定性，就是能住得下去、满足既有的祖产房子，正如布斯可以继续拥有那被烧得半毁的古堡，他有所感触地说：“黑－昂－歪是布斯所属之地，好歹他把整个生命都奉献给这个小镇。”

雄心万丈的布斯，还是经常拄着拐杖、在助手的伴随下，到海外大批大批购书、运回黑－昂－歪。许多美国的书商都对布斯印象深刻，虽然他老是狂言狂语，说一些别人搞不懂的小镇经济理论，但是都觉得他特别逗趣，因此总是很期待能见到他。偏偏布斯是个神出鬼没的人，没人知道他何时会出现。然而我最近认识的一位朋友赖瑞・波慈莱（Larry Portzline），自从2004年起，就在他居住的宾夕法尼亚州与布斯碰了好几次面，两人相会可不是偶遇，根据赖瑞表示，每回都是布斯主动与他联系。至于我为何认识赖瑞？赖瑞又是何许人也？居然有此荣幸，蒙国际书镇之王召见。答案就请看本书《独立书店在美国》的后续笔记了。

最后值得一提的是，欧洲的书镇联合成立了“国际书镇组织”（International Organisation of Book Towns）,不仅设立网站，还自1998年起，每两年轮流选在一个书镇举办“国际书镇节”（International Book Town Festival）。在布斯的倡导下，现今欧洲共有十二个书镇。世界其他各国如北美洲的美国、加拿大，甚至连亚洲的马来西亚等，也都相继出现了类似的书镇。

---

① www.youtube.com/watch?v=M–3a–7f7–pc

② www.youtube.com/watch?v=eW2s8mQ7iTI

INFO

潘博敦斯书店

ADDRESS
4 High Town, Hay–on–Wye, Herefordshire HR3 5AE, U.K.
TEL
44–1497–820–159
WEB
www.pembertonsbooks.com

国际书镇组织

WEB
www.booktown.net

美国明尼苏达州“静水书镇”

WEB
www.booktown.com

加拿大“南温哥华岛书镇”

WEB
www.sidneybooktown.ca

所罗门王的藏宝地

洛杉矶“遗产书店”

Heritage Book Shop

书店珍藏的各类古书，皆是人类的文化遗产，
爱书人走访至此，无不夹杂着狂喜与敬畏，
仿如踏入所罗门王的藏宝地。

我总是喜欢问一些相熟的美国古书商，在他们这一行中，有哪些算得上是顶级书店，每个人开出的名单当然不尽相同，但是几乎所有的人都会提到洛杉矶的“遗产书店”（Heritage Book Shop），虽然并非每个书商都欣赏这家书店的风格与经营策略，但是就营业额的多寡而言，书商们应该是没有异议的，“遗产书店”不仅在美国古书业拔得头筹，同时还可能位居全球之冠。

对于这家被《纽约时报》誉为美国最佳的珍本书店，我在实地拜访前，早已是如雷贯耳，但是终究百闻不如一见，数度造访这家书店，每一回我都有着惊心动魄、眼界大开的感觉。

哪位皇室家族的御书房?

“遗产书店”位于洛杉矶西好莱坞区，单是那栋建于1928年的建筑物本身就已是令人屏息，其外观像是一座小城堡，正面的巨型窗户配上彩色的镶嵌玻璃，在时髦的梅尔罗斯大道（Melrose Avenue）上显得格外庄重沉稳，圆弧形的厚重木质大门永远紧闭着，得先按铃才会有人前来应门，踏进室内，只见入口的接待室铺着华丽的地毯，墙上的精致书架配着典雅的艺术品，若非是桌上一台机身透明荧光的iMac摩登电脑，我会以为掉入了一两百年前哪位皇室家族的御书房，宽敞的主厅有着A字型的挑高屋顶，夏洛蒂·勃朗特的油

← 位于洛杉矶西好莱坞区的“遗产书店”被誉为美国最佳的珍本书店。

↓ 若非是桌上摆着一台蓝色荧光的iMac摩登电脑，乍然踏进“遗产书店”的入口门厅，会让人以为掉入了一两百年前哪位皇室家族的御书房。

← 位于明星、名流群集的好莱坞，“遗产书店”非常清楚，想要打动这些“贵人”，让他们心甘情愿地支付四五位数字的美元买一本书当收藏或赠品，可得要有称头的门面才可以。就如画面中所出现的哥德式雕花座椅，可是在电影《飘》中出现的考究道具，由主人特别买来匹配店中的珍贵古书。至于哪些名人曾在此出现？名单长得很，包括布拉德·皮特（Brad Pitt）、约翰尼·德普 （Johnny Depp）、薇诺娜·赖德（Winona Ryder）……

画高高在上，俯视着四周雕工精细的英国式木质书架，棕红色的石板地在鹅黄的灯光下泛出温润的色泽，全厅极为抢眼的是环绕着正中央巨型长桌的几张哥德式雕花座椅，它们可是在知名电影《飘》（*Gone with the Wind*）中出现的考究道具，由书店主人向米高梅公司所买来的。这一切的铺陈，全是为了匹配书店中真正的主角——一万三千册的珍本书。

藏书中包括了许多极品中的极品，例如一本13世纪中叶巴黎产的手抄本拉丁文圣经，羊皮书页、周围洒金，标价八万五千美元。1651年出（初）版的达·芬奇的著作《论绘画》（*Trattato della Pittura*），内附达·芬奇（Leonardo da Vinci）的画像及七十三张插画与图表，标价一万两千五百美元。1859年达尔文（Charles Darwin）的《物种起源》（*On the Origin of Species*）虽然出版迄今“只有”一百五十年，但是价值已高达两万五千美元。

手稿、信件、珍本书、古地图

主厅旁的一个独立小厅，则是书店极为自豪的套书区，在这个四整面书墙建构出来的空间，爱书人可以找到作家的成套作品，它们全是印刷、装订精美的书籍，许多还附有作者或插画者的签名，当然价钱同样不便宜，一套1930年在美国纽约出版、限量七百六十套、以摩洛哥皮装订的阿瑟·柯南·道尔（福尔摩斯侦探小说的作者）作品集，共二十四册，内有作者亲笔签名，定价一万六千五百美元。

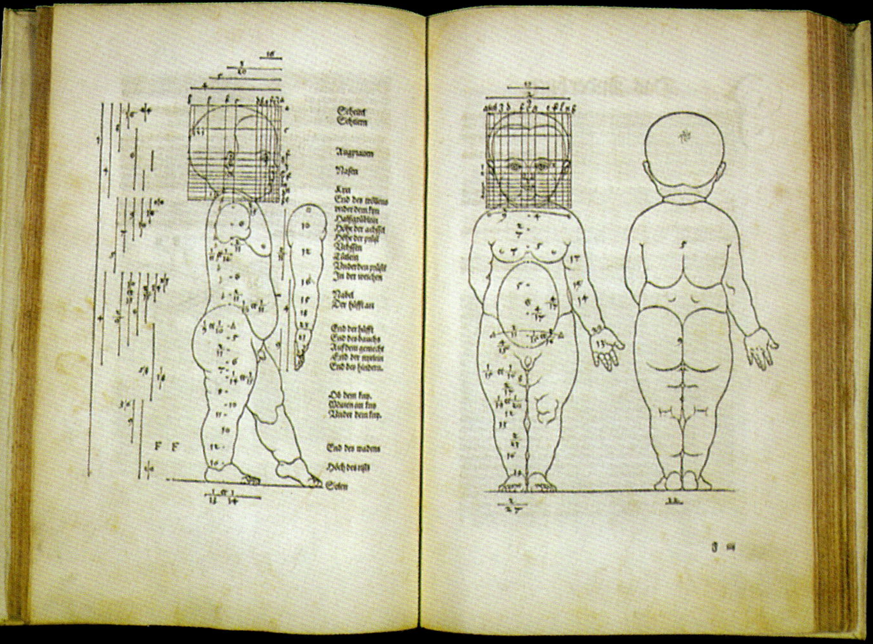

↑↑ 意大利天才画家达・芬奇的《论绘画》是文艺复兴期间最重要的一本关于谈论艺术的书籍，“遗产书店”拥有的这个1651年巴黎发行的版本，价值一万两千五百美元。*Courtesy of Heritage Book Shop*

↑这本1528年在德国纽伦堡出（初）版的关于人体比例的书，是最早探讨人体测量差异与比较的书，为解剖艺术的极品，由知名的德国画家丢勒（Albrecht Dürer）所撰写、设计与插画（木刻版），目前价值一万七千五百美元。*Courtesy of Heritage Book Shop*

在印刷术发达的今天，书籍已是大量生产下的规格成品，相较之下，数百年前一笔一画用手抄写、描绘于羊皮纸上的祈祷书益显珍贵，每一本都是独一无二的艺术品，也难怪成为许多收藏家关注的对象。左图与右图所展示之书页，分属17世纪与16世纪祈祷书，前者值一万八千五百美元，后者高达十六万美元。*Courtesy of Heritage Book Shop*

成立于1901年的英国书籍装订公司Sangorski & Sutcliffe，以珠宝装订封面最为著称，凡是他们经手的每本书都成了艺术极品并身价百倍，图中这本沃特・史考特伯爵（Sir Walter Scott）著的《弗拉登战役》（*The Battle of Flodden Field*）就是一个最佳范例。金碧辉煌的封面与封底由上选的褐色摩洛哥皮包裹，押上金色的繁复花纹与色彩斑斓的徽章与图腾为装饰，封面更镶嵌了十二颗土耳其玉和十二颗红石榴石，内页则是图文彩绘在羊皮纸上的手抄本。这本1920年代时以纯手工制作的珍本书，价值两万五千美元，“遗产书店”不乏这类装订精美的书籍。*Courtesy of Heritage Book Shop*

↑↑梅尔维尔（Herman Melville）的名著《白鲸》（*Moby-Dick*）发行至今共有多种版本，其中最为著名之一是由以精致印刷著名的旧金山“艾力恩出版社”（Arion Press）于1979年所倾力制作者，内含一百张木刻版画、手工印制、限量二百六十五本，“遗产书店”拥有其中一册，同时还附有一套由版画家签名的独立版画册，以及记录书籍制作过程的相关档案文件，它们分别存放于特制的蓝盒中，书籍外带这些对象共值一万六千五百美元。珍贵的书籍并不一定都是具有百年以上的历史，这是一个最佳的例证。*Courtesy of Heritage Book Shop*

↑海明威的作品一直是诸多书迷热衷收藏的对象，1938年第一版第一刷的The Spanish Earth限量一千本，“遗产书店”不仅拥有编号一六四的书册，还有四张书中黑白插画的原稿、印刷厂未裁切的打样稿及一册出版前最后校对的样书。这些林林总总的对象加起来为一万两千五百美元。*Courtesy of Heritage Book Shop*

除了书籍以外，“遗产书店”还有不同年代的地球仪，此外，二楼则有一间艺廊，这里是专门陈列著名人物的手稿、信件、相片、古地图的专区，墙上挂了温莎公爵与辛普森夫人的信件与照片，价格为九百五十美元；弗洛伊德写给侄女的信、海明威采买钓具的清单也在其中。

书店创办人班・魏斯坦（右）与路易士・魏斯坦（左）两兄弟，从早年经营贩卖廉价品的旧货店到打造出全世界顶级的珍本书店，其成功的案例宛如书店业中的一则灰姑娘传奇。*Courtesy of Heritage Book Shop*

英雄不怕出身低

这家会让一般人手软、脚软的高档书店，崛起的过程其实却是相当卑微，仿如书店业中的灰姑娘传奇般。创办人是一对兄弟——班・魏斯坦与路易士・魏斯坦（Ben and Louis Weinstein），两人于1960年代初自美国东岸纽约布鲁克林搬到西岸洛杉矶发展，最早他们开了间旧货店，其中虽然包括了一些二手书籍，但

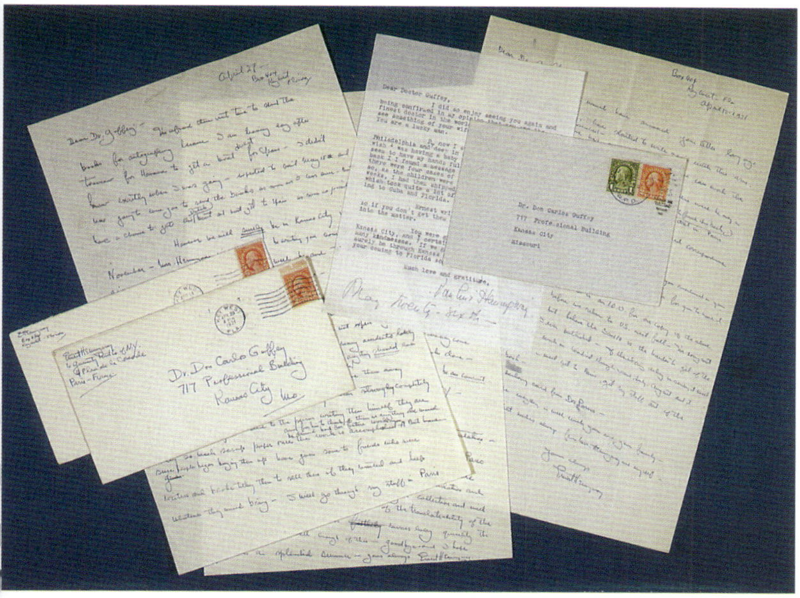

除了书籍外，名人的信件也是许多人感兴趣的收藏品，两封海明威1931年写给接生他两个孩子的医生的亲笔信，加上一封其第二任妻子宝琳给同一位医生的打字函，价位可以高达一万一千美元。*Courtesy of Heritage Book Shop*

却不是主力，直到1963年他们以低廉的价格由一位书商那儿买下了七八千本书后，情况才改观，他们先出清其他非书物品，把店名改为“遗产书店”，专注于旧书的买卖。然而两兄弟在初期对书籍的知识却相当贫乏，自己的存货中到底有哪些是好货色，也搞不清楚。据说有回柏克莱一位聪慧的书商彼得·豪尔（Peter B. Howard；Serendipity Books 的主人）到了他们的店中，询问是否有威廉·福克纳（William Faulkner）的书，两兄弟压根儿连福克纳的名字都没听过，结果豪尔自行搜寻了数小时后，以二十七美元买了十四本小说，其中包括了福克纳的作品，他日后以数十倍的价格把它们卖出。

还有一回，路易士挑出了几箱他认为卖不出去的旧书，把它们放在垃圾堆旁，打算晚些时候一起丢弃，谁知一位客人竟然在当中挑了八本书，并且很干脆地付了账，丝毫不讨价还价，客人离去后，路易士飞快地将那几箱书归回书架上，真的是应验了“某人的垃圾，可能是他人的宝贝”的说法。

“遗产书店”拥有众多作家的套书，这是1937至1938年间由英国“无比出版社”规划出版的狄更斯作品集，全套共二十三册、布面精装、内含许多插画，限量仅八百七十七套。*Courtesy of Heritage Book Shop*

书店极为自豪的套书区，陈列了作家的成套作品，它们全是印刷、装订精美的书籍，许多还附有作者或插画者的签名。

为名人服务的书店

旧书的市场向来与新书截然不同，而且又分为两大类，其一为廉价的二手书，通常指的是出版年代不久、价格比原价低许多者，其二则是属于珍本书或古书，其标准在于一本书的书况是否良好、年代是否久远、是否为首版或限量发行、是否有作者的签名或题献等，这些诸多因素都会影响一本书的价格，这些专业知识以及供需间的要求，对于魏斯坦兄弟是全新的课题，也因此才会闹出一些笑话，他们于是积极拜访其他书店并收集别人发行的目录，以了解同业间的收藏及定价原则，渐渐地他们比较进入状态，也因而更能分辨并欣赏书籍的优劣，同时也观察到价格高昂的古书，较一般低廉的二手书有销路且获利高，因此就将一般性的书籍出清，把经营范围缩小到珍本书、古书，两兄弟接着将触角延伸到美国各地及欧洲，拜访各地的书店并进行采购，随着收藏的品质提升，魏斯坦兄弟不仅在业界中站稳脚步，书店的字号也跟著名扬国际，英雄不怕出身低，大概是对他们的最佳写照。

有些较严苛的保守书商曾向我表示，魏斯坦兄弟的专业知识不足，称不上一流的书商，路易士也坦承自己与哥哥在这行仍像个中学生般，每天都在学习新知，至于他们的不足处，店中二十二位学有专精的职员能补强，例如副总裁曾是英国伦敦一家古书店的负责人、总经理具有欧洲智识史的文凭、编目员则拥有数个图书馆学的学位；另外，路易士特别带我参观了二楼不对外开放的参考室，这里拥有七千册参考书籍，其中包括了其他书商与拍卖商的目录，这些资料为的是能精确地对经手的书籍做出专业的评估，使得购买者能信服。魏斯坦或许不属于传统式的学究型古书商，但却绝对是做生意的高手，他们把古书业以现代化的方式经营得有声有色。

因为通讯的便利，“遗产书店”的客户遍及全世界，平常书店中并不常见到顾客上门，但是我每次在店中总是听到不断打进来的询问电话，有些是要买书、有些则为了卖书，也难怪他们的电话有七线之多。顾客群中当然不乏一些知名人士，但是基于对隐私权的考量，路易士表示，一些顾客严禁自己的名字被透露，即使缩写也不能，以致他们得秘密地用代号来处理，不过当你能卖出一本二十万五千美元的书时，所有顾客的要求或怪癖大概都能忍受了。

“遗产书店”另外还附设装订部门，在书店后方的这个工作间里，有一组人专为一些需要修复与重新装订的古籍进行“整型”或“换肤”的工作。

除了书籍以外，店中还有两三百年前的古老地球仪。

从殡仪馆到书店

另外，由于“遗产书店”地处洛杉矶这个娱乐王国，客群自然少不了一些好莱坞的明星、剧作家、导演等演艺圈人士，装订精美、印刷考究的精装本古书，成了他们送人的最佳礼物。事实上，这个地方一直与名人有不解之缘，早自1920年代开始到1986年“遗产书店”进驻之前，这里原是个高级的私人殡仪馆，克拉克·盖博、鲁道夫·范伦铁诺等老牌巨星的人生告别式都是在这里举行，当初魏斯坦兄弟会买下这个地方，不仅相中它的建筑之美，最主要也考量到它曾经拥有的风光岁月，能与书店中的精品相互辉映。我知悉这个建筑物的故事后，觉得其间的角色转换其实还是保留了相当的一致性，殡仪馆也罢、古书店也罢，两者都是对过往历史的凭吊，还有什么地方比这里更适合贩卖数百年前的老书呢？

刚开始进入藏书天地、预算不怎么充裕的初阶者，首次探访“遗产书店”时可能会倍感压力，当下震慑于众多昂贵书籍的环绕，虽然书店中的书籍大多是一般人可望而不可即的，但还是有些美金两三百元的低价位书，有些书商朋友以亲身的经验告诉我，如果耐心搜寻，在此甚至还能找到一百美元以下的书。

“遗产书店”就像一个精致的博物馆，其中陈列的书籍确实都是人类珍贵的文化遗产，特别是对于喜爱书的人而言，走访此地就仿如踏入了所罗门王的藏宝地，我每次去那里都夹杂着狂喜与敬畏之情，站在大门前时，总是深呼吸一口气，很想学天方夜谭中的阿里巴巴一样，大声喊着：“Open, Sesame!”（芝麻开门！）

压书器是一般古书店不可少的装饰。

←“遗产书店”的二楼曾经有一个艺廊，墙面上挂了许多古地图、名人的老相片、手稿、信件等。如此的景象再也见不到了。

↓“遗产书店”的确是远近驰名，他们结束营业的信息，大幅出现在2007年7月5日的《纽约时报》。

The New York Times

Back From Iraq, Contractors Face Combat-Related Stress

Rare Books. Rare Brothers. Rare Chance to Profit. Closed.

Rev Up the Piccolos and March To the Beat of American Cheer

Update for 2007

后续笔记

今年6月20日的《洛杉矶时报》与7月5日的《纽约时报》分别大篇幅报道了洛杉矶“遗产书店”将在今夏营业结束。这则新闻其实对业界的人已是旧闻，3月份时，网络上已经有书友流传这个信息，据说有些消息灵通之士早在2006年底就已知晓。

熟悉“遗产书店”的背景与历史的人，就会了解这家书店没有经营不善的问题。魏斯坦兄弟是何等精明的生意人，他们从低档的二手旧货店一路到高档的古书店，做哪一行像哪一行，虽然没有人知道书店的确切营业额，但是只要看他们每期列着众多昂贵书籍的华丽目录、只要看他们每次在专业杂志或书展手册上刊登的彩页广告，就可想象他们的经济背景有多雄厚。

这家被许多媒体喻为全世界最佳的古书店，虽然关门的消息在媒体占据大幅版面，但是对一般读者来说，这根本是则不痛不痒的新闻，毕竟少有人收藏价位高昂的珍本书。一些习惯到此消费的好莱坞巨星，顶多会跺两下脚，懊恼一下子少了间可以匹配他们排场的气派书店，但也不过就是再另找一个高档书商来服务他们罢了。“遗产书店”的消失，打击最深的其实是其他同业古书商。

古书市场和新书市场极为不同，后者是同业激烈竞争，因为大家贩卖相同的产品、瞄准相同的消费族群。然而古书业却不同，书的行情随人定，就如20世纪初的大书商罗森巴哈（A. S. W. Rosenbach）的至理名言：“一本书的价值取决于人们愿意花多少钱买它。”换言之，要怎么找到愿意付你书籍定

"克拉克图书馆"原是一个私人豪宅，建筑完成于1926年，1934年捐赠给洛杉矶大学。

价的对象才是重要。因此很多古书、珍本书的交易是在同行间进行，例如书商B向书商C买了本一千美元的书，只因书商B很有把握自己能以二千五百元卖出，过不久书商A看到了此书，即刻花了三千美元买下，转手间以六千美元卖给一位藏书家。手上握有大笔阔绰客户名单的"遗产书店"，经常就扮演书商A的角色。魏斯坦兄弟参加古书展，卖书给一般顾客可能是其次，向同业买书往往才是主要目的，他们因此也成了许多同行古书商的大户，也就是古书业这个食物链里最上层者，至于书商C下面，很可能还有书商D、E、F、G……，而今"遗产书店"结束营业，自然会影响不少底层书商的生计。

说了半天，到底"遗产书店"何以会结束？理由其实很单纯。主要是两人已经在书业超过四十载，也到了该退休的时候，特别是弟弟路易士厌倦了这些年在亚利桑那州的住家和洛杉矶的店面间往返奔波，再加上正好有人出高于市价五分之一的数字要买下书店的所在地，在商言商的两兄弟于是见好就收。他们惊人的库存书（市价约值两千万美金），据说已经由拍卖公司承包下来。很多人都问两兄弟是否会"技痒"，想重出古书业？弟弟路易士斩钉截铁表示要退休，哥哥班则考虑或许会弄个小办公室，专替几位关系好的高档客户服务。无论如何，他们的结果都是让人祝福与艳羡的。

虽然"遗产书店"所卖的书对我而言都是可望而不可即的，但这么一间富丽堂皇的书店从此消失，我还是感到不舍。一般人可能会想知道影片《飘》里的道具椅到底流

“克拉克图书馆”内的室内回廊，墙壁、地面都由大理石铺成，天花板上的图饰则是人工彩绘。走廊两边的立柜陈列了不少收藏品。

落何方。而我比较关心的是，那些替“遗产书店”奠立专业基础的诸多参考书以及各书店、拍卖公司的目录将会如何处理。那些参考书目往往附有许多稀有书籍的精彩图像，同时还记载了书籍的历史与交易价格，就像是一个丰富的大数据库般。答案后来揭晓，“遗产书店”把经年累积的一千两百册参考书目，全部捐赠给加州大学洛杉矶分校（简称洛杉矶大学）所属的“威廉·安祖斯·克拉克纪念图书馆”（William Andrews Clark Memorial Library；简称“克拉克图书馆”）。我听到他们这个捐赠决定，心中颇为快慰。

“克拉克图书馆”并不在洛杉矶大学本部，也不是一般刻板印象中的单调图书馆样貌，建筑外大片的翠绿景致，像是一个富庶的庄园，建筑内又像一个优雅的小皇宫，我曾经在多年前慕名前往。

原来“克拉克图书馆”是20世纪初洛杉矶的慈善家兼藏书家威廉·安祖斯·克拉克的住所，他生前就表示这栋豪宅、土地以及其中所有的藏书在他死后都将捐赠给洛杉矶大学。在1934年他去世后，诺言实现，而我们也有幸得以欣赏这个对外开放的精致图书馆。馆藏以17世纪、18世纪英国文学与历史古籍、手稿著称；此外，馆内有关英国作家奥斯卡·王尔德（Oscar Wilde）的藏书，更是全世界数一数二。而今“遗产书店”把他们搜集的书目交给“克拉克图书馆”，不仅丰富了图书馆的藏书，也不辜负他们所取的书店名号，让文化遗产继续流传下去，因而留下一个美好的句点。

Note 2008

去年我与魏斯坦兄弟的哥哥班联络上，得知他在书店斜对面的摩登“太平洋设计中心”（Pacific Design Center）租了间办公室，仅采预约方式服务一些老顾客，书店的名号也留着。

地址：8687 Melrose Avenue Suite M46 West Hollywood, CA 90069

电话：310-659-3674（仅接受预约）

美国在20世纪初的富商巨贾，如J. P. Morgan, Henery E. Huntington, J. Paul Getty 等人掀起了一阵藏书的风潮，一个拥有珍本书的气派私人藏书室，是尊贵地位的表征。“克拉克图书馆”就是其中一个代表。

S

APPENDIX

附录

美国超级书店的兴起

Super Bookstore Chains in the USA

由于经常有名人在此办活动，而且许多精彩活动又都放在网上供人欣赏，因此这家位于纽约市“联合广场”旁的“邦斯与诺博书店”，已经成了书店集团中的明星，也成了观光客的景点。

美国书籍零售业近几年间最重要的趋势，莫过于连锁书店的不断扩增与彼此间的购并，例如“邦斯与诺博书店”（Barnes & Noble, Inc.）买下“大通书店”（B. Dalton Bookseller）、“双日书店”（Doubleday Book Shop）和“史桧伯那书店”（Scribner's Waldenbooks Bookstore）等（共有九九七家；按1996年1月统计资料），“博得书店”（Borders Bookshop）与“沃登书店”（Waldenbooks）、“巴瑟特书店”（Basset Book Shop）合并（共有一一七七家店；按1995年统计资料）。

其中以老牌书店“邦斯与诺博”（建于1873年），和业界的后起新秀“博得”（发迹于1971年）为首的两大集团间的激烈竞争，开启了美国当代书店业发展史中最精彩的一章。特别是这五年来，由于消费习惯的改变与科技的进步，这些连锁集团纷纷建立超级书店（superstore），使整个书店零售业引发了空前的变化。单单是在“邦斯与诺博”、“博得”、“皇冠”（Crown Books）与“书百万”（Books-A-Million）四大连锁集团旗下的四五八家超级书店（按1995年6月统计资料），竟然可以创造出十六亿五千五百七十万美元的年营业额，占了全美书店总营业额（九十五亿五十万美元）的六分之一，连锁超级书店的威力可想而知。

超级书店新兴势力

所谓的“超级书店”，前提必须是卖场大（每间书店少则四五百坪，多则可达一两千坪），并力求书种繁多（平均至少十万本以上）；然而，美国的出版社何其多，每年至少有五万种新书上市，很

“邦斯与诺博”是美国老字号的连锁书店。

多书在平台摆没多久就上了书架，有些甚至被打包退回，连立足之地都没有，书种汰换频率之快与台湾无异，但是消费者却无须忧虑，因为超级书店既名之为“超级”，自然有方法处理这个问题。当顾客想找某本书时，只要告知店员，店员按按电脑的键盘，立刻就能知道店内是否有存书；若是没有，也没关系，书店能代客订书，甚至可以邮寄到家，即使人不到书店，通过电话、传真及电子邮件（Email）说明需求及信用卡账号，也能享有同等服务。

超级书店的吞吐量惊人，若是没有完善的经销系统，订书、退书、补书的运作绝对会乱成一团，所幸美国的经销商发展出周延的软件功能，以应书店的需求。例如美国最大的书籍批发商“贝克与泰勒”（Baker & Taylor）拥有一个强大的数据库，其中包含有一万五千家出版社所发行的两百万册英文书的资料，包括每本书的作者名、出版社名、出版日期、定价、装订形式（精装或平装）以及主题分类等，甚至于可以预先知道半年内即将出版的新书。这

超级书店里一定少不了规模庞大的儿童书区，以便吸引孩童的注意。

↑↑美国旧金山“联合广场”旁的“博得书店”，拥有四个楼面，是典型的超级连锁书店。

↑ 叮当电缆车、中国城、金门大桥、渔人码头都是旧金山的景点，位于旧金山“联合广场”旁的“博得书店”因而以这些元素作为壁画的题材。

纽约上城的“邦斯与诺博”已成了观光客拜访的地方，晚晚的打烊时间（平日至十一点，假日到凌晨）更是夜猫族最高兴的事。

个数据库每一个月平均有十三万笔的更新纪录，通过薄薄一片CD-ROM（只读记忆光盘），书店人员可以快速而有效地搜寻相关资料，采购人员再利用电脑联机，就可以直接向经销商下订单，并在二十四小时内得到对方确认的响应。

书店消费多样化

除了保证书籍供应顺畅无碍外，一个名副其实的超级书店还必须常态性安排许多相关的艺文活动，一个月至少有二十场以上。以费城的“博得书店”为例，1995年7月份举办了二十七场活动，包括每星期六的儿童故事时间、每星期五的现场小型音乐会、每星期一的诗歌朗诵，和二十五场新书发布与作者签名会。这些节目早在数月前即安排妥当，并在每月书讯中一一罗列，以便有兴趣参与者预作时间规划。

“瑞柔丽书店”以精致华丽著称，是不少美国白领阶层购买礼物书经常光顾的地方，十多年前由梅丽尔·斯特里普及罗伯特·德尼罗合演的一部浪漫文艺爱情片*Falling in Love*（中文译为《坠入情网》）正是以“瑞柔丽”为主要场景，这也使得书店的名气大增。

连锁超级书店的内部陈列多半各具特色，例如“博得”具现代感，“邦斯与诺博”偏向古典，“瑞柔丽书店”（Rizzoli Books）则以精致华丽著称，然而不论风格为何，超级书店四处皆放置舒适座椅，悠闲的气氛让顾客能轻松自在地阅读。除了传统书籍外，不少超级书店还开辟专区，贩卖录影带、录音带、CD与CD-ROM等。此外，书店往往在视野最佳的角落附设极受欢迎的咖啡区，贩卖各式咖啡、饮料、甜点和三明治，到书店的顾客几乎少有能拒绝咖啡区的诱惑，特别是超级书店的营业时间也很“超级”，往往早上八点开门，凌晨才打烊，比一般百货公司的营业时间还长，因此，成为时下一般人约会晤谈的最佳社交场所。

美国的超级书店流行超级折扣。

然而，令许多消费者真正趋之若鹜的却是惊人的折扣。例如“邦斯与诺博”对

德国的超级连锁书店“胡根都博”。

所有名列《纽约时报》畅销书排行榜的精装书与平装书，分别给予七折和八折的优待，其他所有的精装书则全部减价百分之二十，很多不再印行的存书（remainders）甚至低廉到原价的四分之一以下。而首先掀起折扣战的始作俑者“皇冠书店”（Crown Books）早于1977年创立时，在具有哈佛MBA背景的年轻负责人罗勃·哈福特（Robert Haft）的大胆尝试下，率先打破书籍不打折的铁律，因此一炮而红，短短一年后就开了十家店，六年后创下两亿一千万元的营业额。如今罗勃·哈福特在家族的斗争中失势离开“皇冠”，但是书店的减价策略却未改变，凡是店内之书一律降价百分之十到四十。由此看来，一个连锁超级书店不仅具知识性、趣味性、休闲性等复合式功能，在价格策略上更能吸引消费者，难怪整个美国书店零售业会产生前所未有的巨变。

欧洲书店发展一直有深厚的历史渊源，然而受到美国的影响，也纷纷起了化学效应，例如在英国雷厉风行多年的书籍不减价策略（Net Book Agreement），在1995年已成为历史名词。另外，同属保守路线的德国书店业，虽还不致进入折扣战的混乱中，却也在近几年出现了超级连锁书店，“胡根都博书店”（Hugendubel Bücher）就是一例，其位于法兰克福市区的店面占有数层楼，书种、面积、服务比起美国式的同构型书店有过之而无不及。超级连锁书店的流行似乎成了全球性的风潮。

美国超级书店

美国的大型连锁书店以“邦斯与诺博书店”、“博得书店”、“书百万书店”为主，在中大型的城市都可看见，为数众多。以下列出书店网址，读者可以分别点选个别网站中的项目Find A Store，Store Locator与Store Finder，键入邮政编码或是城市名，就可以找到附近的书店。

“邦斯与诺博书店”

WEB
www.barnesandnoble.com

“博得书店”

WEB
www.borders.com

“书百万书店”

WEB
www.bamm.com

“瑞柔丽书店”纽约店

ADDRESS
31 West 57 St., New York, NY 10019
TEL
212-759-2424

Update for 2002

后续笔记

超级连锁书店与独立书店间的竞争依旧持续进行，但是近几年美国书业由于网络书店的加入而更形白热化，特别是“亚马逊”（Amazon.com）这只快速成长的巨兽，更是让超级连锁书店的龙头老大“邦斯与诺博”觉得如芒刺在背。根据*Wired*杂志1999年6月的分析报道，在美国网络的书籍销售市场上“亚马逊”占了百分之七十五，“邦斯与诺博”只分到百分之十五，前者虽然一直处于赔钱阶段，但是其股价自最早1997年5月的二十多美元曾飙涨到全盛时期1999年4月的两百多美元，后者在这两个时段的股价则分别为四十多美元及三十多美元，也难怪“邦斯与诺博”的两位大老板理基欧兄弟（Len Riggio & Steve Riggio）每每提到“亚马逊”及其创办人杰夫·贝索斯（Jeff Bezos）就咬牙切齿。其实这只能怪他们网站的部署较晚，一开始又过于轻敌，目前网络股热潮虽然已降温，“亚马逊”的股票在2001年底无量下跌至十美元左右（“邦斯与诺博”约三十美元），但是它的书籍、影音类商品在同年第三季的营业额为三亿五千一百四十万美元，是“邦斯与诺博”网站同期营业额（九千六百八十万美元）的三倍。

这两家公司间的战争还从网络延伸到法庭，先是“邦斯与诺博”控告“亚马逊”不当使用“地球上最大的书店”这种夸张的广告，接着是后者控告前者抄袭他们使用的软件“one-click shopping”。此外，前者收购专业书网站Fatbrain.com，后者则购买二手书集合网站Bibliofind.com，彼此都企图壮大自己在书业中的版图。

美国超级连锁书店除了同业间的相互竞争外，这几年还得面临无店铺的新兴网络书店。

这场商战也深深影响了原有美国超级连锁书店系统的结构，例如曾经赫赫一时的“皇冠书店”在2001年初宣告破产，陆续关闭旗下二十八家超级书店与六十三家中型书店；第二大超级连锁书店“博得”则在同年退出电子商务，将建立的Borders.com卖给“亚马逊”；小而美的“瑞柔丽书店”在意大利母公司的决策下，自1999年起分四年结束一家家连锁书店的经营，最后只留下纽约市第五十七街的旗舰店。看来，要维持超级连锁书店的格局还真是不容易！

Update for 2007

后续笔记

美国的独立书店经营困难人所皆知，事实上，美国超级连锁书店的日子也不好过，除了要面对最具威胁力的“亚马逊”网络书店外，还有新加入的竞争者，包括一些连锁的大型量贩店（例如Costco、Wal-Mart、Sam's Club等）、超级市场（例如Target、Safeway等）与药房兼杂货店（例如Walgreen's等），这些原本以贩卖民生必需品为主的商店，也都开辟了书区，专卖一些通俗畅销书与杂志。虽然它们的书区不大、气氛也无法与超级书店相比，但还是瓜分了不少市场。

旧金山市场街上最热闹的大型购物中心（Westfield San Francisco Centre）里有一家“博得书店”，大片的橱窗设计总是引人注目。

↑↑ 美国旧金山的“维京超级店”位于最繁华的地段，是一个以影音为主题的综合型商店，里面也兼卖书籍。
↑ “维京超级店”辟有宽敞舒适的书区，贩卖一些流行性通俗书籍。由于“维京集团”是英国公司，所以连英国西敏寺大钟与伊丽莎白女皇年轻时的照片，都拿来当柱子的装饰图案。

另外，英国公司维京集团（Virgin Group）在美国几个大城市所开的十一家“维京超级店”（Virgin Megastores），也是书业不容忽视的对象。“维京超级店”是一个以娱乐、生活风格为概念的综合型商店，装潢颇具现代感。贩卖的商品以影音产品、电玩、超酷T恤等为大宗，同时店内以十分宽敞且舒适的空间，大量陈列着休闲、艺术类别的书籍。

在竞争激烈的情况下，业界与股市分析家从2007年初开始谣传，美国最大的两家超级书店“邦斯与诺博书店”（以下简称“邦诺书店”）、“博得书店”很有可能合并，如此会比它们个别单打独斗要轻松些，特别是投资集团Pershing Square Capital Management分别都在这两家店持有相当的股份。不论这两家公司的领导者是否心中这么盘算着，这个传言要成真还是有相当大的困难——假如这两家超大书店确实合并，将造成书业极端的垄断；在反托拉斯法的前提下，应该很难通过美国联邦法庭这一关，因此不少人认为臆测还是归臆测。

“博得”集团已经结束掉许多海内外的营业点（特别是旗下的Waldenbooks；多为附属在购物中心的中小型书店），集中精力在美国本土经营超级店。“邦诺书店”大概也很清楚自己很难在网络销售上与“亚马逊”对抗，但是“邦诺”却有“亚马逊”无法具有的优势，那就是他们网站上的 B & N Media（“邦诺”媒体）网页，进入这个网页，可以点选一些广播或影视节目，听到或看到作家接受访谈的实况录音或录影。“邦诺”善用它实体店的优势，以纽约市“联合广场”（Union Square）分店楼上的广大空间办活动，并把它们录制下来，放到网站上供人浏览，以增加读者的兴趣。其中的Upstairs at Square更是特别，这个去年6月开始的节目，是每个月邀请一位作家与一位音乐家（或一个小乐团）同台演出，由机灵的女主持人Katherine Lanpher串场，把文字与音乐做了一个很好的结合，也促销了两者的作品，的确是相当有创意。著名的英国作家尼克·霍恩比（Nick Hornby）与美国导演大卫·林奇（David Lynch）都曾现身。“联合广场”的这家“邦诺”店也因此成了纽约的观光据点。

美国这两家超级书店到底后续会有何发展，我们静观其变吧！

Note 2009

“维京超级店”在美国全盛时期，曾有高达二十三家连锁店，2007 年还有十一家，之后急速递减，2009 年 5 月”维京超级店”已自美国完全消失。

美国独立书店的奋战

Independent Booksellers in the USA

美国超级书店的兴起与普及，对于许多传统书店而言，势必造成莫大的冲击，很多中小型的书店因而倒闭，《出版者周刊》（*Publishers Weekly*）每一阵子就会刊登出某书店因邻近新开了连锁超级书店而结束营业的信息。仅存的独立书店除了个别加强服务品质外，并纷纷结盟以自力救济，他们一方面相互打气，另一方面寻求对策，以对抗连锁超级书店的威胁，例如“俄勒冈独立书商协会”（Oregon Independent Booksellers Association）就是由三十多家俄勒冈州的传统书店组成，每月定期聚会，交换经营心得，合力邀请作家签名、座谈，并集资出版小册子或传单，强调书店由当地人经营的重要性与他们企图在社区中扮演的角色，同时还将各个书店的地址、电话、营业时间等列出，甚至还附地图，另外，他们还继续酝酿集体向出版社订购畅销书，以便于获取较高的折扣及分摊媒体广告费用。类似“俄勒冈独立书商协会”的组织，在全美不同区域纷纷出现。

小型独立书店的温馨是大型书店所缺乏的。

独立书店以特色见长

在这一场全美书店业的世纪之争中，仍然存在着不少具个人魅力或独特主题的特色书店，这类书店的主人多半对店内的书知之甚详，并且亲自坐镇店中与顾客直接交换阅读心得，他们自有其选书的主观标准，不迷信（甚至还贬抑）排行榜，书店的气味完全反映出店主人的个人品味。

独立书店为何重要？因为它是书店主人品味的象征，它在这个高喊全球化的世界，依然保有自我特色。这是加州沙加缅度（Sacramento）的 一家书店，主人为理查·普瑞斯（Richard L. Press），书店也就以此命名。几年前造访这家书店，深深喜爱店内的选书与气氛，更特别的是，从未谋面的我们，竟然在闲谈时，发现我们有共同认识的"好"友——Michael & Sandra Good 夫妇。

↑↑曾经位于纽约市洛克菲勒中心的“纽约书店”，橱窗挂的是布鲁克林大桥的老照片，店内则经营与纽约相关的新旧印刷品，包括书籍、地图、照片等，即使是以纽约为背景的小说，也一并收纳。

↑玄秘小说家Robert J. Ray（左）率众在书店朗诵他的新作品。

一个主题性的书店是针对某一主题有系统地搜罗相关的书籍，并进行更细部的分类，其中包括许多小型独立出版社的书籍，这些书籍多半不会出现在超级书店。最常见的主题性书店包括“儿童书店”、“女性书店”、“同性恋书店”、“侦探小说店”、“旅游书店”、“艺术书店”与“宗教书店”等，特拉华州甚至还有一家“橡树丘书店”专卖与书相关的书，纽约市洛克菲勒中心曾经还开有一间“纽约书店”（New York Bound Bookshop）专卖与纽约相关的书。各式各样的主题书店不仅凸显主人的兴趣或其对社会、政治立场的取向，也因此而聚集一群志趣相投的顾客。

主题式及个人魅力型的书店多半鲜有昂贵的装潢，更不可能有大幅的折扣，它们之所以能存活下来，除了仰赖经营者个人的勇气与对书的丰富知识外，还靠顾客群的忠心拥护，许多顾客为了支

书店中读者阅读的宁静场景，往往令人感动莫名。

1956年“寇帝书店”（Cody's Books）创立于加州柏克莱大学旁，第一任店主寇帝夫妇与1960年代的学生运动关系密切，电报街（Telegraph Ave）上的“寇帝书店”（左下图）曾是美国最知名的独立书店。第二任店主安迪·罗斯（Andy Ross)1977年买下此店后，企图扩张，一度还开了两家分店，第一家分店在柏克莱时髦的第四街（上图），第二家分店在旧金山市区（右下图）。由于不断亏损，2006年7月罗斯先结束电报街上的总店，又在同年9月把书店卖给一家日本公司。次年4月旧金山分店关闭，只剩第四街上一家店。2008年春天“寇帝”迁移至薛塔街(Shattuck Ave)上租金较低的地方，但经营还是困难，同年6月底正式画下句点。

美国作家Christopher Morley曾经说过："我心目中的书店应该像一座发电厂，放射出真与美的光芒。"

持一家有特色的独立书店，往往专程去买书、订书，即使有些书能在住家附近的超级连锁书店中找到（甚至还打折），他们还是不会"变节"，因为他们有一个共识，认为买一本书不仅是一个单纯的消费行为，更是一种支持理想、欣赏专业的表现。

三分天下的书店型态

当超级连锁书店与独立书店的拉锯战还纠缠不清时，因特网（Internet）上又出现了所谓的"虚拟书店"（virtual bookstores）或是"线上书店"（on-line bookshops），一般人都能在电脑搭建出的空间中（cyberspace）直接阅读出版信息，包括作者介绍、书摘、书评及订书方法等，最后还可以通过Email向出版社购书。这些原本只存在于科幻小说中的情节，如今都已成真。书店的型态、功能甚至连定义，都随着时代而不断地演进，在这场激烈的竞争中，经营者必须严酷地接受多变的考验并调整策略，而消费者却乐得坐享其成。

Update for 2002

后续笔记

1998年发行的通俗电影《电子情书》（*You've got mail*）就是以美国纽约市一家独立书店与超级连锁书店的冲突作为剧情的背景。剧中一家儿童书店的第二代经营者凯瑟琳·凯莉原本开心地守着母亲留下来的小店，谁知附近却进驻了一家由乔·福克斯家族所掌控的超级连锁书店，以宽敞的空间、低廉的折扣及飘香的咖啡座为号召，导致儿童书店的营业额节节下滑。凯瑟琳与乔在白天是敌对的竞争者，夜晚却热切地交换电子邮件，只是彼此都不知道对方的身份。剧情发展到最后是儿童书店无奈地结束营业，然而两人的爱情却开始日渐滋长。

对美国书店业稍有了解的，一看就知道片中的“福克斯书店”是以“邦斯与诺博”及“博得”两家超级连锁店的混合体作为蓝本。事实上，那家儿童书店“Shop Around the Corner”也一样有所本，去过纽约市的“惊奇书店”（Books of Wonder）的人，一定会觉得影片中的儿童书店很眼熟，没错！编剧兼导演娜拉·艾芙朗（Nora Ephron）正是以“惊奇书店”作为原型，两家书店不论是书架的摆设、书籍的陈列或室内的色调都极其相似。位于纽约下城的“惊奇书店”是全美极为知名的儿童书店兼出

儿童书店的橱窗摆设，多半是色彩鲜明、活泼、又有童趣。

版社，里面除了一般的儿童书外，还有值得收藏的绝版老书。影片中儿童书店的书籍不少是由“惊奇书店”所提供，饰演凯瑟琳的梅格·瑞恩在拍片前，还到店里见习半天。一些看过这部片子的美国独立书商和我聊起来时，对于这部片子的评价不一，有些人对于凯瑟琳的评语是：“She gave it up too easily!”（她太轻易就放弃了！）要让一个专业的独立书商弃守，的确不是太容易。

现实生活中，为了对抗超级连锁书店与网络书店，美国的独立书商在书商协会的号召下，自1999年起，集体组织了一个联合网站，他们希望读者通过这个网站能轻易查询到邻近的独立书店或连接到他们个别的网站，并可以下单订书；联合网站中同时提供独立书商票选出的推荐书单及书商们的读后心得，以别于一般报章杂志倚赖连锁书店销售数据的排行榜。这个同中求异、异中求同的联合网站到底能达成什么样的效应，非常值得观察。

通俗影片《电子情书》是以纽约市一家独立书店与超级书店的冲突为剧情的背景。

位于纽约下城的“惊奇书店”是全美极为知名的儿童书店兼出版社，里面除了一般的儿童书外，还有值得收藏的绝版老书。

INFO

美国独立书店联合网站

WEB
www.booksense.com

惊奇书店

ADDRESS
18 West, 18th Street, New York, New York 10011, U.S.A.

TEL
212-989-3270

WEB
www.booksofwonder.com

Update for 2007

后续笔记

或许是因为自己写了太多对独立书店“歌功颂德”的文章，不时有一些识与不识者向我热情洋溢地表示要开一家独立书店，每当碰到这些情况时，我总不知道该怎么回答才好。经营一家独立书店，想要兼顾理想与现实，在当今的大环境下，特别不容易。过去数年，许多书店纷纷倒闭，因此，我只要听到或看到一家实体书店诞生，总不免替经营者捏把冷汗。但是去年9月初，无意间在尤开亚（Ukiah）巧遇戴弗·史密斯（Dave Smith）经营的“麦丽根书店”（Mulligan Books），却让我对书店的前景再次重新燃起希望。

北加州曼朵西诺郡（Mendocino County）以蜿蜒奇特的太平洋海岸线著称，相较之下，此郡内陆的小城尤开亚，要显得单调多了。若非在一次旅途中为了暂停加油，我大概不会特别驻足此地，更不会有机会留意到市中心主街上的“麦丽根书店”。

“麦丽根书店”的高背单人沙发椅和脚凳，让人很想拿本书入座，然后开始悠闲地阅读。

当你走访过一两千家书店以后，很自然地就会发展出某种敏锐的嗅觉与视觉，或者说是一种直觉，能在短短几分钟内就对一家书店做出相当程度的评估。这家以卖二手书为主的店，入口处的高背单人沙发与壁画，让人以为进了某人的居家客厅。一个身着工作围兜的男士向我致意，表明自己是主人，5月份才刚盘下这家书店几个月，一切尚在调整中，希望我多包涵。虽说如此，但我觉得这家店有一种能量，也或许是因为书店最前面的书区挂着

↑ 曾经是成功的企业家，戴弗·史密斯很乐意身着工作围兜，当一家独立书店的主人兼伙计，并身体力行社区本地化的主张。
← 位于北加州小城尤开亚市中心的“麦丽根书店”。

LOCALIZING COMMUNITY（社区本地化）的招牌，让我对这家店又多了一份好感。我先浏览“麦丽根”的书种，发现架上的书百分之八十是书况（品相）相当好的二手书，很小部分是新出的平装本书，另有一些有机茶叶等礼品，其中很多关于心灵成长与生态保护、有机理论类的书。我虽对这些没有特高的兴趣，但是很快就在店里找到两本价廉物美的书，一本是苏珊·桑塔格（Susan Sontag）的精装本传记。另一本是旧金山早期一位书商Tro Harper的平装本回忆录，内有他的签名。

买完书后，我和书店主人史密斯聊了起来，他说自己刚出版了一本书 *to be of use*。我打开书，稍微瞄了一下书衣后折封口上的作者介绍，这一看不得了，史密斯的经历相当可观，他曾辅佐过美国当代最著名的劳工领袖、社会改革者、人权运动家赛萨·夏维兹（Cesar Chavez，1927 ~ 1993）[①]，担任核心要员达四年，除此以外，史密斯还是一家公司——“史密斯与霍肯”（Smith & Hawken）的创始人。戴弗·史密斯与保罗·霍肯（Paul Hawken）两人于1979年在旧金山湾区南方的Palo Alto成立此公司。本来只是以邮购贩卖高品质的英国园艺农具为主，三年后在湾区北方Mill Valley开了一间店面，生意兴隆，每年营业额成长两倍，他在1988年离开这家公司，受聘于一些公司担任顾问。而今“史密斯与霍肯”转手好几次，在全美有五六十家店，成了美国销售园艺与户外生活相关用品最知名的公司，广受园艺爱好者欢迎。

同样位于尤开亚的“曼朵西诺书店”（The Medocino Book Company），是以卖新书为主的独立书店，与卖二手书为主的“麦丽根书店”，是社区非常好的互补搭配。两家店彼此携手，并不互相竞争。

史密斯因为在夏维兹阵营工作过，接触很多农民，知道化学农药不仅毒害生态，也让很多农民致命，因此成了美国早期倡导有机农作物的健将，持续关注有机农作物的生产与行销，以及有机农作对生态与社区的影响，并担任相关组织的要员。如今他生活无虞，也已从企业界退休，大可不必再为了谋生而工作。但有回逛到这家二手书店，知道店主有意出让书店，于是决定买下。一方面他很喜欢书，再方面他想以自己的企业背景，在这个网络书店、连锁书店、大卖场充斥的环境下，另辟新径，建构出另一种模式。他打算一人当老板兼伙计，举凡卖书、买书、分类、簿记、打扫、买花等大小事都一手揽。营业时间不必过长，以降低成本；此外新、旧书兼卖，但新书只占百分之五，主要是不愿与小城另一家专卖新书的“曼朵西诺书店”竞争，同时鼓励顾客书籍回收，他会给予对方某些累积点数，以用于买店中其他的书。如此买卖的不断循环，既环保又可以获利，也是双赢的情况，他并将获利的百分之一捐给地方的团体。如此的理想，当然需要有忠诚的顾客支持度才可行。史密斯也希望以这个店为据点，教育当地民众，要支持社区的经济，特别是他所关心的当地有机农业。

经过一年后，我再与史密斯联络，他说开店一年半，逐渐摸索出个头绪，营业额

北加州的“凯普勒书店”是硅谷最具历史、最有规模的独立书店，也是当地不可或缺的社区中心。

每个月都有些进展，可以逐渐打平开销，或许可以考虑搬离主街，选一个租金更便宜的地方，因为他已经建立了基本的顾客群，不太需要仰赖过路人。他很满意工作与生活的重心可以连接在一起，并且还与社区有所互动。但他也很坦白地强调，书店经营是一个很好的嗜好与生活方式，但如果过一两年还没有适当的盈余，从生意面看，就不算一种成功的模式。

今年11月我与“美国书商联盟”（American Booksellers Association；简称ABA）的首席执行官欧伦·泰克（Oren Teicher）访谈，知道类似史密斯的“麦丽根书店”这几年悄悄地开起。据泰克表示，1996年全盛时期，加入ABA的会员曾经超过四千家书店，后来在整个书业生态的巨变下，书店纷纷结束营业，会员在2006年下降到一千六百多家，有好些年，每年新加入的会员不到十家书店，但是目前有止跌反弹的现象，2005年有九十家书店入会、2006年则有九十七家。这无疑是可喜的现象。泰克表示，这是因为全美开始有一种社区意识的觉醒，以致许多具有企业经验与精神的人愿意开书店。这群人并不会盲目地对开书店有不切实际的浪漫情怀，他们也知道有风险，但仍希望社区能拥有独立书店，所以并不期望因此赚大钱。此外，消费者也体会到独立书店的重要性，因此以行动来支持。史密斯的“麦丽根书店”就是一个典型代表。另外，据ABA报道，专栏作家大卫·马季（David Magee）在写了畅销书《Nissan反败为胜》（*Turnaround: How Carlos Ghosn Rescued Nissan*）后，就想开一家书店。2006年11月，他在居住的田纳西州一个中型城市（Chattanooga；人口十五万五千）与人合伙开了一家独立书店“岩点书店”（Rock Point Books），旨在丰富当地的文化经验。

如此的意识觉醒是如何而起的呢？我个人的观察是：太多独特、有历史的书店在过去几年内急速消失，使得有志之士忧心忡忡，因而纷纷加入抢救独立书店的行列。

北加州梅娄公园市的“凯普勒书店”一直是社区的中心，受到人们的喜爱，但是因为不堪长期的亏损，2005年夏天突然关闭。深锁的书店大门和歇业的简短声明震惊了社区的居民以及曾经受惠的顾客。书店外贴满了支持与关心的大字报，一连串抢救书店的运动也随之而起。

例如位于北加州梅娄公园市（Menlo Park）的“凯普勒书店”（Kepler's Books），是由倡导和平的反战主义者罗伊·凯普勒（Roy Kepler）于1955年所创立，用以具体实践生活中的信念，经常参与社会运动，这书店一直是社区的中心，史密斯早年也曾受到此书店的感召。罗伊去世后，书店由儿子克拉克·凯普勒（Clark Kepler）经营，书店在2005年5月才庆祝半百的生日，同年8月31日克拉克含泪向事前毫不知情的店员宣布，那日就是书店营业的最后一天，过去五年来，书店的收益年年减少四分之一，他因无法负担书店近些年来沉重的亏损，只能做出此一痛苦决定。惊惶失措的不是只有当场的员工，大门深锁的书店和贴着歇业的简短声明，引发了上门来客的震惊，消息立刻传遍旧金山湾区，甚至上了全国性电视新闻。

一位从高中时代就常逛“凯普勒”的年轻顾客Rick Opaterny，一发现“凯普勒”关门后，立刻辟了“抢救凯普勒”的网站（savekeplers.com），呼吁大家想办法救“凯普勒”。这个网站一星期内就有两万人次浏览，有些迁居到外地的网友来信追念他们与书店的关系，有些人则表示，如果书店重新开张，愿意当无酬志工。就在同时，一位硅谷高科技公司的创办人丹尼尔·曼德兹（Daniel Mendez）与几位事业有成的爱书人积极地与克拉克联络，表示愿意投资书店并希望能商讨出一个经营模式，让书店起死回生。家住“凯普勒”附近的曼德兹和妻子、

↑ 2005年10月8日那天，原本消失四十天的“凯普勒书店”，在社区民众的奔走下，竟然神奇地复活了！克拉克·凯普勒在10月8日那天公开感谢大家的支持。

↗ 失而复得的感觉，让社区民众意识到“凯普勒书店”的重要性。在重新开幕那天，大家涌向书店，以实际的消费来表示支持。

女儿都是书店的常客，为了社区的福祉，为了不忍见他们心爱的地方就此消失，因此决定插手管这件事。日后他向媒体表示，就经济效益面来看，投资书店是极为不智之举，他事先已向所有的金主言明，不要有心存获利、甚至把本钱捞回来的念头。

曼德兹于是结合了各行各业精英，免费替书店与房东交涉一个有利的新租约、向出版社争取通融，最终又找到二十三位股东，集资超过五十多万美元，同时成立董事会，对书店的经营与行销提出规划与建议，但由克拉克担任会长，也保有最大的股份。此外，他们也设计了义工制与会员制，前者是出力，由志愿者贡献他们的时间，分担书店的一些工作；后者是出钱，赞助者可以捐献二十美元到两千五百美元不等的年费，成为七个不同等级的会员，每级的会员都可享有不同优惠。在繁复又迅速的运作下，“凯普勒”死去四十天后，竟然神奇地复活了！我在2005年10月8日那天，特别赶到书店前的广场，和数百名来客参加了重新开幕的仪式。②

此外，一位美国宾夕法尼亚州的作家兼学院讲师赖瑞·波慈莱（Larry Portzline），在2003年时发想了“书店观光”（Bookstore Tourism）的点子。这主要来自于他的一位朋友常组织一群人去纽约市探访、品尝有特色的餐厅，如此的美食之旅，让平日爱逛书店、支持独立书店的赖瑞建议这位朋友，何不顺道来个书店之旅？朋友则鼓励赖瑞应该自己单独组团。毫无导游经验的赖瑞本有些迟疑，但最后决定采取行动，先从他在哈律斯堡（Harrisburg）任教的学校试试，看到底会有何结果。他预计在同年7月包一辆巴士，号召五十位校区的爱书人，组团一日游，到两个小时车程外的纽约市，以拜访格林威治村（Greenwich Village）群聚的独立书店为主题。谁知消息一出，报名者踊跃，立刻额满。受到热烈的响应，赖瑞接二连三在闲暇时，客串起书店观光导游，迄今已经

赖瑞·波慈莱带着满满一巴士的爱书人去观光书店。Courtesy of Larry Portzline

办了十次的书店之旅，本书提到的“史传德书店”、“鲍德温书仓”都在他的观光景点之列。[3,4]

赖瑞以距离他住处两三个小时车程内，且有数家独立书店的城市为目的地，当天来回，如此对大家都不会有太大负担，但是未来他也考虑到美国西岸或海外。如此的观光团自然深得爱书人的喜爱，同时也为书店增加收益，促进社区的经济。同时，赖瑞希望更多人加入这个阵营，他也因推动“书店观光”而受到媒体的注意，甚至连世界第一书镇——威尔士的黑-昂-歪（Hay-on-Wye）古书镇——的创办人理查·布斯（Richard Booth）都很赏识赖瑞的做法，以致这位书镇之王，每到美国总会主动与赖瑞会面。从2004年起，这两位倡导独立书店的最佳代言人已经碰了四次面。

《书店观光》（*Bookstore Tourism*）是本小书，但是它的重要性与影响力都不小。Courtesy of Larry Portzline

为了发扬他的理论并支持独立书店，赖瑞还把心得整理出书，书名就是《书店观光》（*Bookstore Tourism*）。虽然赖瑞后来因为生涯规划改变，暂停了书店导览，但他却启发不少人与组织纷纷发起书店观光的活动，例如“南加州书商协会”（Southern California Booksellers Association）就已经陆续举办了好几次类似的活动，集合书友拜访邻近城市如洛杉矶、圣地亚哥、帕沙汀纳（Pasadena）等地的独立书店，这个活动还在持续进行中。

威尔士黑-昂-歪古书镇的创办人理查·布斯（右）与美国宾州教员赖瑞·波慈莱都是宣扬独立书店的代言人。*Courtesy of Larry Portzline*

我们常听到不少人组团参加建筑之旅、音乐之旅、美术馆之旅、赏枫之旅、酒乡之旅、温泉之旅等等，但是却没听过一群人把书店当成观光旅游的主题。记得《书店风景》第一版出版后，许多朋友总是央求我组团到国外参观书店，当他们的向导，偏偏我是个独行侠，不习惯与一堆人旅行，所以总是没答应。看到有热心之士愿意带着爱书人四处拜访独立书店，让我既佩服又感动。独立书店之所以重要、之所以美丽，因为它们是书店主人品味的象征，在这个高喊全球化的世界，让人欣慰它们依然保有自我的特色。这个世上只要还存在着像戴弗·史密斯、大卫·马季、瑞克·欧波特尼、丹尼尔·曼德兹、赖瑞·波慈莱之类的爱书人以及他们的追随者，书店就会永远有风景。

---

① 墨西哥裔的赛萨·夏维兹原本是一位农民，自身感受到农民长期以来不平的待遇，情形一如作家斯坦贝克于经典著作《愤怒的葡萄》中所描述的悲场情况。夏维兹于是在1962年组织了工会“美国农工联盟”（United Farm Workers of America），长期以和平的方式代表劳方向资方要求有更合理的待遇，他在农民与一般劳工的心目中，地位就等同马丁·路德·金（Martin Luther King, Jr, 1929—1968）之于黑人般。

② “凯普勒书店”的活动可参考www.youtube.com/watch?v=E8oixIeCxdo

③ www.youtube.com/watch?v=z5oeldci6wA

④ www.youtube.com/watch?v=VE__5Fkuir4

INFO

麦丽根书店
ADDRESS
208 S State St. Ukiah, CA 95482, U.S.A.
TEL
707-462-1555
WEB
www.mulliganbooks.com

岩点书店
ADDRESS
401 Broad St., Chattanooga, TN 37402, U.S.A.
TEL
423-756-2855
WEB
www.rockpointbooks.com

凯普勒书店
ADDRESS
1010 El Camino Real Menlo Park, CA, 94025, U.S.A.
TEL
650- 324-4321
WEB
www.keplers.com

书店观光
WEB
www.bookstoretourism.com

曼朵西诺书店
ADDRESS
102 S. School St., Ukiah, CA 95482, U.S.A.
TEL
707-468-5940

西雅图书店之旅

Bookshops around Seattle

不少看过《西雅图夜未眠》（*Sleepless in Seattle*）这部影片的人，大概会觉得剧情简直是现代版爱情神话，太不真实了！但是对于片中如诗如画般的风景，可千万别怀疑，凡是去过西雅图的人，几乎少有不爱上这地方；每每报章杂志评选全美最适合人居住的城市时，它总是名列前茅，也难怪许多其他影片如《单身贵族》（*Singles*）、《桃色机密》（*Disclosure*）等的拍摄，都喜爱以此地为背景。几年前在那儿度过了一个美好的夏季，这个城市让我印象深刻的，除了山水环绕、气候宜人等得天独厚的地理景观外，最主要的还是一些特色书店。

享誉全美的“艾略特湾书店”（The Elliott Bay Book Company）真的就在艾略特海湾旁，室内设计如同船坞般，高高低低，十来万册的书既多又精，地下室咖啡厅的墙面也满布精装书，好像一个大书房，旁边的文艺空间几乎每天都有作者签名、朗诵等活动，在西雅图停留期间，我每隔一天就到这里报到。这家书店最让人称道的是店员选书的设计，每一类别的书区总见一些由店员署名的手抄小纸条，上有推荐书名并附简短感想，他们非常自傲书店的选书绝对独立运作，不与出版社挂钩，更不会假选书之名而收取费用或要求折扣。店中还聘了谙德文、法文、西班牙文、俄文及中文的店员，以服务英文说得不好的顾客。有位东岸的书商曾告诉我，“艾略特湾书店”是他最想拜访的书店之一，我完全可以理解他的心情。

在综合型书店中，只有华盛顿州立大学内的“大学书店”（University Bookstore），从量与质上能与“艾略特湾书店”旗鼓相当，甚至于还略胜一筹，这与书店地处精

"艾略特湾书店"是西雅图最负盛名的书店。

英分子聚集的校园不无关联，这间书店于1900年创立，已被公认是全美最好的大学书店之一。

其他还有一些小型的主题书店，也是我在西雅图时经常厮混的地方。例如贝尔蒙街（Belmont Avenue）的同性恋书店"超越密室"（Beyond the Closet Bookstore）；樱桃街（Cherry Street）上专卖侦探惊悚小说的"西雅图玄秘书店"（Seattle Mystery Bookshop）；派克市场（Pike Place Market）旁卖左派书的"河左岸书店"（Left Bank Books），以及由第五代家族经营，已有百年以上历史、藏书五十万册的旧书店"雪丽"（Shorey's Bookstore）。

另外，带有艺术气息和吉卜赛调调的百老汇东街上的活跃独立书店"贝利—寇伊"（Bailey/Coy Books），以及隶属神智学会（The Theosophical Society）的"探索书店"（Quest Bookshop）和附设的图书馆，都很具特色。

有一回决心不到书店，于是乘渡轮到西雅图外海的班布丽姬岛（Bainbridge Island）上探险，谁知上岸没多久，又发现一间很别致

↑ “探索书店”的附属图书馆，像一个私人的藏书室。
↙ 百年老店“雪丽书店”，专卖旧书。↓ 百老汇东街的“探索书店”隶属神智学会。

的“鹰之港书店”（Eagle Harbor Book Co.），陈列了不少以海洋为主题的书。当我忍不住进去闲逛时，店主问起我来自何方，“台湾台北。”我这么简短地回答，斯文的店主回说他和妻子曾在台北住过好几年，真是巧合！离开书店时，我买了一本小说，沿途找了处有树荫的草坪躺下来阅读，最后居然睡了起来，醒来后已是傍晚，干脆到邻近的一家小酒馆用餐，在落霞、红酒与肉酱面的伴随下，结束了那本小说和一场未竟的探险。对于城市的印象，我总是以当地的书店作为开场白和结语，对别人来说，也许无趣，对我而言，却似乎是一种宿命。

↑ “鹰之港书店”的气氛令人沉静。

↓ “鹰之港书店”的主人曾经与妻小在台湾住过几年。

Note 2008

“超越密室”后来搬迁至东派克街（East Pike Street），2005年夏天结束营业。

梵高曾经说："我在内心深处，总是想着要画一间暮色中的书店，有着黄与粉红的外貌，宛如黑夜中发出的光芒。"这句话也成了"艾略特湾书店"油画明信片的创意来源。*Oil painting by William E. Elston; courtesy of Elliott Bay Book Co.*

西雅图书店

艾略特湾书店
ADDRESS
101 South Main St., Seattle, WA 98104
TEL
206-624-6600
WEB
www.elliottbaybook.com

西雅图玄秘书店
ADDRESS
117 Cherry St., Seattle, WA 98104
TEL
206-587-5737
WEB
www.seattlemystery.com

河左岸书店
ADDRESS
92 Pike St., Seattle, WA 98101
TEL
206-622-0195
WEB
www.leftbankbooks.com

鹰之港书店
ADDRESS
157 Winslow Way East, Bainbridge Island, WA 98110
TEL
206-842-5332
WEB
www.eagleharborbooks.com

大学书店
ADDRESS
4236 University Way, Seattle, WA 98105
TEL
206-634-3400
WEB
www.bookstore.washington.edu

贝利—寇伊书店
ADDRESS
414 Broadway East, Seattle, WA 98102
TEL
206-323-8842
WEB
www.baileycoybooks.com

探索书店
ADDRESS
717 Broadway East, Seattle, WA 98102
TEL
206-323-4281
WEB
www.seattle-ts.org

Update for 2007

后续笔记

这篇文章所介绍的西雅图周遭独立书店大都还存在。在查证过程中，得知当时所晤面的“鹰之港书店”主人史蒂夫·欧森（Steve Olsen）已经在多年前把书店卖给了同住在班布丽姬岛上的居民莫利·侯德（Morley Horder）。根据莫利表示，当他知道史蒂夫有意要出让店面时，他立刻就想买下。我和莫利联络时，刚巧是他经营这家书店十周年，他还得意地表示，书店空间不仅扩充、也兼卖二手书，而且再过两年，“鹰之港”就已经满四十岁了。谁能想到一个只有二十八平方哩（约七十三平方公里）、居民只有两万多的小岛，居然可以让一家书店生存得这么久呢？莫利表示，或许就是因为他们人口少，又在离岛，所以“邦斯与诺博”之类的超级连锁书店才没有把“魔掌”伸向此处，以致他们可以偏安一室、免于其他独立书店所面临的困境！另外，不可否认的，岛民都非常珍惜这家书店，所以也持续支持。否则，在这个网络发达、邮寄快速的时代，很多人其实大可以用电脑下订单买书。

班布丽姬岛拥有素质相当高的居民，优美的地理环境、超低犯罪率、超高升学率吸引了许多讲究质感的家庭、艺术家、作家到此居住，难怪《金钱杂志》（*Money Magazine*）在2005年评选全美十大最宜人居住的城镇时，班布丽姬岛名列第二名。根据莫利表示，这里有约两百多名有出版品的作家，其中包括了我非常喜欢的一部电影

因为有高素质的居民，小岛上的“鹰之港书店”不仅扩张，还持续了快要四十年。*Photo by Paul Hanson; Eagle Harbor Book Co.*

从照片上看来，“鹰之港书店”的内部装潢虽然与我当年所见并不同，但是却保留了当年的吊灯，散发出的气氛一样令人感到温馨。*Photo by Paul Hanson; Eagle Harbor Book Co.*

Snow Falling on Cedars（台湾翻译成《爱在冰雪纷飞时》）的同名原著作者大卫·顾特森（David Guterson）。当然，身为这个岛的居民，顾特森自然也会在“鹰之港”和读者谈谈他的书。此外，如果你没机会亲晤顾特森或一些当地作家，却又想要他们的签名本，也可以留下字条，书店会与他们联系，请他们有空时到书店签名，然后你就会有一本作者加持的书了。在“鹰之港”网站的“LOCAL AUTHORS signed copies”栏，可看得到这项贴心服务。

此外，位于西雅图市中心的“河左岸书店”（创立于1973年），几位合伙人以合作社的方式经营，没有谁是上司、谁是下属，大家定期共同商讨书店事宜，再加上一群义工的帮忙，居然也走过了三十多年。坦白说，我本以为这家店铁定会关门，因为书店就在西雅图最热闹的观光景点——派克市场（Pike Place Market）旁，租金想必高得惊人，哪是一个专卖一些非主流、激进类政治性议题书和纪念品的小店所负担得起？结果打电话到店里去，正好是六位合伙人之一的艾乐丽·洛熏（Ellery Russian）接的电话，我老实地对她表示我的疑问。艾乐丽说，这得感谢市政府的德政，为了让传统小商店都能继续营业，以保有派克市场的历史风貌，因此这一区的租金是受控制的，不能随意乱涨。原来如此，否则一些财大气粗的企业体，想必早已把这里又变成没个性的大商场。

原本在派克市场地下室的“E先生书店”，虽然结束实体店，在网络上卖书，但原址又开起了另一家独立书店，取名为“狮子心”（Lion Heart Book Store）。至于另一家从市场旁迁出的“雪丽书店”，几年前我就知道它也在网络上卖书，但还是有实体书店让人上门采购，我很想知道“雪丽”的下落。艾乐丽对我说，到现在还有许多人问起这家令人印象深刻的巨型书店，但她并不清楚。我于是向一位熟识的西雅图古商书路易

“鹰之港书店”的现任主人莫利·侯德，是一位拥有正牌执照的船长，书店的名号与他的背景实在有够相称。*Photo by Paul Hanson; Eagle Harbor Book Co.*

士·寇林斯（Louis Collins）打探。根据路易士描述，“雪丽书店”自从多年前离开派克市场后，数度搬迁，每搬一次，都处理掉不少书，后来只在网络上营运，但是结果不了了之，庞大的库存就此出清。我后来从网上得知，让“雪丽书店”变成全美知名超大二手书店的老店主 John W. Todd 在2007年去世了，享年九十二岁，书店名号自此没人再使用。

我从没去过路易士以他姓氏为名的“寇林斯书店”（Collins Books），认识他是在旧金山几次举办的古书展，又有共同朋友，所以并不陌生。我问他怎么这两年都没参加旧金山古书展，他说自己现在也以网上卖书为主，因为他的书以考古、民俗类等非常专门的书为主，所以就算现在大家都在网上卖书，但是他有不少的书在许多网络书店上都是孤本，因此不怕竞争。只不过他倒是挺怀念到各地书展、与书友相见欢的日子。那他还开实体书店吗？“当然有！不是已经几次邀你来看看吗？这么多年你还是没来！”路易士没好气地这么回说，听得我颇有罪恶感，我几乎可以看得到他对我翻白眼的模样。的确，一如莫利晓得我目前住在旧金山，就邀约我去看他经营的“鹰之港”，他说：“很近嘛！开车‘只要’十八个小时就到了！”看来，好像没有理由不重访西雅图。

INFO

狮子心书店
ADDRESS
1501 Pike Pl, Seattle, WA 98101
TEL
206-903-6511

寇林斯书店
ADDRESS
1211 East Denny Way, Seattle, WA 98122
TEL
206-323-3999

因特网与购书

Internet and Bookselling

在1994年台湾的一次商展中，我买了部轻巧的笔记本电脑，并同时申请了因特网的账号，为的除了写稿方便外，最主要还是希望能即刻上网，探索世界上与书及书店相关的信息。我那台笔记本是黑白液晶屏幕，内存小得可怜，更没有光驱与音响，以现今标准观之，真可说是属于石器时代的古董，然而它却引导我走入了一个美丽新世界，我永远忘不了第一次听到调制解调器发出哔哔嘟嘟的联机声时，心跳砰、砰、砰加速的兴奋感。

记得那时正巧在寻觅几本英文绝版书，得知美国一对经营古董书买卖的年轻夫妇有电子邮箱，于是火速与他们联络，接着双方热切地交换了不下十数回的电子邮件，先是确认他们有我需要的书种，然后又针对书价、版本（精装本或平装本？首版或再版？是否有作者签名？）、书况（外层是否有书衣？书页是否泛黄？）、邮资（航空或海运？是否需保险？）等问题来来回回地讨论，最后才拍板敲定要两本书，接着我到邮局挂号寄出一张美国账户的支票，一星期后对方告知已收到支票，但得再等一星期确认支票兑现后，方能将书寄出。三个多星期后，邮包总算抵达，当我打开书时，差一点掉下泪来，满心感激地想着：“What a technology！”

当时家用电脑尚未户户普及，上网人数更是寥寥无几，整个因特网的环境也相当原始，一般公司行号并未建立网站，即使有内容，也是文字为主、图像为辅，因此我那台低阶笔记本倒是能善尽其职，让我日夜遨游于网络丛林中，挖掘了一家家的书店，并且以电子邮件与书商交流、购书，只不过一年多的光景，我就发现笔记本运行的速度愈形缓慢，有时连一些网站都无法浏览，只因为内存不够大、网站的内容却愈形复杂与庞大，最后我只得再添一台功能较强的台式电脑，继续探索更多的网站。

在因特网发达以前，要买一本书，往往遍寻不着；到一个城市去旅行，常常不知道当地有什么书店可拜访；想和别人分享一本自己喜爱的书，却不知同好在哪儿；这些曾经在爱书人身上常发生的问题，虽然不至于完全消失，在因特网的便利下却得到不少纾解。跨入21世纪，因特网与电脑的软硬件不断地急速成长，仿如冲向无边的天际，但是人类的时间与精力却是如此有限，在浩瀚无垠的网络星河里漫无目的地流窜，固然有探险的乐趣，然而许多时候却只是耗时又伤神。以下所列出与西方书店相关的网站，多半是以英语系国家为主，它们是我个人多年来误打误撞、披荆斩棘后的一些成果，希望能提供有兴趣者一个参考。为了方便阅读，又将这些网站略区分为五大类——个别书商网站、联合书商网站、书籍拍卖网站、超搜寻网站与其他。

一、个别书商网站

因特网使得许多国外的实体书店在全球信息网中建立自己的网站，举凡书店的地址、电话、传真、电子邮件信箱、营业时间、服务的项目及活动预告等都一一列出，以便人们查询，有些网站甚至规划了专区，让有话要说的读者发表读书心得，当然，卖书更是书店主要的目的之一。另外，一些原本只是以邮购为主的无店铺书商，也可以通过因特网接触到更多的读者并将书籍销往世界各地。当然，因特网更造就出了许多原本不存在的虚拟书店，因而改写了书业的发展史。

1. http://www.amazon.com

“亚马逊公司”（Amazon Company）——1995年成立以来，“亚马逊”不断地制造话题与奇迹，当初以世界最大的河川之名命名，企图心可见一斑，而今这家年轻的公司已成为一则传奇。早先只专卖新书（大多为英文书），现在则是新、旧书兼卖。最重要的是他们提供了不少服务，例如查阅一本书时，立刻能知道此书在网站中的销售排名以及作者的其他著作，还可阅读到报章杂志对此书的评论，读者也可以对此书写下读后心得，并替它打分数，作者若对评论有意见，也可以在网站上发表。若是对某一主题感兴趣，只要留下自己的电子邮箱号码，当相关书籍出版时，就会收到最新书讯。“亚马逊”自称为地球上最大的书店，结果被美国最大的实体连锁书店“邦斯与诺博”到法院告了一状，最后是私下和解。许多书商觉得两者的争执非常可笑，因为多数的书商其实一样能提供顾客想买的书籍，即使书店中没有，也可以向经销商或出版社订购，如此的说法的确不假，然而亚马逊普遍的低折扣及上述提到的那些网络上的设计，大概不是一般书店所能提供的。特别是2001年10月在其网站上率先出现的“Look Inside!”功能，更是令人兴奋不已，这个姑且翻译为“看里面！”的功能，使读者不仅能看到书籍的封面，还有书背、目录、前言及数页到数十页不等的内文，版型格式完全比照原书。以往网络购书最令人犹豫的就是无法翻阅书籍内页，而今这个“看里面！”的功能使得消费者在购书时更有依据、更能进行主观的决断。

“亚马逊”贩卖的商品其实已经由书扩展到玩具、化妆品、电器等生活用品，他们后来提出的口号是“地球上最以客为尊的公司”（earth's most customer-centric company）。坦白说，我并非Amazon.com的忠实顾客，我的书百分之九十还是来自实体书店及古书展，但是我到其网站中查询书籍、作者资料的次数却极为频繁，而且常因他们新增的软件设计或服务功能而眼睛一亮，因此，当有一阵子谣传Amazon.com可能会在前一波网络泡沫化的冲击下而不保时，我真的是颇为紧张，这个网站毕竟改写了书籍销售的历史、创造新型态的购书经验，若是真的无法持续，并非是消费者所乐见之事，还好大家只是虚惊一场！

2. http://www.bn.com

“邦斯与诺博书店”（Barnes & Noble Booksellers）——美国最大的实体连锁书店，一开始并没有将Amazon.com放在眼里，也没有积极投入网络销售，但是当后者知名度与销售量快速攀升后，“邦斯与诺博”（以下简称“邦诺”）也赶紧加入战场，只可惜为时已晚，网络世界谁跑最先、谁就是老大。许多人总是喜欢将这两个网站做比较，并认为“邦诺”在设计上略逊一筹，事实上Amazon.com有的功能“邦斯与诺博”几乎都有，而且因为它还是专注于与书相关的产品，而不是像Amazon.com什么都卖，所以网页的设计较清爽、有焦点。“邦斯与诺博”的网站中，最让人激赏的服务应该是B & N Media（“邦诺”媒体）这个项目，进入这个网页，可以点选一些广播或影视节目，听到或看到作家接受访谈的实况录音或录影。

3. http://www.whsmith.co.uk

“史密斯书店”（WHSmith)——英国大型的实体连锁书店，拥有六百多个销售点。其网站除了卖书、文具、影碟等外，还有英国一些主流报社过去九个月出版的旧报纸。如果收货人在英国境内，邮寄费用全免。

4. http://www.blackwell.co.uk

“布莱克威尔书店”（Blackwell's Bookshops）——拥有八十余家专业书店的英国企业体，总店是位于英国牛津大学旁、创立于1879年的百年老书店，贩卖较偏向学院派的严肃书籍，其同名出版社的作品当然都能通过此网站购买。值得一提的是，位于剑桥大学旁、与“布莱克威尔”齐名的“海佛书店”（Heffers），创立时间比前者还早三年，却于1999年时被其并购。

5. http://www.powells.com

“鲍尔书店”（Powell's Bookshop）——美国俄勒冈州波特兰市（Portland）最知名的书店，号称是世界上最大的独立书店，此家书店新书、二手书和绝版书并存，其数据库细分为五千类，以便读者查询。这个网站的店员选书单元（Staff Picks）相当有特色，此外，作者访谈单元（Author Interviews）极为精彩，部分内容并已集结出书，书名就叫*The Powells.com Interviews*。网站将此书所得的版税全部捐赠给一个推广阅读的组织，精神可佩！至于作家问答单元（Ink Q & A）则精简扼要地让人对作家有一个快速的认识。

6. http://www.tatteredcover.com

“破烂封面书店”（Tattered Cover Book Store）——美国著名的独立书店，位于科罗拉多州的丹佛市，现有三家店。经常以书店之名举办诸多活动。虽然书店名之为“破烂封面”，但是卖的可全是新书，而非破破烂烂的旧书。他们利用MySpace、Facebook与YouTube的网站功能，把影音、博客等结合在一起，让人可以更认识这家店。我是经由此网站的链接，才发现原来伍迪·艾伦（Woody Allen）居然也在My Space有个专区。

7. http://www.adventuroustraveler.com

“冒险家旅行书店”（Adventurous Traveler Bookstore）——要安排一个令人满意的旅行是需要付出代价的，事前完善的规划绝对有其必要，美国佛蒙特州的“冒险家旅游书店”针对不同的旅行地点、方式等，将旅游书分门别类，非常容易查询。此网站还有每月一书的精彩书摘，供人阅读。此外，它还依户外活动的主题，将书籍细分为爬山、钓鱼、潜水等类别，其他一些诸如野外炊煮或急救的相关书籍也都包含在内。

8. http://www.cook-book.com

“烹饪书店”（The Cookbook Store）——1983年创立于加拿大多伦多的这家“烹饪书店”，是当地极为活跃的一家书店，店中经常请烹饪书的作者来办活动。不论你是真正喜爱烹调者或装腔作势、附庸风雅之流，这家烹饪书店设置的网站都值得浏览，除了查询相关书籍和最新出版信息以外，就算不买书，也能了解最新趋势，够你在同好前吹嘘好一阵了，其数据库不仅拥有一万种书，分为二十大类让人查询，还常态性地提供免费的食谱。另外，最特别的是，它有一个网页列出其他与饮食相关的网站，其中包括了各类饮食协会、果菜协会、著名厨师与餐厅、饮食杂志等的网站。不论你是个对巧克力着迷者或是素食主义者，在此都能找到相关信息，至于有心进烹饪学校的人，这里也列出了许多任学校的信息。这个网站同时还大方列出几家多伦多知名书店的网站。值得留心的是，所有书价皆以加拿大元为单位。

9. http://www.arkway.com

“理查·亚克威公司”（Richard B. Arkway, Inc.）——这家位于纽约市的公司兼艺廊，由美国书商理查·亚克威主持，主要展售15世纪到19世纪的古地图（集）、古地球仪、古星象图及相关书籍。其网站除了列出对象的价位与说明外，还能看到效果颇佳的影像。其中并包含不少与亚洲及中国相关的珍品。对于古地图有兴趣者还可以经由这个网站链接到一些其他的相关网站，若是想查询其他古地图商的资料，也可以上“国际地图收藏家协会”的网站http://www.imcos-mapcollecting.org。

10. http://www.griffon.net

“葛丽芬中世纪手抄本公司”（Griffon's Medieval Manuscripts, Inc.）——我对于古

老的书籍特别感兴趣，特别是在中世纪印刷术发明以前的手抄本，现在看来，它们根本就是艺术品。如今一册完整的手抄本极为罕见，且必然是价值连城，一般私人手中不易看得到，多半得到博物馆或是图书馆的珍本区才可能观赏得到，不过市面上倒是流通一些零星的书页，这个网站就是以贩卖12世纪到16世纪的彩绘手抄本为主，一页1250年巴黎产的拉丁文圣经，长二十九公分宽十九公分，羊皮纸上有两栏五十行哥德体字及彩绘装饰的大写字母，标价为一千一百美元；一页15世纪的德文祈祷书，单色抄写，售价为一百美元。虽然说这些书页对多数人来说太过昂贵，但是在电脑上看看扫描出的影像，还是蛮过瘾的。

11. http：//www.vinmag.com

“陈年杂志公司”（Vintage Magazine Company）——一家英国的公司，拥有二十五万份过期杂志、十万份报纸、五万张冲印底片，外加众多的电影、音乐海报等。多数人往往每隔一阵子就会将过期的报章杂志当成破铜烂铁般出清，毕竟少有人家中有充足的空间来存放这些被认为讲究时效、寿命短暂的刊物。然而若有机会再审视一些数年或数十年前的期刊，却可能勾起无限的回忆，有的旧闻读起来反倒像新闻，一些早期的封面图案或内页设计，现今看来仿如艺术品般精美，我自己本身就常在此情况下被老杂志所吸引。“陈年杂志公司”虽然库存极多，但是仅有部分海报列出价位与图片，多数的杂志只列了出刊日期，由于报章杂志种类繁多、单价低廉，当然不可能期待店家对每份出版品详加介绍，他们欢迎有兴趣者写Email去询问。

12. http://www.bolerium.com

“波雷力恩书店”（Bolerium Books）——这家旧金山的书店，主人与书店本身都非常特别，书店位于各色人种聚集、最富多元化色彩的教会区，店中书籍以非主流论述书籍为主，包含大量左派议题者，举凡劳工发展史、第三世界与弱势族群的社会、政治运动史都在其中，这当然包括了无政府主义、激进主义、社会主义与女性主义等主题的

书，书店中还有极丰富的同性恋研究书刊，另外像是西班牙内战、亚洲及黑人等少数族裔研究的书刊也是重点，除了三万多本书外，店中还有一堆与主题相关的海报、照片、徽章、宣传小手册，这些当初不受人重视的玩意，今天都成为研究社会运动史的珍贵资料。我在此处竟然发现大陆文革时的宣传品，及台湾新闻局印行出版蒋中正在数十年前对大陆文宣的中英文稿。两位书店合伙人约翰·德伦（John Durham）与麦克·平可斯（Mike Pincus）年轻时都是热衷政治的活跃分子，两个人凑在一起嬉笑怒骂，像是长不大的男孩，但是他们却把这家二十年的书店经营得有声有色，连许多国内外的大学图书馆与研究单位都向他们大批购书。

13. http://www.ursusbooks.com

“萼色斯书店”（Ursus Books）——这是纽约市一家专卖艺术、建筑类书籍的书店兼艺廊，由于书种丰富，在业界极具知名度。我曾经拜访过他们位于麦迪逊大道上的总店，非常喜爱书店中的选书与气氛，在那里不知不觉就翻了一下午的美丽画册，书店中还有不少珍贵的古老版画与水彩画。他们的网站设计也极具装饰风味，许多书及版画的影像都鲜明地出现其中，仿如在看一场幻灯片展览。

14. http://www.allbooks4less.com

“世界廉价书库”——这个自称为“世界廉价书库”（The World's Bargain Book Source）的网站，宣称贩卖的新书比Amazon.com、BN.com等其他网站所提供者（必须是新书）都要便宜，若是读者能找到更低价者，则可以此低价购买。其网络上的书许多都低到原价的三、四折以下。其中的“每月特卖”区（Monthly Blowouts），每本书有些甚至降到一折半左右，价格真是低得很离谱。他们之所以能提供如此惊人的折扣，主要是因为与出版社或经销商有特殊的关系，因而取得大批的过期存书（remainder）及轻微受损的书（hurt），这些书或许有些记号、书衣有点小凹痕，但绝非二手书，书况与新书差不多，看在这么低价的分上，实在也没什么好挑剔的。当然，这个网站的书目并不齐全，无法提供所有的新书，否则其他的网络书店岂不都该关闭？

二、集合书商网站

当今要建立一个网站已是轻而易举之事，许多书商都有能力自行建立专门的网站，但是单打独斗力量毕竟薄弱，于是出现了一些集合网站，累积众书商的书目，建立了丰富数据库与强大的搜索功能，企图以庞大的书种吸引顾客上网并在线上依自己的需求来查询。这类集合网站以二手书商与古书商的聚集为最普遍，因为他们卖的书都是绝版书，大家的书种都不尽相同，书商对同一个版本的书也往往标价不同，使得消费者有极大的比较空间。例如追查一本觊觎甚久的百年老书，可能同时出现五十笔书目，然而标价相同者是否书况或品相（condition）都一样？标价低者真的就比标价高者差吗？不同书商对一本书判定为good, very good, near fine, fine的标准都相同吗？书扉上的作者签名全都是真迹吗？答案当然是否定的。事实上，有些卖方是没经验的业余人士，他们对书的认知与描述颇让人怀疑。网络世界以快、以量为号召，但是数大并不一定就是美，品质也不一定都能被保证，消费者必须谨慎，以下列出一些值得浏览的网站。

1. http://www.booksense.com

为了对抗超级连锁书店与网络书店，美国的独立书商在“美国书商协会”（American Booksellers Association）的号召下，自1999年起集体组织了这个联合网站，他们希望读者通过此网站能轻易查询到邻近的独立书店或链接到他们个别的网站，并可以下单订书。联合网站中出现的“Book Sense Picks”，指的是每月由众独立书商票选出的二十本推荐书及书商们的读后心得。此外，每星期还有“Book Sense Bestsellers”，依几大类型分类，列出独立书店所统计出的畅销书，其目的是有别于一般报章杂志刊登的连锁书店销售数据排行榜。如今这两者都成为独立书店大力推动的项目。［注：为了特别彰显“独立书店”（昵称indie）的名称与重要性，“美国书商协会”于2008年5月将此网站改名为www.indiebound.org，原来的网址可跳转至此网站，原有的“Book Sense Bestsellers”改为“Indi Bestsellers”，“Book Sense Picks”则改为“Indie Next List”。］

2. http://www.abebooks.com

一个专门搜寻绝版书、古董书的数据库（Advanced Book Exchange, Inc., 简称

Abebooks），结合了全球一万三千五百万个书商的一亿本书（这是2007年10月份的数据，2002年3月“仅有”九千家书商、三千万本书），书商与书籍的数目每天都在急速增加，读者可以通过此网站的“高阶搜寻”功能（Advanced Search），依作者、书名、版次、主题、年代以及预期的价位等项目，单独或交错地查询到数年以至数百年前的绝版书，列出的一笔笔书目多半都对书籍的内容、版本及书况有扼要的说明。这个网站最让人心安之处，当然就是这种可以一“网”打尽的便利，不必一家家书店辛苦地去找一本想收藏的书，同时还能顺便比价，同一版本的书即使书况差不多，在不同书店也可能有不同的价格。例如你想买一本杰克·伦敦（Jack London）的成名作《野性的呼唤》（*The Call of the Wild*），只要键入作者名与书名后，就会出现数千笔书目，其中包括1903年麦克米伦出版社发行的首版书，其价位高达七千五百美元，书籍附原有的书衣（dust jacket）及特制的摩纳哥皮书盒；另外也有低廉到五美元、由同一家出版社在1963年发行的新版本书籍。Abebooks并列出各个书店的电话、地址、电子邮箱或个别网站，读者有任何的问题都可以直接与提供书籍的书商沟通。若是数据库中没有你想找的书，还可以利用其中Want Match的功能，留下这本书的书名、作者名等信息，未来数据库中若出现此书，你将会被告知。网站中的论坛 Booksleuth，让大家能彼此互助，寻找出原本资料不详的书籍。这个网站同时定期有专题报道，每周并特别介绍一家书店或一位书商，让上网的读者觉得比较有人味。（注：Abebooks于2008年8月被Amazon收购，但网站仍独立运作。）

3. http://www.alibris.com

表面看来，这个网站与前两者似乎并无不同，也是一个累积众多书目、供人搜寻绝版书的网站，但是近年来也涵盖了影片与音乐产品。网站中的Glossary项目是介绍与书或藏书相关的专有名词，让入门者有所参考，非常实用，其依英文字母排序列出书业的术语解释，最后甚至还有书本的解剖图，告诉你一本书某个部位的英文名称为何。

4. http://www.biblion.com

英国的Biblion本是伦敦一家实体的集合书店，由一位经验老到的英国古书商主持，结合了诸多书商在同一个空间并存。他们的网站除了原有书商的书目外，也积极吸收新血，原本加入的会员必须是在英国注册的书商，而今已变成国际性的网站，包含各国书商的数据库。会员共有五千位书商，还是无法与前述两者相比。

三、书籍拍卖相关网站

除了向书店、书商购书外，拍卖公司也是寻书的一个渠道。拍卖公司多半早在拍卖几个月前就发行图文并茂的目录，其中每件书籍、文稿的价位由数十到数万美元不等，许多爱书人及书商都长期订阅，仔细研究自己感兴趣的项目。而今网络发达，拍卖公司纷纷设立网站并提供目录免费让人查询，无法亲自在拍卖会当天到场竞标的人，可以书面委托竞标（通过传真或网络）或电话竞标，有些甚至可以通过网络与现场同时竞标。一些有规模的实体书籍拍卖公司在传统的经营之余，也曾仿效eBay在网站上另辟线上拍卖，以一些较次等的书为主，不过效果似乎不佳，所以纷纷结束，还是以经营实体为主。毕竟，你若要花大钱买一本昂贵珍奇的古书，难道不会想亲自出马，或请内行的代理人对你垂涎的宝贝仔细打量一番吗？网络上就算show出几张照片，你能就此放心吗？里面是不是有缺页或折角？真伪度到底可不可信？这些顾虑都是实体拍卖公司（特别是有信誉者）为什么依然矗立不摇的原因，而且只有众人相聚在一堂，才能近距离地目睹一群书痴为了争一本书而血脉贲张、情绪沸腾的精彩景象，稍具规模的实体书籍拍卖公司现今大都有自己独立的网站，读者可以通过一般的搜索引擎得到众多网站的网址，以下仅列出具有线上拍卖功能者。无可否认的，线上拍卖的书籍在品质与稀有度上都较现场拍卖者低，但是便利的线上拍卖的确满足了升斗小民比价的乐趣，以及无法亲临现场的遗憾。以下列出网络与实体拍卖的相关网站，供有兴趣者参考。

1. http://www.ebay.com

“电子海湾拍卖公司”（eBay）——网上拍卖的老祖宗，也是最知名的拍卖公司，其书籍拍卖的规模当属全世界最大者，这里每天至少有数十万本书在此待价而沽，要想一本本查看当然是不可能的任务，网站中对所有书籍进行了上百种细部的分类，并允许卖方列出拍卖品的照片，买方最好是先循自己感兴趣的书名、作者或主题去查询，如此才比较有方向，不会耗费过多时间。这个网站中卖方与买方的人数众多，自然形成良莠不齐的现象，买卖靠诚信也靠运气，不过其间设置了对买卖双方的交易历史做评比的荣誉制度，让消费者比较觉得心安。不过高档的书籍，一般不太可能出现在此网站上，多半还是要到实体拍卖公司才看得到。

2. http://www.sothebys.com

“苏富比”（Sotheby's）——世界最老、有两百五十多年历史的老字号拍卖公司“苏富比”，创立于1744年。一开始就附有书籍、手稿拍卖部门，现场拍卖的书籍几乎都是高档中的高档，价格往往惊人。此网站的网页设计相当吸引人，每项对象都附详细解说及图片，而且图片往往还不只一张，许多甚至可以针对图片的局部放大，让竞标者能看得较清楚；此外，拍卖品又依其性质分门别类，如文学、历史、绘本、运动、科幻、旅游、手稿、地图等近二十类，以方便竞标者查询。

3.http://www.christies.com

“佳士得”（Christie's）和“苏富比”齐名的拍卖公司，于1766年成立。在伦敦、纽约、米兰、巴黎的办公室都有书籍、手稿拍卖会进行。“佳士得”宣称他们拥有单书最高拍卖价的纪录，那是2000年3月以八百八十万美元卖出的《美洲鸟类》（*Birds of America*），由自然学家兼动物画家约翰·奥杜邦（John James Audubon）所画的巨幅对开本绘本。手稿拍卖也创下世界纪录，那就是1994年以三千零八十万美元卖出的达·芬奇手稿，出得起如此高价的正是世界首富比尔·盖茨（Bill Gates）。

4.http://www.bonhams.com

“邦能斯”（Bonhams）——英国一家老字号的古董与艺术拍卖公司，创立于1793年。过去这两百年期间，经过几次并购过程。最近几年重要的事件，其一在2002年买下美国西岸知名的拍卖公司“巴特菲尔德”（Butterfields；创立于1865年）、2003年又买下澳洲的拍卖公司“古德门斯”（Goodmans）。“邦能斯”集团在世界许多大城市都设有据点，拍卖的种类繁多，其中很重要的一个类别就是书籍、地图与手抄本，每年约有二十次此类的拍卖。一些重要的拍卖品，有时会轮流在不同据点展示，以供更多有兴趣者能现场检视拍卖品。一般人或许买不起这些高档的书籍，但是若经过他们在大城市设立的办公室，可以索取一些宣传简册，上面往往有精彩的图文解说。当然也可以向他们购买一些目录当纪念品。此公司的网站也把目录放在网上，供人参考。

5.http://www.bloomsburyauctions.com

“布鲁姆斯伯里拍卖公司”（Bloomsbury Auctions）——此公司于1983年

于创立，先前只专注于书籍、手稿拍卖，原名“布鲁姆斯伯里书籍拍卖公司”（Bloomsbury Book Auctions），当时为英国唯一以书籍拍卖为主的公司，但在2004年将拍卖范围扩及绘画、照片、钱币、纸钞、古董钢笔与铅笔等有意思的收藏品等。合伙人之一是英国的著名书商Bernard J. Shapero。“布鲁姆斯伯里”2007年并先后在意大利罗马与美国纽约市成立拍卖据点，本书所提“遗产书店”的库存，就是交由此纽约的分公司所拍卖。

6. http://www.pbagalleries.com

“太平洋书籍拍卖与艺廊”（Pacific Book Auction and Galleries）——此公司位于旧金山，虽然历史仅十五年（创立于1992年），但因拥有专业的人员，且只专门拍卖书籍、手稿、地图，因而是美国西岸相当活跃且著名的公司，一年平均约有二十五次拍卖会。他们的拍卖品与“苏富比”相比，平均价格较低，收藏家往往能在此发现一些价廉物美的书籍。他们并且附有网上同步竞标的功能，称为Real Time Bidder，使得买家可以坐在家中电脑前，全程参与实际的竞标。

7.http://www.americanaexchange.com

这几年才新成立的网站，由一个藏书家所主持。基本上是一个大的数据库，提供书目与书籍拍卖的纪录，号称有超过一百五十万笔纪录，要使用详尽的数据库，必须缴交少许的会费。网站中的Auctions Houses与Auction Calendar项目，列出了几十家拍卖公司的网址与拍卖日程表，另外还列有各地古书展的信息，对古书爱好者，是一个很贴心的服务。

8.http://www.bookpricescurrent.com

在网络出现甚至兴盛以前，英美的古书商非常仰赖一份纸本刊物American Book Prices Current（简称ABPC），此刊物是把每年英美各处大小书籍、手稿、文件的拍卖结果结集出版，1970年代后，还加上欧陆其他国家的拍卖纪录，因此ABPC成了书商们不可或缺的参考指南，他们在标书价时比较有个依据。这个刊物最早成立于1895年，在网络发达下，纸本于2005年停止。1975年迄今的纪录都存成光盘片出售，你也可以使用他们的网络数据库，但是必须缴年费八百美元，若需要每年的更新资料，则必须另外付两百美元左右。

四、超搜寻网站

网络购书已经是极为普遍的事，不管是找新书、旧书或绝版书，通过五花八门的网站必然会有所斩获，但是身处错综复杂的网络丛林中，如何在最短的时间找到最便宜的书，却成了众多爱书人的一大挑战。有经验的网络购书老手必然知道，网站大不见得书价就漂亮，有些规模小的网络书店或许名气不大、库存不多，但是却有可能正好有你想要的书，搜索的方式也最省时、而且书价还最低，时间与金钱永远是人们在乎的元素，谁不希望两者兼顾呢？有需求自然有供给，这个亘古不变的市场原则在网络世界更是被发挥得淋漓尽致，一些超级网站就是针对众多的网站同时进行一次总搜寻，以便为消费者在短时间内找到最廉价的书，其强大、便捷的搜寻功能被称为“超搜寻”（meta search），因此也可称之为“比价引擎”（price comparison engine），如此设计使得上网购书更接近“一网打尽”的理想境界。

1. http://www.addall.com

如果你因为到一家家独立网站查书价，而让你眼花缭乱且耐心尽失，那么你一定会喜欢AddAll这个网站，我第一次上这个网站就不禁击掌叫好，它在消费者锁定一本书后，能同时搜索四十多个主要网络书店的数据库，弹指间快速地将一本书在不同书店中的价格（包含税、邮资）由低至高一一列出，资料中并清楚地显示每家店提供的寄书方式（平信、UPS、DHL等）及所需时间各为若干，书价还可以按当时的汇率即刻转换成不同币值。AddALL搜寻的范围涵盖了几家美国重要的书籍网站，以及英国、加拿大、德国、法国、比利时等国的知名网站。值得赞许的是，AddALL为了体贴消费者，坚决不在网页中刊登任何广告，以免让人眼花缭乱。

2. http://www.bookfinder.com

BookFinder是另一个为了造福想要省钱又省时的买书人而设置的超搜寻网站，于1997年时由一位年仅十九岁的加州柏克莱大学的学生所设计而出，其功能与AddALL类似，号称能够查询到五十个国家、十万个书商的一亿两千五百万本书。似乎涵盖了较多的二手书与珍本书网站。

3. http://www.allbookstores.com

与前两者的性质相似，知名度较低，其搜索的网站偏向新书及折扣书网站为主，虽然说其搜寻的网站家数并不比前两者多，但是网站设计自有其特点。例如他们针对书籍作分类，此外，他们也列出一些网站不时进行的优惠方案，作为消费者购书时的依据。

五、其他

1. http://www.bookweb.org

通过“美国书商协会”（American Booksellers Association）所建立的网站，我们可以轻易地依城市、邮政编码、书店的主题、或店名的字母排列而查询到书店的网址，并连接到各网站的首页。另外，可以按国别而查询到某城市的某家书店。依城市名而整理出的当地书店基本资料及相关背景的简短介绍，对于想预作拜访计划的旅行者帮助尤其大。

2. http://ilab.org

“国际古书商联合会”（International League of Antiquarian Booksellers）为了服务古书的爱好者，也将所有的会员资料列于其网站中， 由此可以依国家或专业查询到全世界三十余国、两千家古书商的所在地及网址。这个网站还列出了各国古书商协会的网址，读者可以超级链接方式连接到想查询的国家，例如“美国古书商协会”（Antiquarian Booksellers' Association of America；http://abaa.org），然后再依州别、专业或书店的英文前缀排列等方式，找出隶属协会的书商。

3. http://www.bookwire.com

与美国《出版者周刊》同属一家总公司的“书线”（Bookwire），也是一个值得浏览的网站，其自称为“全球信息网上首要搜寻书讯的地方”，共链接了七千多个与书相关的网站，其中并依书店的性质分类，列出了许多欧美书店的网站。

4. http://bookstoreguide.blogspot.com

由两位爱书又爱旅行的同好Sonja 与 Ivan 所主持，以介绍欧洲各地的特色书店为主。网站依城市分类，让要去旅游的旅客能够先了解当地有何值得拜访的书店。

5. http://blog.myfinebooks.com

此博客由美国受欢迎的珍本书收藏杂志双月刊 *Fine Books & Collection Magazine* 的创办人兼总编辑 P. Scott Brown所主持，和Scott认识几年，有时会打电话互通古书业的良性八卦。由于他的身份，此博客总有很多古书业最新发布的信息。我对一些书业的信息有疑问时，常常就会打电话请教Scott。另外，从此网站还可以连接到其他与书业相关的精彩博客，类别区分如下：Book Commentary Blogs, Book Pic Blogs, Bookstore Blogs, Book News Blog，从中随便点选一个网站，都会有惊喜，特别是Book Pic Blogs，里面所列网站几乎都以与书相关的好看图片为主，是视觉的一大享受。当然，你还可以由此连接到他的杂志网站。

6. http://bibliophilebullpen.blogspot.com

一个管理得相当好的网站，其中网页的项目Blogroll，列出许多与书相关的网站或博客网址，可由此又进入许多奇异的书世界。

7. http://www.bookpatrol.net

由西雅图书商Michael Lieberman所主持，这位仁兄是“美国古书商协会”太平洋西北区的会长，似乎总是有本事在最快的时间得知一些古书业秘辛，他在博客写的内容经常被其他博客引用。

8. http://bookstorephotographs.blogspot.com

一个集合各种独立书店图片与信息的网站，欢迎独立书店提供自己的影像与信息。可供要造访书店者一个参考，如果不能亲访书店，至少也可以卧游一番。

9. http://www.shelf-awareness.com

这是一个每天免费传送的电子书讯，传递书业（以新书为主）的最新动态与趋势，内容涵盖作家、书店、经销等全方位的书籍产业。网站的主持人之一John Mutter是《出版者周刊》（*Publishers Weekly*）前任资深编辑，因此对书业熟门熟路，内容相当丰富，更令人佩服的是，居然每个工作日都出刊。

10. http://www.google.com

这是当今最红的搜索引擎，如果觉得上述的信息还不够多，则可以借助此网站的帮助，只要键入英文字“bookseller”、“bookshop”或“bookstore”，更多与书店相关的网站将会出现，保证让人目不暇接。想看书店影像，自然得点选首页中的Images项目。至于有关书店的影片，则可以到video.google.com内找，有时在这里会查到一些在YouTube网站中所看不到的影片。此网站新辟的book.google.com也是一个很炫的项目，可以看到许多绝版书初版以及其不同版次的资料，有时是甚至告诉你哪个图书馆藏有此书，当然，你也可以由此购买一些还在市面上流通的书籍。

后记

十来年前，犹如井底之蛙，自以为《书店风景》初版的完成，是一场豪华级的写作过程。这么多年以后，见识稍广，才晓得自己当初不过就是搭上豪华经济舱罢了。而今数度修订，或许可以算是跻身到商务客舱。未来经历若多累积些，大概才能真正晋升到顶级的头等舱。

虽说如此，1997年版的《书店风景》，就某种角度而言，依然是空前绝后。当时年纪轻，有幸在几个国家来来去去，又带股傻劲与精力，对什么都好奇，所以才能在短时间内走访上千家各类型的书店，现在无论如何，都很难再有这样的“壮举”了。没有初版，就没有这一增订版，我永不能看轻它的地位，即便当初文字生涩、资料欠缺。每一个历程自有它所代表的特殊意义。

在前些年书写与增订的过程中，整体书世界历经了巨大的变化，例如超级书店与网络书店这些新兴势力的突然崛起、个性书店的急速消逝、独立书店与连锁书店的激烈抗争等等，我的情绪也跟着起起伏伏。我固然不排斥大型连锁书店，但是它们势必会影响到我最爱的独立书店的存在；不出门时我也会通过电脑，沉迷于网络书店中，但是另一方面却忧心网上购书的发达，会导致实体书店的消失；毕竟我还是喜欢登门拜访一家家有特色的书店，当面欣赏并赞扬书店主人的品味，和他们谈论彼此倾心的书籍，相互分享对书的热情，最后再由他们手中亲自接下几本购买的书，这种人与人间的第一类接触，还是最让我珍惜与追寻的。

所幸在几次的增订过程当中，我注意到一些现象：例如网络书店与实体书店不再极端对立（后者会通过前者的通路贩卖二手书）；例如一些有企业概念或没有经济压力或对物欲所求不高的人，独资（或投资）在自己的社区开起独立书店，只因他们希望把书店经营当成一种生活方式（life style），并希望嘉惠社区民众；例如消费者的社区意识觉醒，愿意光顾经营得有特色的个性书店，即便网络或连锁书店的书有更高折扣；例如连锁书店运用其资源，办一些让读者免费参与的大型活动、延长营业时

间以服务夜猫族。每一类型的书店都企图找出他们的利基、建立自己的顾客群。目睹如此多元的书店发展，作为一个书店的爱好者、观察者与记录者，只有满心感激。

本书的出版要感谢许多人，首先是我的父母，因为他们的纵容，使我能随心所欲；因为他们不计较功利的人生观，使我在成长期间总是充满理想色彩，也因此才可能持续地买书、读书、旅行、写作。其次，要感谢所有和我接触的书店主人，愿意与我分享书业与人生的故事。本书第一版内，有许多篇章的初稿曾在报纸上发表；多谢早年中时晚报时代副刊严曼丽小姐，以及联合报副刊苏伟贞小姐、陈义芝先生对稿件的费心处理，以致每次文章刊登后总有读者来电或来函鼓励。之后版次的部分篇章，也曾在一些报纸刊登，这全赖自由时报邓蔚伟先生与蔡素芬小姐的看重。

另外，要感谢中央编译出版社和龑社长对我的支持、对历史的崇敬、对书业的关注，才会愿意全力出版《书店风景》最新修订的简体字版，让大陆的读者能分享我的见闻。这个版本的责任编辑张维军先生，以他的热情、诚恳、效率打动我，才会促成此次合作的机会。一路编辑的过程中，他总是对于版型的编排与内文的遣词用句给予适切的建议，让我非常感念。当然，我们都不能忘记台湾日月文化集团山岳出版社前期对此书繁体版的付出与努力。最后，要谢谢我的伴侣Daniel，能包容一个对书比对家事有兴趣的女人、能欣赏这女人对书（店）的爱恋与痴迷。

这本图文书源自不同时期、不同属性，经由美术设计们的精心安排，使得整个构图呈现出自然而优雅的样貌，我在逐页翻阅时，仿如又回到了书店现场般。在这个纷纷扰扰的世界里，唯有在书的世界中，我才能真正的解放，有一种安全、宁静的感觉，可以恣意张狂而不被评断，可以忧郁感伤而无须解释，这一切之所以化为可能，全都是因为书与书店的存在。

Acknowledgements

Many people have helped, encouraged and inspired me along the path. This latest edition of my first book would never have been completed without their assistance. First and foremost, I want to express my heartfelt gratitude to the many booksellers I interviewed. They were extremely generous in sharing with me their valuable time, insights and enthusiasm for books and bookselling. The experience of getting to know them is one I will cherish all my life.

I am particularly grateful to Helene Hanff, the author of *84, Charing Cross Road,* who kindly blessed *My Love Affair with Bookshops* in July, 1996. She passed away shortly after the first edition of this book was published.

For answering questions, making introductions, providing graphic materials and suggesting research leads, I acknowledge and express my appreciation to Flip Ahrens, Thomas Bader,Tracy Baim, Tom Baldwin, Fred Bass, John Baxter, Ruth Bayer, Megan Bayles, Judy Bernhard, Kim Brinster, Andreas Brown, P. Scott Brown, Linda Bubon, Robert Coffey, Louis Collins, John Crichton, Ann Christophersen, Meghan Deans, John Durham, Chris Edwards, Lawrence Ferlinghetti, Robert Fleck, Steve Fletcher, Ross Forman, Courtney Gerzymisch, Thomas A. Goldwasser, Michael & Sandra Good, Maryann Guberman, Paul Hanson, Michael Hayward, Morley Horder, Sally Hughes, Thomas J. Lommen, George K. Fox, Bill Jermacans, K. David Katzmire, Larry Keenan, Vince Koloski, Reigh-Yi Lin, William Lofquist, Mark Lovell, Joe Luttrell, Bruce MacMakin, Stan Madson, Joe Marchione, Bern Marcowitz, Kevin McDermott, Allan Milkerit, David Milner, Michele Monterio, Daniel Nicoletta, Ike Ong, David Park, Asa Peavy, Nancy Peters, Mike Pincus, Larry Portzline, Margot Rosenberg, Jill Ross, Howard Schwartz, Carol Seajay, Dave Smith, Peter Soter, Byron Spooner, Tobias Stäbler, Karen Sundheim, Oren Teicher, Mark Terry, Jim Van Buskirk, Jane Van Loon, Loet Vanderveen, Helmut & Gabriele Weber, Ben Weinstein, Lou Weinstein, Sylvia Beach Whitman, Roger A. Wicker, Jon Wobber, Nancy Bass Wyden, the staff of American Booksellers Association, the staff of Bonhams & Butterfields, the librarians of the William Andrews Clark Memorial Library, the staff of Pacific Book Auction Galleries, and the librarians of the San Francisco Public Library.

On a more personal note, for their encouragement and moral support, I would like to thank Jih-Heng Jong, Florence Lee, Jeff & Teresa Buczacki , Dan-Dan Cai, Harald Gläser, Julia Hsiao, Mandy Hsiung, King Shaw, Man-Peng Tiao, Li-Hsiang Wang, Hsing-Wen Wu, Ida Feigenspan, and, especially, my mother, who is always there for me. And finally, my husband, Daniel, for his care, understanding and love.

图书在版编目（CIP）数据

书店风景／钟芳玲著.—北京：中央编译出版社，2012.3
(图文馆)
ISBN 978-7-5117-1170-0
Ⅰ.①书… Ⅱ.①钟… Ⅲ.①书店－简介－世界 Ⅳ.①G239.1
中国版本图书馆CIP数据核字（2011）第252357号

前勒口作者照片由自由时报提供。

书店风景 钟芳玲

出 版 人：和 龑
创意统筹：钟芳玲
责任编辑：张维军
执行编辑：饶莎莎
封面设计：C.Chen
责任印制：尹 珺
出版发行：中央编译出版社
地 址：北京西城区车公庄大街乙5号鸿儒大厦B座（100044）
电 话：（010）52612345（总编室） （010）52612343（编辑部）
（010）66161011（团购部） （010）52612332（网络销售）
（010）66130345（发行部） （010）66509618（读者服务部）
网 址：www.cctphome.com
印 刷：北京佳信达欣艺术印刷有限公司
成品尺寸：180毫米×250毫米 20印张
版 次：2012年3月1日精装第1版
印 次：2012年3月1日第1次印刷
定 价：108.00元

本社常年法律顾问：北京大成律师事务所首席顾问律师 鲁哈达